걸어 다니는 **표현**
사전

HAIR OF THE DOG TO PAINT THE TOWN RED

걸어 다니는 표현 사전

앤드루 톰슨 지음

오수원 옮김

월북

펠릭스에게

CONTENTS

009

서문

012

1장

바다 세계

060

2장

스포츠와 게임

108

3장

일과 교역과 돈

154

4장

군대

186

5장

정치

200

6장

오락과 여흥

222

7장

먼 옛날

258

8장

인물과 명성

278

9장
문학

306

10장
음식의 즐거움

324

11장
성서시대

350

12장
법률과 치안

380

13장
동물과 자연

404

14장
사랑과 죽음

414

15장
다양한 주제

449

찾아보기

서문

신기한 표현들의
기묘한 기원

'모자 장수처럼 실성한(as mad as a hatter)', '대포의 자식(a son of a gun)', '총알을 입으로 물다(to bite the bullet)', '종이 울려 살아나다(to be saved by the bell)', '짧은 고해성사 기회를 받다(to be given short shrift)'…. 도대체 다 무슨 뜻일까요?

또 여러분은 혹시 '각광받는'이라는 뜻의 in the limelight라는 표현이 어디에서 유래했는지 궁금했던 적 있나요? '꿀 먹은 벙어리가 되었다'고 할 때 쓰는 cat got your tongue이 원래 무슨 뜻이었는지 아나요? 술을 진탕 퍼마시고(paint the town red) 마을을 통째로 빨갛게 칠한 작자는 애초에 누구였을까요?

삶의 모든 측면을 아우르는 다양한 영어 표현은 오늘날 쓰이는 의미만 보아서는 최초의 기원과 연결 짓기가 쉽지 않습니다. 혹여 모르실까 봐 말씀드리자면 군사 전략, 항해 절차, 정치, 오락과 여흥, 문학을 비롯해 수많은 분야가 오늘날 사람들이 사용하는 표현들의 바탕을 이룹니다. 우리는 매일 부지불식간에 역사를 인용하는 셈이지요.

우리가 매일 쓰는 표현의 다양하고 기묘한 유래를 설명하면 사람들은 늘 놀라고 재미있어합니다. 영어를 외국어로 익히는 사람들은 헷갈려 죽을 지경일 겁니다.

'지독하게 춥다'는 뜻인 freeze the balls off a brass monkey라는 표현의 기원이 언뜻 보았을 때처럼 불쾌한 사연이 아니라 실제로 대포에서 쏜 포탄이 갑판에 떨어질 정도로 찬 기온과 상관이 있다는 사실을 알고 있었나요? '잘못을 인정한다'고 할 때의 to eat humble pie가 원래 동물의 고기가 아니라 내장이나 다른 부속물을 뜻하는 umbles를 먹는다는 뜻이었다는 건요? 영어권 모어 화자라면 누구나 let the cat out of the bag이 '무심코 비밀을 누설하다'라는 뜻이라는 걸 알겠지만, 원래 이 말이 비싼 식용 새끼 돼지 대신 고양이를 팔려고 했던 부도덕한 시장 상인에게서 유래했다는 사실까지 알려요?

사람들은 대부분 일상적으로 구사하는 표현과 관용어를 당연하게 여길 뿐 그 기원까지 생각할 여유가 없습니다. 하지만 말을 단지 필요에 따라 구사하는 데 그치지 않고 언어 표현의 기원에 관심을 갖고 정보를 원하는 사람도 많지요. 바로 그런 사람들을 위해 이 책을 썼습니다.

기원이 하나 이상이거나 심지어 여러 설이 서로 상충하는 표현도 많습니다. 어떤 경우에는 한 가지 표현에 대한 논의가 이 책의 한 페이지 이상을 차지하기도 하지요. 이런 경우에는 더 설득력 있는 견해를 채택했습니다. 하지만 그렇다고 다른 설명이 불가능하다는 말은 아닙니다. 이러한 상황은 우리가 사용하는 언어가 실제로 얼마나 복잡한지를 더욱 묵직하게 증명해줍니다.

이 책은 영어권 나라에서 매일 사용되는 400가지 표현의 매혹적인 유래를 설명합니다. 표현들을 다양한 범주로 분류했습니다. 여러분은 이제 갖가지 세상사를 탐험하는 여행을 떠날 것입니다. 앞으로 읽게 될 내용은 기묘하면서도 경이롭고 별나고도 흥미롭습니다. 때로는 말 그대로 믿기지 않을 수도 있습니다.

그러니 엉뚱하게 잘못 짚지 말고(stop barking up the wrong tree), 안주하지도 말 것이며(don't rest on your laurels), 보고도 못 본 척 외면하지 말고(don't turn a blind eye), 책임을 떠넘기지도 맙시다(don't pass the buck). 이 책을 보고 나면 다시는 영어를 전처럼 보지 못하게 될 겁니다. 아무것도 모르는 상태에서 막무가내로 죽자 살자 표현을 암기하는 공부 방식과는 안녕을 고합시다.

자, 이제 표현들의 기원을 찾아 맨땅에 헤딩을 해볼(start from scratch) 시간입니다.

1장

Between the Devil and the Deep Blue Sea
진퇴양난의

바다 세계

Batten Down the Hatches

batten down the hatches(해치의 널빤지를 내려 닫다)라는 표현의 기원은 1800년대 초의 선박 용어로 거슬러 올라갑니다. 당시 배 대부분의 아래쪽에는 화물을 넣어 두는 화물창이 있었고, 화물창은 문이나 뚜껑 역할을 하는 해치(hatch)를 통해 갑판과 이어져 있었습니다. 이 해치를 해치웨이(hatchway)라고도 불렀지요. 평소에는 화물창의 해치를 열어두고 환기를 위해 석쇠처럼 생긴 쇠살대(grate)로만 덮어두었습니다. 그러다 파도가 거칠어지거나 날씨가 험악해질 것 같으면 선장은 화물을 보호하고 선창에 빗물이나 바닷물이 들어차지 않도록 해치를 내려 닫으라(batten down the hatches)고 지시를 내렸습니다. 이 해치 뚜껑은 방수가 되는 캔버스 천을 바람에 날아가지 않도록 나무로 된 널빤지에 묶어놓은 형태였습니다. 이 널빤지를 batten이라 불렀습니다.

의미 위기나 어려운 시기에 대비하다

예문 Here comes the boss and he's in a bad mood. We'd better *batten down the hatches.*

사장이 오는데 기분이 안 좋아 보여요. 대비하는 게 나을 것 같아요.

Cut and Run

cut and run(자르고 뛰다)이라는 표현은 1700년대 초에 기원을 둡니다. 당시 배의 닻줄은 밧줄로 만들었지요. 닻이란 배를 한곳에 멈추어 있게 하려고 줄에 매어 물 밑바닥으로 가라앉히는, 갈고리가 달린 기구입니다. 갈고리가 흙바닥에 박혀서 배가 움직이지 못하도록 하는 거죠. 닻을 올려 출항하려면 상당한 시간과 노력이 들었습니다. 특히 바다가 깊을 때 말입니다. 배를 닻줄에 묶어 정박시켜 놓았는데 갑자기 공격을 받거나 하면 닻을 올리는 데 시간을 낭비할 수 있습니다. 따라서 위기의 순간에 시간을 아끼고 피해를 최소화하면서 달아나기 위해 선원들은 닻줄을 도끼로 잘라 배를 그대로 출항시켜 바람을 따라 안전한 곳으로 도망쳤습니다. 1861년 영국의 유명 작가 찰스 디킨스가 소설『위대한 유산』에 이 표현을 쓴 무렵부터 '뺑소니치다'라는 비유적인 의미로 쓰이기 시작했습니다.

의미 어려움을 피하려고 황급히 내빼다, 뺑소니치다

예문 The business was failing so instead of injecting more money, he decided to *cut and run*.

사업이 망하고 있어서 그는 자금을 더 투입하지 않고 빠지기로 했다.

First Rate

first rate(1등급)라는 표현은 영국 왕 헨리 8세 시절에 유래를 둔 해군 용어입니다. 헨리 8세의 통치 시절부터 영국 해군은 전함을 크기와 힘에 따라 여섯 등급으로 나누어 편제했습니다. 무기가 별로 없는 소형 전함은 6등급, 무기 장착이 잘 된  대형 전함은 1등급으로 분류했지요. 그리하여 1등급 전함은 곧 최고의 자질을 가진 것들을 총칭하는 말로 자리 잡았습니다.

의미 일류의, 1급의, 최고급의

예문 When it comes to univesities, Princeton is *first rate*.
대학으로 말하자면 프린스턴 대학교가 일류지.

Square Meal

square meal(사각형 쟁반에 담은 식사)이라는 표현 또한 바다 위의 선박 용어에서 유래했습니다. 17세기 영국 군함의 생활 조건은 몹시 열악했습니다. 선박 내 숙소는 비좁았고 끼니는 대부분 형편없었지요. 특히 아침과 점심은 주로 빵과 물뿐이었습니다. 그러나 하루 중 마지막 식사는 어느 정도 영양가 있는 음식에 어떤 형태로든 고기가 포함되어 있었습니다. 저녁 식사는 나무로 만든 커다란 사각 쟁반 같은 그릇에 담아 제공했습니다. 보관하기 쉽도록 네모 모양으로 쟁반을 만든 것이지요. 영양가도 높고 양도 많은 저녁 식사에 square meal이라는 이름이 붙은 이유입니다.

의미 영양가 많은 식사, 푸짐한 식사

예문 Jenny had been dieting for a month so was really looking forward to a good *square meal*.

제니는 한 달간 다이어트를 해서 푸짐하고 영양가 있는 식사를 정말 고대하고 있었어.

Whistle for It

whistle for it (…를 바라고 휘파람을 불다)라는 표현은 항해 관련 미신에서 유래합니다. 일부 선원들은 고요하고 맑은 날 휘파람을 불어 바람을 부르면 바람이 온다고 믿었지요. 바람이 돛을 움직여주면 배가 움직이리라 생각한 것입니다. 오히려 휘파람이 불운을 불러들인다고 생각해서 휘파람을 반대하는 선원들도 있었어요. 바람을 부르려 휘파람을 불다 오히려 거친 폭풍우가 닥칠까 봐 두려워한 것이지요. 순풍이나 격렬한 폭풍우 둘 다 드문 현상이었다는 사실을 감안하면 오늘날 왜 이 표현이 가망 없는 것을 바란다는 뜻이 되었는지 납득할 수 있을 겁니다.

의미 가망 없는 일을 바라다

예문 After buying lottery tickets for years without any luck, I figured I was better off *whistling for it*.

몇 년 동안이나 복권을 샀는데도 당첨 한 번 되지 않자, 아예 가망 없는 일을 바라는 편이 차라리 낫겠다는 생각이 들었다.

Hunky Dory

hunky dory(요염한 거리)라는 표현은 19세기 일군의 미국 선원들에게서 시작되었습니다. 일본의 항구 도시 요코하마에는 혼초도리(本町通)라는 번화가가 있었습니다. 성매매를 하는 여성들로 유명한 곳이었고, 오랜 항해 끝에 항구에 도착한 선원들은 여흥을 즐기러 이 거리를 자주 찾곤 했지요. honcho는 생긴 꼴이 비슷하고 '요염한, 섹시한'이라는 뜻이 있는 hunky로 변형하고 일본어로 '거리'라는 뜻인 dori를 dory로 써서 hunky dory라는 말이 태어난 것입니다.

의미 (모든 것이) 더할 나위 없이 좋은

예문 The IRS audited the company's books but found that everything was *hunky dory*.

미 국세청은 그 기업의 회계 감사를 실행했지만 모든 것이 더할 나위 없이 좋다는 것을 발견했다.

Have Someone Over a Barrel

have someone over a barrel(…를 통 위로 엎드리게 하다)이라는 표현은 물에 빠져 익사할 뻔한 선원을 구조할 때의 관행이 반영된 말입니다. 선원이 물에 빠지면 끌어 올린 다음 통 위로 엎드리게 했습니다. 그런 채로 선원을 앞뒤로 굴려 물을 토해내게 합니다. 폐에 들어간 물을 빼내기 위해서였지요. 이런 상태의 선원은  힘이 하나도 없어 꼼짝 못 하게 되고 의식이 없는 경우도 많았으니, 살아나려면 다른 선원에게 완전히 의지하는 상태가 되었습니다.

의미 …를 꼼짝 못 하게 하다, 맘대로 조종하거나 부리다, 궁지에 몰아넣다

예문 The police had captured the crime on camera, so they really had the accused *over the barrel.*

경찰이 카메라로 범죄 행각을 찍었으니 피의자는 이제 궁지에 몰려 꼼짝 못 하게 된 거야.

Cut of One's Jib

cut of one's jib(배의 삼각형 돛을 자른 모양)이라는 표현도 바다 생활에서 유래했습니다. 1800년 초 일상에 자리 잡았던 이 관용어구를 월터 스콧 경이 1824년에 쓴 소설 『성 로넌의 샘(St. Ronan's Well)』에서 볼 수 있습니다. jib(지브)란 돛을 달고 바람으로 나아가는 범선 뱃머리의 큰 돛 앞에 다는 작은 삼각형 모양의 돛입니다. 나라마다 지브의 스타일이 다 달랐기 때문에 배의 국적이 뭔지, 적국의 배인지 아닌지는 지브를 보고 판단했습니다. 지브는 배의 상태를 보여주는 좋은 지표이기도 했습니다. 지브가 배 전체의 성능을 담당했기 때문에, 지브의 재단이 잘되어 있으면 배의 질이 좋다는 뜻이었지요.

의미 사람의 외모, 생김새와 몸가짐, 거동, 스타일

예문 I'm not sure why I don't like Rod. I think it's just the *cut of his jib*.

난 로드가 왜 싫은지 잘 모르겠어. 그냥 생김새가 싫은가 봐.

Three Sheets to the Wind

three sheets to the wind(시트 세 장이 바람을 맞다)라는 표현 역시 해상에서 쓰는 용어에 기원을 둡니다. 원래 three sheets in the wind(바람 속 시트 세 개)라는 표현이었는데 이 또한 대형 범선의 돛과 관련이 있습니다. 돛은 아릿줄이라 부르는 밧줄로 조종을 하는데 이를 영어로 시트(sheet)라고 합니다. 바람 방향에 따라 돛을 지탱하고 조정하기 위해 시트는 돛 아래쪽에 고정해놓습니다. 이 시트가 헐거워지거나 풀어져버리면 '바람을 맞게' 되지요. 시트 세 개가 풀어지면 돛은 사정없이 이리저리 펄럭이게 됩니다. 다시 말해 시트 셋이 바람을 맞으면 배는 완전히 통제 불능 상태가 되어 비틀거리는 고주망태처럼 움직인다는 거죠.

의미 술에 만취한

예문 Doug had been at the bar all day, and when he came staggering home he was *three sheets to the wind*.
더그는 온종일 술집에 있었어. 그러니 비틀거리며 집에 왔을 때는 만취 상태였지.

Footloose and Fancy Free

footloose and fancy free(돛이 활대에서 풀린)라는 표현은 초창기 범선에서 유래했습니다. 돛의 아랫부분인 풋(foot)은 가로막대인 활대(boom)에 매어놓도록 되어 있습니다. 바람이 세게 불 때면 풋이 활대에서 떨어져 나오는데 이를 '활대에서 돛이 풀렸다(footloose)'고 합니다. 활대에서 풋이 풀린 돛은 아무렇게나 펄럭거리고 바람이 부는 대로 움직이게 됩니다. 바로 footloose and fancy free 상태가 된 것이지요.

의미 자유분방한, 책임이나 근심이 없는, 매인 데 없는, 배우자나 애인이 없는, 싱글인

예문 Hank and his girlfriend had parted ways, so he was *footloose and fancy free* at the party.

행크는 여자 친구와 헤어진 바람에 파티에 매인 데 없이 혼자였어.

As the Crow Flies

as the crow flies(까마귀가 날 듯이)라는 표현은 영국의
초창기 탐험 시대에 유래를 둔 해상 관련 어구입니다.
바다에서 항해를 도와줄 도구나 지도가 미비한 상황
에서는 육지를 찾는 일이 중요했지요. 까마귀는 먹이
가 있는 가장 가까운 곳을 향해 늘 직선으로 날아가는 영민한 새로 유
명했습니다. 먹이가 있는 곳 근처라면 곧 육지를 의미했고요. 선박들
은 항상 항해를 떠나기 전 까마귀가 가득 든 새장을 챙겼습니다. 배의
돛대 꼭대기에 달아놓은 '까마귀 둥지'에서 까마귀를 날려 보낸
다음 선장은 까마귀가 가는 경로를 뒤따르곤 했습니
다. 그럼 대개 육지로 가는 가장 빠른 직선
경로가 나왔습니다.

의미 직선으로, 두 점 사이의 최단거리

예문 It's only five minutes *as the crow flies*, but it'll take you an
hour to get up that windy road.

직선거리로 5분이면 되지만 구불구불한 도로를 타고 오르려면 한 시간은 족히 걸
릴 거야.

Tide Someone Over

tide someone over(조류를 헤치다)라는 표현의 기원은 바다에 있으며, tide라는 단어가 암시하는 바대로 바다의 밀물과 썰물을 뜻하는 조류와 관련이 있습니다. 바람이 전혀 불지 않아 돛으로 배를 나아가게 할 수 없을 때는 암초나 모래톱처럼 배의 항해를 위협하는 방해물을 밀물을 이용해서 넘었습니다. 이 표현의 첫 용례는 영국의 선장 존 스미스(John Smith)가 1627년에 쓴 책 『항해술(A Sea Grammar)』에 있다고 알려져 있습니다. 그는 이 책에 이렇게 썼습니다.

To tide ouer to a place, is to goe ouer with the Tide of ebbe or flood, and stop the contrary by anchoring till the next Tide. »
특정 장소까지 조류를 타고 가는 것은 밀물의 흐름을 타고 가서 다음 썰물에 멈추어 배를 정박한 다음 밀물이 올 때까지 기다리는 것이다.

의미 …에게 필요한 것을 단기간에 공급하다, …가 어려움을 헤쳐 나가도록 돕다

예문 We were able to secure bridge financing to *tide* us *over* until our formal loan was approved.

정식 대출 승인이 날 때까지 버틸 수 있도록 브리지 파이낸싱을 받을 수 있었다.

Between the Devil and the Deep Blue Sea

between the devil and the deep blue sea(악마와 깊고 푸른 바다 사이)라는 관용 표현은 목재로 만든 전통 돛단배 즉, 범선에서 유래했습니다. 선원들은 배에 물이 새는 것을 방지하기 위해 배의 널빤지 사이 이음매에 뜨거운 타르를 발라 틈을 메꾸었습니다. 특히 배의 옆면 가장 꼭대기에 있는 이음매는 '악마의 이음매'라고 불렀습니다. 틈새의 길이도 가장 길고 물과 가장 가까워 정기적으로 타르를 발라 틈새를 메꿔주어야 하는 골치 아픈 부위였기 때문입니다. 타르 작업을 하는 선원은 갑판의 가장자리에 서거나 심지어 배 옆면에 매달려야 일을 할 수 있었지요. 갑자기 돌풍이 불어오거나 큰 파도가 닥치면 선원은 갑판 끝에서 튕겨 나와 악마의 이음매와 깊고 푸른 바다 사이에 끼이는 그야말로 난처한 상황에 처했습니다.

의미 이도 저도 못할 상황에 처한, 매우 난처한, 진퇴양난의

예문 I had a bad toothache, but the trip to the dentist was going to be painful too—I was caught *between the devil and the deep blue sea.*

치통이 심했지만 치과에 가는 것도 고통스럽긴 마찬가지일 터였다. 나는 진퇴양난의 상황에 빠졌다.

Hard and Fast

hard and fast(단단하고 견고한)라는 표현 역시 해상 용어입니다. 배가 얕은 물로 들어와 육지 가까이 정박하면 이를 단단히 정박한(hard and fast) 상태라고 보고 밀물이 들어올 때까지는 움직일 수 없다고 간주했습니다. 이 용어는 윌리엄 헨리 스미스(William Henry Smyth)가 1867년에 쓴 해상 용어 사전 『선원 어휘집(The Sailor's Word-book)』에 '육지에 정박한 배를 가리키는 말'이라고 정의되어 있습니다. 그 유래는 1800년대에 있지만, 이미 이때부터 '융통성 없는'이라는 비유적 의미로도 쓰였습니다.

의미 (규칙 등을) 엄격히 지키는, 융통성 없는

예문 The rules for the fire drill were *hard and fast* and could not be altered.

소방훈련 규칙은 엄격했기 때문에 변경할 수 없었다.

Long Shot

long shot(장거리 포탄)이라는 표현의 기원은 1800년대 해전입니다. 당시의 전함은 대포를 주 무기로 싣고 다녔습니다. 대포는 표적에 맞을 때는 효과가 좋았지 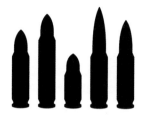 만 대부분 부정확했고, 포탄도 비교적 단거리까지만 나갔습니다. 이런 이유로 어지간한 전투는 매우 가까운 거리에서 벌어졌지요. 어떤 포탄이건 정상 범위 밖에 있는 배에서 쏘는 경우 '원거리' 발사체라 성공할 승산이 아주 낮았습니다.

의미 승산 없는 시도, 가망 없는 짓

예문 He knew her agreeing to come to the dance was a *long shot*, but he decided to ask her anyway.

그는 그녀가 댄스파티에 오겠다고 할 가망이 거의 없다는 것을 알았지만, 어쨌거나 청해보기로 결심했다.

Know the Ropes

know the ropes(밧줄을 잘 알다)라는 표현의 기원은 초창기 돛단배입니다. 1600년대 선박의 돛은 여러 개 밧줄과 매듭으로 조정했습니다. 밧줄은 모두 복잡하게 매듭을 지어 연결해놓았지요. 선원들은 배의 속도를 조정하거나 방향을 바꿀 때 돛을 높이거나 낮추는 등 조작에 필요한 복잡한 리깅(rigging)을 습득해야 했습니다. 리깅 작업을 온전히 숙지하려면 오랜 경험이 필요했습니다. 선원이 밧줄 좀 안다고 하려면 몇 년은 기술을 연마해야 했다는 말입니다. '밧줄을 안다'라는 표현이 '…에 정통하다'라는 비유적인 뜻으로 쓰이기 시작한 것은 1800년대 말이고요.

의미 통달한, 잘 꿰고 있는, 잘 알고 있는, 요령을 터득한

예문 He's been an engineer for twenty years and he really *knows the ropes.*

그는 20년 동안 엔지니어로 일해서 공학에는 정말 정통해.

Touch and Go

touch and go(스치고 지나가다)라는 표현 역시 바다에서 유래했습니다. 얕은 바다를 건널 때 선박 바닥의 중앙을 받치는 배의 용골(keel)은 암초나 해저 바닥을 스칠 수 있습니다. 운이 좋으면 배가 재난을 피해 좌초당하지 않고 별 영향 없이 지나갈 수도 있습니다. 말 그대로 '그냥 스쳐 지나가는' 셈이지요. touch and go의 정의는 1867년 윌리엄 헨리 스미스가 해상 용어 사전인 『선원 어휘집』에 담았습니다.

Touch-and-go, said of anything within an ace of ruin; as in rounding a ship very narrowly to escape rocks, &c., or when, under sail, she rubs against the ground with her keel, without much diminution of her velocity » 스치고 지나가다: 하마터면 파괴당할 뻔했다는 뜻. 배가 암초에 걸릴 뻔하다가 가까스로 피하거나 항해 중에 용골로 해저를 스쳤는데 속도를 줄이지 않고 지나갔을 때 쓰인다.

의미 위험하거나 불안한, 위태로운 상황에 처한

예문 Walter almost didn't make it through the surgery. It was *touch and go* there for a minute.

월터는 수술을 버텨내지 못할 뻔했어. 잠시 상황이 아주 아슬아슬했지.

By and Large

by and large(역풍과 순풍을 다 맞으며)는 돛단배 시절을 상기시키는 선박 및 항해 관련 표현입니다. 영어에서 sail by라고 하면 역풍을 맞으며 항해를 한다는 뜻이고, sail large는 순풍에 항해한다, 즉 바람을 뒤에서 맞아 배가 순조롭게 앞으로 나아간다는 뜻입니다. 바람이 계속 방향을 바꾸면 선장은 by and large, 다시 말해 순풍과 역풍을 둘 다 생각하며 배를 움직여야 합니다. 그 경우 배가 앞으로 쭉 나아가더라도 경로는 바람의 방향이 한 가지일 때만큼 직선이거나 정확하지는 못하겠지요.

의미 대개, 대체로, 일반적으로

예문 The final weekend has been wet, but *by and large* the month has been dry.

마지막 주말은 습했지만 대체로 한달 내내 날씨가 건조했다.

Bitter End

bitter end(비트의 끝)라는 표현은 선박 용어이기 때문에, 쓴맛(bitter)이나 술에 들어가는 쓴맛 나는 재료와는 무관합니다.  수백 년 전 돛단배의 닻을 닻줄에 매어 갑판에 고정하는 단단한 기둥을 bitts(비트)라고 했습니다. 선원들은 기둥에 묶는 닻줄 끝에 색깔 있는 천을 매달아놓았습니다. 닻줄을 물속으로 풀다가 천이 있는 부분이 나오면 닻줄을 더 풀지 말아야 한다는 것을 알 수 있도록 말이지요. 천과 기둥(비트) 사이의 짧은 밧줄 부분을 '비트의 끝'이라 불렀고 이것이 훗날 bitter end라는 표현으로 굳어졌습니다. 닻줄을 비트 끝까지 풀어놓았다는 건 줄이 거의 남지 않을 만큼 수심이 꽤 깊다는 뜻이었습니다.

의미 완전한 끝, 최후

예문 Tim stayed at the party until the *bitter end*.
팀은 파티에 최후까지 남아 있었어.

Show One's True Colors

show one's true colors(진짜 국기를 보여주다)라는 표현 또한 해상 관련 어구입니다. 18세기 초, 해전에서 쓰는 군함의 국기를 color라고 불렀어요. 1757년에 발간된 전시 법규(Articles of War)하에서 전함의 함장은 전투에 돌입할 때 국기를 올려 배의 국적을 표시할 의무가 있었습니다. 그러나 비양심적인 함장은 적을 속이는 방편으로 다른 국기를 게시해 적군의 함장이 동맹이라고 여기게끔 했지요. 속임수를 써서 적군의 배를 대포 사정거리 안으로 들인 겁니다. 같은 편에게는 깜짝 놀랄 일이니, 함장은 이 속임수를 쓸 때 잠깐 자국 국기를 게양하여 진짜 깃발을 같은 편에게 보인 다음 속임수에 넘어간 적군에게 포격을 가했습니다.

의미 **본색을 드러내다, 진짜 의도를 밝히다**

예문 Most people can play the nice guy for a while, but eventually they will *show* their *true colors*.

사람들 대부분은 얼마간 좋은 사람인 척하지만, 결국엔 본색을 드러낸다.

Dead in the Water

dead in the water(바닷물에서 죽는)는 엔진이 발명되기 전 시대에 나온 해상 용어입니다. 당시의 배들은 앞으로 나아가려면 바람에 의지해야 했고, 배를 움직여줄 바람 한 점 없는 날이면 배가 그대로 멈추어 바다 위에서 죽는 셈이라 여겼습니다. 특히 배가 해안가에서 공격이라도 받으면 그야말로 오도 가도 못한 채 바다에서 모두 죽을 가능성도 있었지요. 그래서 '바닷물에서 죽는' 이라는 표현이 '가망 없는' 뜻이 된 것입니다.

의미 이미 성공 가망이 없는, 오도 가도 못하는

예문 A hurricane was forecast for the coast, so our plans for a beach holiday were *dead in the water*.

허리케인이 해안에 닥친다는 예보가 있었기 때문에 해변에서 휴가를 보낸다는 우리 계획은 이미 가망이 없었다.

Loose Cannon

loose cannon(밧줄 풀린 대포) 또한 항해 관련 어구입니다. 1600년대부터 이미 대포는 범선 갑판에 올려놓고 쓰는 전투

의 주요 무기였습니다. 매우 무겁기 때문에 단단히 고정해놓는 것이 중요했지요. 대포를 굴림대 위에 올려놓은 다음 밧줄로 단단히 고정하는 방법을 썼습니다. 파도가 거칠어서, 또는 대포를 발사해서 생기는 반동 때문에 때로는 대포를 묶어 놓은 밧줄이 풀리기도 했습니다. 밧줄 풀린 대포는 갑판을 이리저리 위험천만하게 굴러다니다 배에 손상을 입히거나 수병들에게 부상을 입히곤 했습니다.

의미 예측 불가능한 사람, 충동 행동이 잦은 사람, 통제 불능인 사람

예문 You'd better steer clear of Chip when he's been drinking. He's a real *loose cannon*.

칩이 술을 마셨을 때는 피하는 게 좋아. 정말 예측 불가능하거든.

In the Offing

in the offing(앞바다에 있는)이라는 말은 1600년대부터 1700년대 말에 널리 쓰인 해상 관련 표현입니다. offing이란 해안에서 보이는 부분, 즉 해안가와 수평선 사이의 앞바다를 가리키는 말입니다. 앞바다에 있는 배는 시야에 있어 눈에 잘 보입니다. 배가 도착하는지 지켜보던 망꾼은 배가 앞바다에 등장하면 곧 부두에 도착하리라는 사실을 알 수 있었습니다.

의미 머지않은, 곧 닥칠 것 같은, 임박한

예문 Helen's interview went very well and she was sure a job offer was *in the offing*.

헬렌은 면접이 아주 순조로웠기 때문에 분명 곧 일자리 제안을 받게 되리라 확신했다.

Cat Got Your Tongue?

말을 할 줄 알았는데 꿀 먹은 벙어리인 사람을 향해 쓰는 cat got your tongue?(고양이가 네 혀를 먹었니?)라는 표현은 has a cat got your tongue?이라는 문장의 축약 형태입니다. 일각에서는 이 말이 아이들에게 하는 기발한 표현일 뿐이라 주장하지만, 사실은 바다에서 유래했을 확률이 더 높습니다. 17세기 영국 해군은 선상에서 체벌을 가할 때 아홉 가닥짜리 채찍을 사용했는데 이 채찍을 cat o' nine tails(꼬리 아홉 개 달린 고양이)라 불렀습니다. 채찍 가닥이 아홉 개나 되어서 맞으면 굉장히 고통스러웠지요. 태형을 당한 선원은 통증이 너무 심해 아무 말도 하지 못할 지경이 되었던 겁니다.

의미 입을 다물다, 할 말을 잃다, 꿀 먹은 벙어리가 되다

예문 You're not saying much there, Bill. *Cat got your tongue* or something?

빌, 별 말이 없네. 꿀 먹은 벙어리라도 된 거야?

On the Right Track

on the right track(올바른 경로에 있는)이라는 표현은 원래 말이 변형된 것으로, 기원은 선박에 있습니다. 원래는 right track이 아니라 right tack이었지요. 돛단배가 역풍을 뚫고 전진하려면 지그재그 모양의 경로를 따릅니다. 앞으로 나아가되 왼쪽으로 갔다가 오른쪽으로 갔다가 하면서 각도를 잡아야 한다는 뜻이지요. 이런 유형의 경로 조절을 tacking이라 했습니다. 태킹은 기술이 필요한 일이라 바람을 잘 이용하려면 선장이 정확한 경로를 잡고 나아가야 했습니다. 배가 올바른 경로(tack)에 있는 것이 중요했지요. 그렇지 않으면 배가 전혀 전진하지 못할 수 있으니까요.

의미 잘 해내는, 잘 진행 중인, 잘 돌아가게 하는, 올바로 돌아가게 하는

예문 Overtaxing the rich will not put the economy *on the right track*.

부자에게 세금을 과도하게 매긴다고 경제가 제대로 돌아가지는 않을 겁니다.

Freeze the Balls off a Brass Monkey

freeze the balls off a brass monkey(놋쇠 원숭이의 고환이 떨어져나가게 춥다)의 유래에 관해서는 설이 분분하지만, 해상에 어원을 둔 것으로 설명하는 편이 가장 설득력 있습니다. 18세기에 쓰던 해전용 대포는 화약이 필요했고 화약은 대개 powder monkey(파우더 멍키)라고 불리는 민첩한 남자아이들이 날랐습니다. 이들은 좁은 통로를 다니며 배 바닥의 수하물 창고에 보관한 화약을 대포 있는 곳까지 운반했습니다. 대포 옆에는 놋으로 된 삼각형 모양의 장치가 있어 포탄들을 지지해주었습니다. 화약을 운반하는 아이들과 엮어서 이 삼각대를 brass monkey(놋쇠 멍키)라고 부르게 되었지요. 놋쇠는 철처럼 부식되지 않는다는 것이 장점이었지만 날씨가 추워지면 다른 금속에 비해 심하게 수축했습니다. 특히 추운 날에는 놋쇠가 수축해 지지대의 삼각형 구멍이 커지는 바람에 그 사이로 포탄이 빠지곤 했답니다.

의미 날씨가 몹시 추운, 혹독하게 추운

예문 It's almost zero degrees out there, cold enough to *freeze the balls off a brass monkey.*
바깥은 거의 영도야. 무지하게 춥다고.

Hand over Fist

요즘 돈을 빨리 번다는 의미로 쓰는 hand over fist(주먹 위로 지나가는 손)라는 표현 역시 해상 용어에서 유래했습니다. 원래 1700년대 초에 처음 쓰일 때는 hand over hand(손 위로 지나가는 손)라는 표현이었어요. 대개 선원이 밧줄을 두 손으로 번갈아 아주 빠르게 타고 오르거나 끌어당기는 것을 묘사할 때 썼습니다. 훗날 이 표현이 바뀌어 hand over fist가 되었지요. 밧줄을 꽉 쥔 주먹 위로 활짝 편 손이 지나가는 모습을 묘사한 것으로, 이 또한 선원이 밧줄을 능숙하게 다루는 솜씨를 표현한 것입니다.

의미 빨리, 빠른 속도로, 착착

예문 The customers were lining up out the door and Bob was making money *hand over fist*.

손님들이 문밖까지 줄을 섰어. 그러니 밥은 착착 돈을 벌고 있던 거지.

Turn a Blind Eye

영국의 해군 제독이었던 호레이쇼 넬슨(Horatio Nelson)은 turn a blind eye(보이지 않는 눈으로 보다)라는 표현을 낳은 장본인입니다. 넬슨은 한쪽 눈이 보이지 않았습니다. 1801년 코펜하겐 전투에서 넬슨과 상관 하이드 파커 경(Sir Hyde Parker)은 덴마크-노르웨이 함대에 맞설 전술을 놓고 의견이 달랐습니다. 어느 시점에 파커 경은 전투에서 손을 떼라는 뜻으로 깃발을 사용해 넬슨에게 신호를 보냈습니다. 그러나 넬슨은 이길 자신이 있었지요. 그는 망원경을 안 보이는 쪽 눈에 대고 이렇게 말했습니다. "I really do not see the signal(정말 신호가 보이지 않습니다)." 그는 공격을 멈추지 않았고 결국 결정적 승리를 거두었답니다.

의미 상황이나 현실을 알고도 모르는 척하다, 외면하다

예문 He always took a long lunch break, but I *turned a blind eye* because he was such a good worker.

그는 늘 점심시간을 오래 썼지만 일을 하도 잘했기 때문에 나는 모른 척했다.

Pass with Flying Colors

---

pass with flying colors(국기를 휘날리며 지나가다)라는 표현 역시 항해 관련 어구로서 1700년대 초에 등장했습니다. 당시에는 배의 깃발을 colors라고 불렀습니다. 함대가 전투에서 승리를 거두고 고국으로 돌아올 때면 돛의 높은 곳에 국기를 휘날리며 항해했지요. 깃발은 함대의 승리를 상징했습니다. 국기를 적에게 빼앗기지 않고 지켰다는 뜻이니까요.

의미 어려운 일을 훌륭히 해내다

예문 John *passed* his final exams *with flying colors.*
존은 기말시험을 훌륭한 성적으로 통과했어.

Give a Wide Berth

give a wide berth(넓은 정박 장소를 제공하다)라는 표현의 유래는 1600년대로 거슬러 올라갑니다. 역시 선원들이 쓰던 용어입니다. berth는 항구나 바다 한가운데에 배를 정박하거나 계류할 수 있는 자리, 즉 정박장을 가리키는 말입니다. 일단 정박하거나 계류한 배는 조류나 바람에 따라 이리저리 떠다니되 닻줄의 길이가 허용하는 만큼만 움직이게 되지요. 항구에 세워둔 배가 다른 배와 부딪치지 않도록 방지할 수 있는 가장 좋은 방안은 정박할 자리를 넓게 확보하여 조류에 따라 움직일 만큼 충분한 공간을 주는 것입니다. 계류 중인 다른 선박 주변에서 배를 조종할 때도 자리를 넓게 제공해야 조류에 움직이게 되어도 충돌을 피할 수 있었겠지요.

의미 …와 안전거리를 유지하다, …를 피하다

예문 Chad was the meanest guy in the school, so I always *gave him a wide berth.*

채드는 학교에서 제일 못된 아이였기 때문에 나는 늘 그 애와 거리를 뒀어.

Spick and Span

spick and span(반짝이는 못과 톱밥)이라는
표현은 16세기 조선소에서 유래했습니다.
spick이나 span 모두 지금은 쓰이지 않는 단
어지만 당시에 spick은 spike(못)를, span은

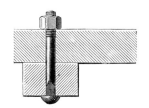

톱밥이나 나무조각을 가리켰습니다. 배를 처음 물에 띄울 때 녹이 전
혀 슬지 않은 못은 반짝거렸고 갑판에는 톱밥이나 나무조각들이 굴러
다녔습니다. 새 배일수록 반짝이는 못과 톱밥 천지였지요.

의미 아주 깔끔한, 말끔한, 새것 같은

예문 When Fran finished cleaning the house, it was *spick and span*.

프랜이 청소를 마치자 집은 온통 새집처럼 말끔했다.

Flog a Dead Horse

flog a dead horse 혹은 beat a dead horse(죽은 말을 때리다)라는 표현은 뱃사람들이 쓰던 용어로서, horse latitudes(아열대무풍대)를 뜻하는 말에서 유래했습니다. 아열대무풍대는 적도 남북위 약 30도 지대로 바람이 불규칙하고 예측 불가능한 곳입니다. 고기압이 발달해 있어 바람이 약하고 잔잔한 날씨가 오래 지속되기도 하고요. 선원들은 항해를 시작할 때 미리 급여를 받기 때문에 받은 돈만큼 일을 해야 하는 시간을 dead horse time(죽은 말 시간)이라고 했습니다. 바람이 불지 않아 때로는 아열대무풍대를 통과하는 데 수개월이 걸렸는데 선원들에게 이런 상황은 이득이었습니다. 이미 돈을 받았기 때문에 무풍지대를 벗어나기 위해 열심히 일할 필요가 없었으니까요. 열심히 일해 봐야 죽은 말을 채찍질하는 것처럼 아무 소용이 없었다고 생각한 것입니다.

의미 (이미 끝난 일을 두고) 헛수고하다, 소용없는 짓을 하다, 뒷북치다, 끝난 일을 들먹이다

예문 Tony could not convince the crowd of his point of view, so he decided to stop *flogging a dead horse* and sat down.

토니는 사람들에게 자기 생각을 납득시킬 수 없었다. 그래서 헛수고를 그만두기로 하고 자리에 앉았다.

Under the Weather

under the weather(험한 날씨의 영향을 받는) 라는 표현 역시 항해에 기원을 두고 있습니다. 멀미약이 개발되기 전까지 항해에서 멀미는 큰 골칫거리였습니다. 파도가 거칠고 악천후일 때는 특히 멀미가 창궐했지요. 배가 이리저리 격렬히 요동쳤으니까요. 배가 가장 많이 흔들리는  곳이 갑판이고 가장 안정된 장소는 용골 근처의 아래쪽입니다. 선원이 멀미하면 회복을 위해 배의 갑판 아래쪽으로 보냈습니다. 험한 날씨의 영향 아래(under the weather)에 있었기 때문입니다.

의미 몸이 좋지 않은

예문 I couldn't make it into work yesterday as I was a little *under the weather.*

어제 나는 몸이 좀 좋지 않아 일하러 가지 못했어.

Turn the Corner

turn the corner(모퉁이를 돌다)라는 관용구는 예측 불가능한 두 해역과 관련이 있습니다. 한 곳은 아프리카 남단의 희망봉(Cape of Good Hope)이고 또 한 곳은 남아메리카 최남단의 케이프 혼(Cape Horn)입니다. 두 곳에서는 두 대양이 충돌하기 때문에 물살이 거세고 위험합니다. 초창기 범선이 이 거센 해역을 헤쳐 나아가야 할 때면 걱정이 많을 수밖에 없었지요. 선원들은 일단 배가 이 모퉁이 지대만 돌아 나오면(turn the corner) 고요하고 편안하게 항해할 수 있다고 확신하곤 했습니다.

의미 고비를 넘기다, 회복하기 시작하다

예문 Interest rates started to rise as the economy finally *turned the corner.*

경제가 마침내 고비를 넘기자 이율이 상승하기 시작했다.

In the Doldrums

in the doldrum(정체 상태에 있는)이라는 표현은 doldrum(무풍지대)과 관련이 있습니다. 무풍지대는 적도의 북쪽에 치우친 지대로 지구의 남반구와 북반구의 두 무역풍 지대 사이에 낀 곳입니다. 두 무역풍이 여기서 만나면 서로 상쇄 작용을 일으켜 바람이 거의 불지 않습니다. 따라서 배가 움직이지 않아 항해가 불가능해지죠. 많은 이들은 이 표현이 이 무풍지대에서 따왔다고 추측하지만, 사실은 이 지대에 doldrum이라는 이름이 붙은 것 자체가 반대로 그 성질 때문입니다. doldrum은 고영어 dol에서 유래했습니다. '둔한'이라는 의미의 dull을 뜻하지요. 지금은 doldrum을 열대수렴대(Intertropical Convergence Zone)를 가리키는 말로 쓰지만, in the doldrums이라는 표현은 19세기 초부터 '침울한, 의욕이 없는'이라는 비유적 의미로 사용되었습니다.

의미 침울한, 의욕이 없는

예문 I was feeling *in the doldrums* so I decided not to go to the party.

의욕이 생기지 않아 나는 파티에 가지 않기로 했다.

One's Ship Has Come In

1800년대 중반에 기원을 둔 one's ship has come in(배가 들어왔다)이라는 관용어는 배에 대한 투자에서 비롯했습니다. 배에다 투자를 한다는 건 배를 건조한 다음 필요한 장비를 갖추고 선원들을 고용해야 할 돈까지 일단 모조리 쓴다는 뜻입니다. 그런 후 배는 투자금을 회수할 희망을 품고 오랜 항해에 나섭니다. 한번 항해를 떠나면 여러 해 동안 돌아오지 않기 때문에 투자자는 선장과 연락할 길도 없이 돈을 벌게 될지, 심지어는 배를 다시 볼 수 있을지조차 확신할 수 없었습니다. 배가 다시 항구에 나타나면 그때서야 비로소 결과를 알 수 있는 것입니다. 배가 머나먼 땅에서 귀중품을 잔뜩 싣고 돌아오면 드디어 배가 들어왔다, 즉 큰돈을 벌었다고 말할 수 있게 되었지요.

의미 돈을 많이 벌다, 성공하다, 부자가 되다

예문 When my *ship comes in* we'll buy a new house and car.
돈을 많이 벌게 되면 새집과 새 차를 살 거야.

Taken Aback

taken aback(뒤로 가는, 역행하는)이라는 표현은 항해에서 나왔습니다. aback이라는 단어는 역풍을 맞아 배의 돛이 뒤를 향한 상태, 즉 바람 때문에 돛이 돛대 쪽으로 팽팽해진 상태를 가리킵니다. 갑자기 바람의 방향이 바뀌면 배의 속력이 느려질 뿐 아니라 때로는 배가 뒤로 가기도 했지요. 바람의 급작스런 변화가 돛단배를 역행시킨 것입니다. 이 표현은 '돌연한 변화에 놀란'이라는 뜻도 있지만, 17세기 말 이후 '배가 역행하다'라는 문자 그대로의 의미로도 사용되었습니다.

의미 (돌연한 변화에) 기가 찬, 충격받은, 깜짝 놀란

예문 I was completely *taken aback* when Claire left me. I just couldn't believe it.

클레어가 나를 떠났을 때 깜짝 놀랐다. 도저히 믿을 수가 없었다.

Leave High and Dry

leave high and dry(바닷물이 빠져 선체가 다 드러나게 하다)라는 구절은 19세기 초에 기원이 있습니다. 원래는 배가 좌초되어 움직일 수 없는 상황을 가리키는 말이었습니다. 배가 좌초되면 선체가 노출되고 공격에 취약해지기 때문에 선장은 밀물 때까지 무력해질 수밖에 없었습니다. 이 표현이 처음 기록된 지면은 1796년 런던의 신문 《타임스(The Times)》였습니다.

The Russian frigate Archipelago, yesterday got aground below the Nore at high water, which; when the tide had ebbed, left her nearly high and dry. » 러시아의 소형 쾌속 범선 아키펠라고가 어제 밀물 때 노어 하구에서 좌초되었다. 썰물 때 물이 다 빠져 배가 거의 다 드러난 상태가 되었기 때문이다.

의미 방치하다, 내팽개쳐두다, 회복 가망성 없이 버려두다

예문 By the time I came back from the bathroom all my friends had left the party, *leaving* me *high and dry*.
화장실에 갔다 왔더니 친구들이 나를 내팽개쳐두고 파티 장소를 떠나버렸다.

Son of a Gun

son of a gun(대포의 자식)이라는 표현의 기원은 바다에 있습니다. 수백 년 전 영국 해군은 오랜 항해를 하는 동안 여성이 수병과 함께 선상에서 생활할 수 있도록 허가했습니다. 대체로 수병의 애인이거나 성매매 여성이었지요. 임신은 흔히 벌어지는 일이었고 아기는 대부분 배의 대포 뒤 지정된 구역에서 낳았습니다. 주로 계획에 없던 임신이었고, 아이의 아버지를 알지 못할 때도 많았습니다. 이런 아이는 선박 일지에 '대포 뒤에서 태어난 자식(son of a gun)'이라고 기록했습니다.

의미 **몹쓸 녀석, 이 골칫덩이 자식(친근함을 담아 쓰는 표현)**

예문 All the girls want you to take them out, you old *son of a gun*.
야, 이 몹쓸 녀석아, 여자들은 죄다 너랑 데이트하고 싶어 한다고.

Money for Old Rope

money for old rope(낡은 밧줄로 버는 돈)라는 표현의 유래도 선박에 있습니다. 17세기에서 18세기 동안 범선이 항구로 돌아오면 선원들은 모든 삭구를 점검해 항해가 가능한지 살펴야 했습니다. 항해하는 동안 손상된 삭구는 제거했습니다. 일부 장비는 항해에는 적합하지 않지만 상태가 아직 좋아 육지에서 팔 수 있었습니다. 선장은 연륜이 있는 선원에게 폐기한 밧줄을 임의대로 처분할 재량권을 주었습니다. 그래서 이들은 말 그대로 낡은 밧줄을 팔아 돈을 벌었던 것이지요.

의미 수월한 돈벌이, 손쉬운 돈벌이

예문 I got paid to eat at the restaurant and do a report on it for the owners. It was *money for old rope*.

식당에서 밥을 먹은 다음 업주를 위해 후기를 작성해주고 돈을 받았다. 정말 손쉬운 돈벌이였다.

Nail One's Colors to the Mast

nail one's colors to the mast(돛대에 국기를 못 박다)라는 말은 18세기 초반의 해전에서 유래했습니다. 전함의 함장은 깃발(color)을 주돛대에 자랑스레 휘날리며 전투에 임했지요. 항복을 원하는 경우에는 국기를 낮추어 적에게 패배를 알렸습니다. 수병들 또한 전투가 힘든 상황이면 깃발을 내릴 수 있었습니다. 함장이 항복하지 않기로 결정을 내렸을 때는 말 그대로 깃발을 돛대에 못으로 박아놓아 누구도 깃발을 내려 항복 표시를 하지 못하도록 했습니다. 이러한 관습에서 유래해서 이 표현을 자신의 신념을 밝힌다는 의미로 쓰게 된 것입니다.

의미　자신의 신념을 공격적으로 밝히다, 신념을 드러내다

예문　The judge was in the minority, but he *nailed* his *colors to the mast* and refused to give a inch.

그 판사는 소수파였지만 자신의 신념을 공격적으로 드러냈고 절대로 여지를 주지 않았다.

Raining Cats and Dogs

raining cats and dogs(고양이와 개가 비처럼 내리다)라는 표현의 유래를 설명하는 가설은 꽤 많습니다만, 가장 설득력 있는 가설은 역시 항해와 관련이 있습니다. 고대 바이킹 신화에 따르면 고양이는 폭풍우에 영향을 끼치는 동물이고 개는 바람의 상징이었습니다. 고대 스칸디나비아에서 폭풍우를 관장하는 신 오딘은 개와 늑대에 둘러싸인 모습으로 자주 등장했습니다. 이 때문에 초창기 선원들은 폭우 때마다 비가 오는 원인은 고양이이고 바람은 개 때문에 분다고 생각하게 되었지요. 따라서 고양이와 개로 인해 비가 온다는 말이 모든 형태의 폭우를 가리키게 되었습니다.

의미 억수, 세차게 쏟아지는 비

예문 It started *raining cats and dogs* so we had to quickly pack up the picnic and leave.

억수가 퍼붓기 시작해서 우리는 재빨리 피크닉 짐을 챙겨 자리를 떠야 했다.

On the Fiddle

다른 많은 관용어처럼 on the fiddle(넘침 방지턱에 닿도록) 역시 해상에서 유래했습니다. 배에 있는 식탁에는 바다 날씨가 험할 때 그릇이 떨어지지 않도록 모서리 부분에 그릇 받이 턱을 설치했습니다. 이 틀을 fiddle이라고 했지요. 또 선원들이 밥을 먹는 나무 접시에도 내용물이 미끄러져 떨어지지 못하도록 fiddle을 달아놓았습니다. 선원이 자기 배만 부르자고 접시 가장자리(fiddle) 위로 넘치게 음식을 채우면 그는 욕심 때문에 자기 그릇만 가득 채우는, 즉 부정직한 짓을 한다(on the fiddle)고 욕을 먹었지요.

의미 규칙을 어기고 자기 몫 이상을 가져가는, 속임수를 쓰는, 부정직한 짓을 하는

예문 The school bursar got sacked because she was *on the fiddle* and stole some money from the official registers.

학교 회계 담당자가 속임수를 써 학교의 공금을 횡령했다는 이유로 해고당했다.

Shake a Leg

shake a leg(다리를 흔들어 내놓으라)라는 표현의 유래는 19세기 영국 해군입니다. 민간인 여성이 왕립 해군의 배에 승선해 사기를 북돋을 수 있도록 허가를 받은 것이 바로 이때부터였지요. 동이 트면 shake a leg!라고 외쳐서 잠든 수병들을 깨웠습니다. 이런 외침은 남자와 여자들을 구별하기 위한 것이었습니다. 매끄럽고 맵시 좋은 여자 다리가 털이 수북한 수병의 다리 대신 보이면 여자는 남자들이 옷을 입고 나갈 때까지 침대에 있도록 허락을 받았습니다. 오늘날에도 shake a leg는 침대에서 자는 사람을 서둘러 깨울 때 쓰입니다.

의미 서두르다, [특히 침대에서] 빨리 일어나다

예문 Adrian was running late for his meeting so I told him to *shake a leg.*

에이드리언이 회의에 지각할 지경이었기에 나는 그에게 빨리 일어나라고 재촉했다.

Slush Fund

slush fund(돼지기름으로 조성한 자금)는 17세기 범선에서 시작된 말입니다. 그 시절에는 냉장고가 없었기 때문에 배에 타면 소금에 절인 돼지고기를 자주 먹었지요. 고기 맛을 개선하기 위해 큰 냄비에 돼지고기를 푹 삶고 냄비 위쪽으로 올라오는 지방은 걷어내서 빈 통에 담아놓았습니다. 이 기름을 slush라고 했고 선원들은 이를 비누나 양초 제조업자에게 팔아서 번 돈으로 사치품을 샀지요. 1866년 미 의회가 slush fund라는 말을 의회가 만들어둔 비상 자금(contingency fund)을 가리키는 용어로 쓰기 시작했고, 그 후로 이 말은 비자금을 뜻하게 되었습니다.

의미 [특히 정치에서] 부정한 목적에 쓰려고 비축해둔 돈, 비자금

예문 The candidate had run out of money so the party had to delve into the *slush fund*.
그 후보는 돈을 다 써버린 상태였기 때문에 당은 비자금을 긁어 써야 했다.

You Scratch My Back and I'll Scratch Yours

you scratch my back and I'll scratch yours(네가 내 등을 긁어주면 나도 똑같이 해주마)라는 표현의 기원은 영국 해군에 있습니다. 17세기 내내, 수병들은 술에 취하거나 자리를 지키지 않거나 복종하지 않을 경우 가혹한 형벌을 받았습니다. 주로 아홉 가닥으로 된 채찍으로 채찍질을 당했지요. 이 채찍으로 맞으면 등에 깊은 자상이 남았습니다. 가장 흔한 형태는 죄지은 수병을 배의 돛대에 묶어 다들 볼 수 있게 한 다음 다른 수병에게 매질을 시키는 것이었습니다. 수병들은 채찍질을 가볍게 해서 매 맞는 병사의 등이 살짝 '긁힐 정도로만' 하면 된다는 쪽으로 서로 합의를 보았습니다. 그래서 항해를 하다가 나중에 자기 차례가 와도 자기 역시 가볍게 맞으리라는 사실을 알았지요.

의미 오는 정이 있어야 가는 정이 있다

예문 After recommending three new clients to John, he handed me $100 and said with a smile, *"You scratch my back and I'll scratch yours."*

존에게 새 고객 셋을 소개해주자 그는 내게 100달러를 건넨 다음 웃으며 말했다. "오는 정이 있으면 가는 정도 있는 거야."

At a Loose End

at a loose end(매듭 풀린 데 없나 살피는)라는 표현은 대형 범선에서 유래한 것입니다. 돛이 있으면 밧줄이 있기 마련이니 대형 선박에는 수백 개나 되는 밧줄이 있었지요. 밧줄은 돛을 견고하게 고정하는 데 꼭 필요하지만, 대개 풀려서 흐트러지기 일쑤입니다. 밧줄이 풀리고 매듭이 흐트러질까 봐 선원들은 늘 정기적으로 배의 삭구를 점검해야 합니다. 선장은 선원들이 아무 일도 하지 않고 앉아서 빈둥거리는 것을 보면 밧줄을 점검하라고 지시했습니다. 그러면 선원들은 매듭 풀린 데 없나 살펴보는 따위의 별것 아닌 일이나 하면서 시간을 보내곤 했지요.

의미 할 일이 없는, 한가한, 빈둥거리는

예문 I was *at a loose end* on Saturday night so I decided to go to bed early.

토요일 밤에 할 일이 하나도 없어서 일찍 잠자리에 들기로 했다.

2장

Win Hands Down

쉽게 이기다

스포츠와 게임

Knuckle Down

knuckle down(검지 관절이 땅에 닿도록 내리다)라는 표현은 구슬치기에서 유래했습니다. 구슬치기에 쓰는 구슬을 taw라고도 하는데요, 검지를 구부린 채 엄지로 튕깁니다. 구슬을 튕기기 전에 검지 관절이 땅에 닿게 내리는 것(knuckle down)이 필수 규칙입니다. 앞에서 먼저 구슬을 튕긴 사람의 구슬이 떨어진 자리에 정확히 검지 관절을 놓아야 하고요. 규칙을 어기는 참가자는 '집중해서 검지를 땅에 닿게 내려놓으라(concentrate and knuckle down)'는 말을 듣게 되는 겁니다.

의미 집중해서 열심히 하다

예문 Nick failed his first two subjects at university so he knew it was time to *knuckle down* and study hard.

닉은 대학의 첫 두 과목에서 낙제를 했기 때문에 이제 정말 집중해서 열심히 공부해야 할 때가 왔음을 알았다.

One Can Run, but One Can't Hide

one can run, but one can't hide(도망쳐봐도 숨을 순 없을 거야)라는 표현은 위대한 헤비급 권투 선수 조 루이스(Joe Louise)에게서 유래했습니다. 루이스는 별명 '갈색 폭격기'로 유명했지요. 1941년, 루이스는 빌리 콘(Billy Conn)과 경기를 펼쳤습니다. 콘은 몸이 훨씬 가볍고 빠른 복서였습니다. 점수상으로는 뒤지고 있던 루이스는 결국 13라운드에서 콘을 녹아웃시켰습니다. 1946년에도 여전히 챔피언십을 지키고 있던 루이스는 콘과 재경기를 펼쳤지요. 복싱 관전평을 쓰는 이들은 루이스가 첫판에서 챔피언십을 놓칠 뻔했다는 것을 기억해내고는, 콘의 빠르게 '치고 빠지기' 전략을 어떻게 상대할 것인지 루이스에게 물었습니다. 루이스는 "He can run, but he can't hide(자기가 뭐 뛰어야 벼룩이죠)"라고 대답했다는군요. 챔피언이었던 루이스는 결국 8라운드에서 녹아웃으로 승리했습니다.

의미 뛰어야 벼룩, 달아나려고 해봐야 결국 잡힌다

예문 Hector owed the government $10,000. He knew he'd have to pay it soon as he *could run but couldn't hide*.

헥터는 정부에 1만 달러 빚이 있었다. 그는 뛰어야 벼룩이니 조만간 빌린 돈을 갚아야 한다는 것을 알고 있었다.

Knock the Spots Off

knock the spots off(점을 모조리 쏘아 맞히다)라는 표현은 1800년대 중반 미국에서 유래했습니다. 당시에는 전국적으로 카니발 축제가 흔히 벌어졌고 가장 인기 있던 여흥은 사격 놀이였습니다. 많은 참가자들이 사격장으로 와서 자기 사격 기술을 시험했지요. 가장 많이 쓰인 표적은 트럼프 카드 같은 놀이용 카드였습니다. 앞면에 점이나 표식을 두어 카드 패나 값을 나타냈죠. 목표는 카드 위의 점을 모조리 관통해 최대한 많은 점을 없애는 것이었습니다. 점이나 표식을 다 없애는 (knock all the spots off) 사람이 상을 탔습니다.

의미 쉽게 이기다, 완전히 능가하다

예문 Our team *knocked the spots off* the opposition and won by thirty points.

우리 팀은 30점 차이로 상대 팀을 완패시켰다.

Win Hands Down

win hands down(두 손 내려놓고 편안히 이기다)라는 표현은 경마에서 유래했습니다. 기수가 말의 질주를 독려하려면 고삐를 바짝 조여야 하지만, 경쟁자보다 한참 앞서 있어 고삐를 풀고 채찍을 휘두르지 않아도 이길 수 있을 경우에는 두 손을 고삐 위에 편안히 올려놓고 조이지 않았습니다. 이렇게 구보로 결승선까지 가서 애쓰지 않아도 편히 이기는(win hands down) 것이었지요.

의미 낙승하다, (별 노력 없이) 쉽게 이기다

예문 We were up by twenty points at halftime and we ended up *winning hands down.*

경기가 절반가량 지났는데 우리 편이 20점 앞서 있어 결국 손쉽게 승리했다.

Above Board

above board(탁자 위에)라는 표현은 카드 게임에서 유래한 말입니다. board라는 단어는 sideboard라는 말에서 보듯 탁자(table)를 가리키는 옛말입니다. 카드를 치는 사람이 탁자 아래로 두 손을 내리면 카드 패를 바꿔치기해서 속이려 한다는 의심을 받을 수 있었습니다. 이런 오해를 조금이라도 받지 않기 위해 카드 게임 참가자는 두 손을 탁자 위에 올려두어야 했지요. 두 손이 모두 테이블 위에 있으면 부정행위의 기미를 풍길 수조차 없으니까요.

의미 적법한, 공명정대한, 정직한, 숨기는 것이 없는

예문 The real estate agent had a bad reputation for shady dealings, but I found him to be completely *above board*.

그 부동산 중개인은 수상한 거래를 한다는 나쁜 평판이 있었지만 나는 그가 아주 정직하다고 생각했다.

High Jinks

high jinks(술 마시기 게임)는 원래 1700년대 스코틀랜드에서 유행했던 술 게임을 부르는 말이었습니다. 게임 규칙에 따라 주사위를 던져 선수들의 점수를 매기고, 진 사람은 이것저것 섞은 술을 마시거나 아예 못 마시게 했습니다. 술을 섞어 마신 사람은 취해서 어리석은 짓을 했습니다. 월터 스콧 경이 1815년에 쓴 소설 『기 매너링 (Guy Mannering)』에 이 게임을 언급했고, 1800년대 중반부터는 이 말이 오늘날 쓰이듯 '유치하고 바보 같은 행동'이라는 의미를 획득하게 되었습니다.

의미 신이 나거나 흥분했을 때 하는 유치하고 바보 같은 행동

예문 Bert had been drinking and was singing and dancing and getting up to all sorts of *high jinks*.

버트는 술을 마시고는 흥이 나서 노래하고 춤추고 온갖 종류의 유치한 행각을 벌였다.

Add Another String to One's Bow

add another string to one's bow(활에 두
번째 줄을 보태다)라는 표현의 기원은 중세 시
대 활쏘기 경기입니다. 중세인은 주로 활과 화
살로 무장을 했습니다. 사냥과 방어에 꼭 필요
한 무기였지요. 누가 가장 활을 잘 쏘는지 겨루
기도 했습니다. 신중한 궁수들은 활줄이 모자라는 일이 없도록 다
른 줄을 추가해두곤 했습니다. 두 번째 줄을 활 꼭대기에 붙여 손잡이
에 감아놓았지요. 첫째 활줄이 툭 하고 끊어지거나 망가지면 다음 줄
로 곤경에서 벗어난 것입니다. 이렇게 해서 second string(두 번째
줄)이라는 표현이 생겨났고 이것이 '차선의 방책'이라는 뜻으로 쓰이
게 되었지요.

의미 〔한 가지 이상〕 다른 수나 방책 혹은 기회를 강구해두다

예문 He *had more than one string to* his *bow*, so when his
football career ended early, he was able to fall back on his
legal practice.

그는 풋볼 경력이 일찍 끝났어도 다른 방책을 강구해두었기 때문에 법조인으로
살 수 있었다.

Wild Goose Chase

wild goose chase(앞 기러기 따라잡기)라는 표현은 사실 기러기가 아니라 경마에서 유래했습니다. 경마는 16세기 영국에서 발달했는데 가장 초창기에는 오늘날의 경마와는 많이 달랐습니다. 경기는 맨 앞에 선 말이 출발하면서 시작되었습니다. 기수는 어떤 방향이건 마음대로 달릴 수 있었지요. 다른 기수들이 첫째 말을 뒤쫓아나가되, 정확한 간격을 두고 한 사람씩 출발했습니다. 뒤쫓는 경쟁자들은 첫 주자가 정확히 어떤 경로로 갔는지 모르기 때문에 서로 다른 방향으로 흩어질 수밖에 없었고, 그래서 앞의 말을 쫓는 일은 기러기 떼가 맨 앞의 기러기를 따라잡으려고 하는 것만큼이나 가망 없는 짓이었지요. 윌리엄 셰익스피어가 1579년에 쓴 〈로미오와 줄리엣〉에 이 표현이 등장해 대중화되었습니다.

의미 헛수고, 헛된 희망을 품은 노력, 부질없는 시도

예문 All the police knew was that the suspect had dark hair so they were definitely on a *wild goose chase*.

경찰이 아는 정보라고는 용의자 머리칼이 짙은 색이라는 사실뿐이었기 때문에 용의자 추적은 분명 부질없는 헛수고였다.

Hell Bent for Leather

hell bent for leather(가죽에 환장하다)라는 구절 역시 경마와 관련이 있습니다. bent라는 단어는 bent on doing something(뭔가를 하기로 작정한)이라는 어구에서처럼 '작심한, 결심한'이라는 뜻이 있습니다. 말을 타고 먼 거리를 이동하다 보면 말의 역량을 한계 이상으로 몰아붙여 부상이나 죽음을 초래할 수 있습니다. 부상을 당하거나 죽은 말은 가죽으로 쓰이게 되고요. 말을 이렇게 극한까지 몰아붙인 사람을 두고 말을 가죽으로 바꾸는 데 환장했다(hell bent on turning horse into leather)고 표현하기도 합니다. hell for the horse's skin(말가죽에 환장했다)이나 hell for the saddle leather(말안장용 가죽에 환장했다)라고도 표현합니다.

의미 맹렬한 기세로, 목표를 이루기 위해 무엇이건 하겠다는 기세로, 무턱대고, …에 환장한

예문 Two ambulances passed me on the highway weaving in and out of traffic and going *hell bent for leather.*

고속도로에서 구급차 두 대가 내 차를 지나 차들 사이를 지그재그로 끼어들며 맹렬한 기세로 질주했다.

Wear One's Heart on One's Sleeve

wear one's heart on one's sleeve(마음을 소매에 달다)라는 구절은 중세 마상 창 시합(jousting match)에서 유래했습니다. 궁정에서 시합이 열리면 경기를 펼치는 기사는 자기가 구애하는 여성에게 시합 성적을 바치는 것이 관례였지요. 그래서 연모하는 여인이 입은 옷 색깔과 같은 천이나 리본을 팔쪽 옷소매에 매달았습니다. 연모의 마음을 상징적으로 소매에 착용한(wear his heart on his sleeve) 셈이지요. 이 말이 대중화시킨 것은 셰익스피어의 1604년 연극 〈오셀로〉였습니다. "I will wear my heart upon my sleeve(내 마음을 옷소매에 입겠소)"라는 말이 여기 쓰였거든요.

의미 감정을 솔직하게 드러내다

예문 The coach always *wore* his *heart on* his *sleeve* and was very animated during the final match.

코치는 늘 자기 감정을 노골적으로 드러내는 사람이어서 마지막 경기 내내 크게 흥분한 상태였다.

Upset the Apple Cart

upset the apple cart(사과 수레를 넘어뜨리다)라는 말은 레슬링 경기에서 유래했습니다. 해내기엔 상당히 힘이 들 듯 보이는 유래지요? apple cart(사과 수레)는 레슬링계에서는 남자의 상반신을 가리키는 18세기 은어였습니다. 따라서 사과 수레를 뒤엎는다는 말은 '상대를 내동댕이쳐서 쓰러지게 만들어 제압한다'는 뜻이 되었습니다. 이 표현 최초의 기록은 제러미 벨크냅(Jeremy Belknap)이 1788년에 쓴 『뉴햄프셔의 역사(The History of New Hamhpshire)』라는 책입니다.

의미 어려움을 초래하다, (계획이나 일을) 뒤엎다, 망치다, 사달을 내다

예문 I told John what Paul had said about him, which really *upset the apple cart.*
나는 폴이 존에 대해 했던 말을 존에게 전했고 그 때문에 결국 사달이 났다.

Have the Bit between Someone's Teeth

have the bit between someone's teeth(재 갈이 이빨 사이에 끼이다)라는 표현도 경마에 서 유래한 관용어입니다. bit은 고영어 bite 에서 유래한 것으로 말의 움직임을 제어하는 데 쓰는 굴레의 재갈을 가리킵니다. 말을 탈 때 고삐를 당기면 말의 주둥이에 채운 재갈이 부 드러운 부분을 건드려 말의 고개를 돌립니 다. 그렇게 해서 방향과 속도를 조절하는 것입니  다. 하지만 말이 재갈을 꽉 물어 이빨 사이에 재갈이 끼이면 말이 탄 사람의 통제를 벗어나기 때문에 고삐가 소용없어집니다. 고삐가 기능 을 못하면 말은 제멋대로 달리게 되지요. 1600년대부터 사용된 말입 니다.

의미 상황을 통제하다, 제어하다, 작심하고 일을 하다

예문 I had procrastinated over the assignment for days when I finally *got the bit between* my *teeth* and finished it in one night.

나는 며칠이나 과제를 미루면서 꾸물거리다 결국 작심하고 하룻밤 사이에 끝내버 렸다.

Aid and Abet

aid and abet(물도록 시키다)이라는 말은 지금은 불법이 된, 쇠사슬로 묶인 곰에게 개가 덤비게 하는 옛 놀이이자 구경거리 bear baiting(곰 곯리기)에서 유래했습니다. abet이라는 단어는 고대 스칸디나비아어 단어 beita에서 유래했습니다. '물다(bite)'라는 뜻이지요. 원래 14세기 잉글랜드에서는 bear abetting(곰 물기)이라는 놀이가 있었는데 구덩이에 기둥을 박고 그곳에 힘 빠진 곰을 묶어놓은 다음, 훈련된 불도그 여러 마리가 덤벼 곰을 물어뜯게 했습니다. 개들은 곰이 죽을 때까지 물어뜯었지만 그사이 크게 다치거나 지쳐버리곤 했지요. 개 주인은 개가 지쳐도 계속하라고 다그치곤 했습니다. 개에게 계속 물도록 시킨다(abet the dog to keep biting)는 말은 여기서 유래한 것입니다. 18세기 말 '돕다'라는 뜻의 aid가 덧붙어 aid and abet이라는 표현이 만들어진 뒤로 '교사하다, 방조하다'라는 말로 쓰이기에 이르렀습니다.

의미 [범행을] 방조하다, 돕거나 교사하다

예문 Holly was reprimanded for *aiding and abetting* the boys who were fighting.
홀리는 남자아이들의 싸움을 방조하고 부추겼다는 이유로 꾸중을 들었다.

Below the Belt

below the belt(벨트 아래)라는 관용어
는 권투 경기에서 유래했습니다. 런던 프
라이즈 링 규칙(London Prize Ring Rules)은 1743년
잭 브로턴(Jack Broughton)이라는 권투선수가 만
들었습니다. 쓰러진 상대는 때리지 않는다거나 허
리 아랫부분은 가격하지 않는다는 조항이 포함
되어 있었지요. 그 후 이 규정은 1867년 퀸스베리 후작(Marquess of
Queensberry)의 개정과 쇄신을 거쳐 위험한 싸움 기술에 종지부를 찍
는 공식 규칙으로 자리 잡게 됩니다. 새 규칙 중에는 상대의 반바지 벨
트 아래(below the level of his trouser belt)를 공격하지 말라는 조항이
있었지요. 곧이어 '벨트 아래'라는 말은 부당한 전략을 의미하는 비유
적인 표현으로 쓰이게 되었습니다.

의미 [전략이] 비겁한, 부당한

예문 Bill had been told the information in confidence, so to bring
it up during the argument was a bit *below the belt.*

빌은 비밀 보장을 약속하고 정보를 들었기 때문에 논쟁 중에 그 정보를 언급한 것
은 부당한 짓이었다.

Great White Hope

---

great white hope(백인의 커다란 희망)라는 말은 스포츠 경기장, 특히 권투 경기장에서 유래했습니다. 이 말에는 인종주의적 함의도 있습니다. 잭 존슨(Jack Johnson)은 1908년 오스트레일리아 시드니에서 열린 시합에서 캐나다 선수 토미 번스(Tommy Burns)를 상대로 승리를 거두면서 흑인으로서는 최초로 세계 헤비급 챔피언이 되었습니다. 백인 권투 팬들 사이에선 인종 혐오가 심했던 탓에 이들은 다른 백인 선수가 챔피언 타이틀을 되찾기를 내심 몹시 바랐습니다. 이 요구에 부응하기 위해 백인 권투 선수 제임스 제프리스(James Jeffries)가 은퇴 후 다시 불려 나와 존슨을 상대했습니다. 제프리스는 Great White Hope라 불렸지만 1910년에 그 역시 존슨에게 패했지요. 이는 미국 전역의 격렬한 인종 폭동의 도화선이 되었습니다.

의미 대단한 유망주, 기대주, 성공할 것으로 크게 기대되는 대상

예문 The new medical research center was the *great white hope* in cancer treatment.

새 의료 연구 센터는 암 치료의 큰 기대주였다.

Up the Ante

up the ante(판돈을 올리다)라는 관용 표현은 포커 게임에서 유래했습니다. ante란 무언가의 앞이나 이전을 뜻하는 라틴어입니다. 카드 패를 돌리기 전 선수들은 ante라는 판돈, 즉 미리 걸돈의 액수를 정해야 합니다. 패를 돌려 카드를 받은 선수들은 판돈을 올릴 수 있습니다. 물론 받은 패가 좋거나 허풍을 떨 때만 그렇지요. 판돈을 올리는 것을 raising the stake 혹은 upping the ante 라고 합니다. 1800년대 이후 죽 써온 표현입니다.

의미 비용, 자금이나 판돈을 올리다, 활동의 위험성을 높이다, 더 큰 비용을 치르게 하다

예문 By doubling the police force in the city, the government was really *upping the ante* for would-be criminals.
시 정부는 경찰력을 배가함으로써 예비 범죄자들이 활동하기 어렵게 만들었다.

Take a Rain Check

take a rain check(악천후에 대비해 경기 교환권을 받다)라는 관용어는 미국 야구에서 비롯되었습니다. 1870년대 말, 습한 겨울 몇 달 동안은 야구 경기 관람률이 낮았습니다. 야구는 미국인이 굉장히 즐기는 여가활동이지만 팬들은 경기가 비 때문에 취소되거나 축소될 위험이 있는 경우 티켓 값을 다 내고 싶어 하지 않았지요. 야구 경기 운영진은 문제를 해결하기 위해 악천후 탓에 경기장을 도중에 떠나야 하는 팬에게는 티켓을 다른 날 재사용할 수 있게 해주는 관행을 시작했습니다. 이런 식으로 팬들은 아까운 돈을 날리지 않고 경기를 제대로 관람할 수 있게 되었지요. take a rain check라는 표현이 이렇게 탄생했고, 이는 1890년 미국 야구의 공식 리그 중 하나인 내셔널 리그(National League) 규약에서 공식화되었습니다. 야구 경기에서 쓰던 말이 '다음 기회로 미루다'라는 일반적인 뜻으로 확대되었고요.

의미 (초대를 거절하면서) 다음 기회로 미루다

예문 I can't go with you to the cinema on Saturday, but can I *take a rain check* and go next week.

토요일에 너랑 영화 보러 못 가. 하지만 다음 주로 미루면 괜찮아.

Upper Hand

upper hand(더 위쪽에 있는 손)라는 말은 15세기에 행하던 간단한 게임에서 시작되었습니다. 막대기 하나 혹은 두 개, 그리고 그 이상의 참가자 수만 있으면 할 수 있는 게임이었지요. 첫 번째 사람이 손으로 막대기를 맨 아래부터 잡고 그다음 사람은 바로 위를 잡습니다. 이런 식으로 교대로 막대기를 위쪽으로 잡아가다 맨 위쪽에 다다릅니다. 막대기의 맨 위쪽 끝을 잡는 마지막 사람이 우위를 차지해(have the upper hand) 승자가 되었습니다. 19세기 들어 이 게임은 즉석 야구 경기에서 먼저 타석에 들어갈 팀을 정할 때도 사용되었습니다.

의미 우위, 지배권

예문 Oliver was trying to stay calm, but his anger got the *upper hand* and he finally exploded.

올리버는 평정심을 유지하려 했지만 분노에 압도당해 결국 폭발했다.

Don't Look a Gift Horse in the Mouth

don't look a gift horse in the mouth(선물로 받은 말의 이빨 상태를 보려 입속을 살피지 말라)라는 표현은 물론 말에서 유래했습니다. 말은 늘 귀한 동물이자 재산이었지만 말을 사기 전에 나이를 감정할 방법은 드물었지요. 한창때를 지난 경주마, 일하기에 너무 늙은 말을 사는 것은 위험한 투자였습니다. 말의 나이를 확실히 알아볼 제일 좋은 방법은 이빨을 살피는 것이었습니다. 말은 나이가 들면서 이빨이 닳아 앞으로 돌출되고 잇몸이 서서히 사라집니다. 그래서 말을 선물로 받았는데 말의 입속을 살피는 일은 무례한 행동으로 여겼습니다. 면전에서 말의 가치를 평가하겠다는 뜻이었으니까요. straight from the horse's mouth(말의 입에서 직접)이라는 표현은 '믿을 만한 일차 소식통이나 정보'를 가리키고, long in the tooth(이빨이 긴)는 '아주 오래되거나 늙은'이라는 뜻인데 역시 유래가 비슷하지요.

의미 선물이나 호의에 대해 트집을 잡지 말라, 선물에 감사할 줄 알라

예문 The TV was free so I didn't question where it came from, as I *didn't* want to *look a gift horse in the mouth.*

그 텔레비전은 공짜였기 때문에 나는 어디서 난 것인지 묻지 않았다. 선물에 괜한 트집을 잡고 싶지 않아서였다.

Get Someone's Goat

get someone's goat(…의 염소를 훔쳐가다)라는 표현 역시 유래가 좀 특이합니다. 20세기 초 미국의 경마에서 온 표현인데요. 당시에는 과잉행동을 보이는 말의 흥분을 가라앉히기 위해 말에게 염소를 선물하는 것이 흔한 관행이었습니다. 이유는 알 수 없지만 염소는 말의 흥분을 차분히 가라앉히는 효과가 있었다고 합니다. 경주로에서는 특히 중요했습니다. 말이 낯선 환경에 놓이니까요. 말은 대개 자기가 받은 염소에게 애착을 갖게 되는데, 그래서 경주 당일 부도덕한 경주 도박꾼이나 상대 말의 소유주가 염소를 훔치기도 했습니다. 이런 일이 벌어지면 불안해진 말의 경주 성적이 형편없어지기도 했답니다.

의미 …를 화나게 하다, 짜증 나게 하다, 성나게 하다

예문 The tap kept dripping all night and by the end it really *got my goat*.

수돗물이 밤새 똑똑 떨어져 굉장히 짜증이 났다.

Down to the Wire

down to the wire(결승선까지)라는 표현의 유래
역시 경마입니다. 카메라 기술이 발달
해서 근소한 차이로 승패가 갈리는
경마의 승자를 정밀하게 확정 지
을 수 있게 되기 전까지는 결승선을
가로지르는 끈이 심판을 보조했습니다. 이
때 결승선에 쓰는 끈을 wire라고 했고, 누구
든 이 결승선을 처음 건드린 사람이 승자가 되었습니다. 승패를 가를
수 없을 만큼 막상막하인 경기는 '결승선까지' 보는 경기를 펼친다고
들 했지요. 육상 스포츠에서도 이 표현을 씁니다. 1800년대 말까지는
스포츠에서만 사용되다가, 1900년대 초부터 '막판까지'라는 비유적
인 뜻으로도 쓰기 시작했습니다.

의미 최후의 순간까지, 끝까지, 막바지의

예문 I made it to the airport gate just as it was shutting. It really
came *down the wire.*

나는 공항 게이트를 막 닫고 있을 때 도착했다. 정말 최후의 순간에 말이다.

Keep It Up

keep it up(띄운 채로 유지하다)이라는 말은 1700년대 배드민턴 경기에서 유래한 표현입니다. 배드민턴은 셔틀콕이라는 깃털 달린 작은 고무 조각을 테니스 라켓과 비슷한 소형 라켓으로 중앙에 있는 높은 그물 너머로 치는 경기지요. 셔틀콕이 절대로 바닥에 떨어지면 안 됩니다. 바닥에 떨어지면 점수를 잃게 되지요. 배드민턴 경기를 관람하는 관중은 대개 경기 내내 keep it up(공을 떨어뜨리지 말고 띄운 채로 유지하라)이라며 고함을 쳐대곤 했습니다.

의미 ···를 계속하다, 유지하다, 계속하라는 독려

예문 he got all As in his mid-term exams and the teacher told him to *keep it up* for the rest of the year.

그는 중간시험에서 전부 A를 맞았고 선생님은 남은 학기에도 계속 분발하라고 말씀하셨다.

Start from Scratch

start from scratch(새겨놓은 선부터 다시 출발)라는 말은 중세 시대 경마에서 유래했습니다. 당시에는 검을 땅에 긁어서(scratch) 선을 그렸습니다. 기수들은 표시한 선 뒤에서 경기를 시작했고, 누구든 정해진 경로를 따르지 않을 경우 다시 돌아가 그 선에서부터(from scratch) 다시 출발해야 했지요. 이것이 장애인 육상경기까지 확대되었습니다. 이는 도보 경주에서 더 약한 참가자가 유리한 위치(head start)를 부여받는 핸디캡 규정으로 발전했습니다. 선을 그은 곳에서 출발하는 선수는 아무런 이득을 누리지 못했지요. 이렇게 '새겨놓은 선에서'라는 말에 '처음부터 다시'라는 뜻이 추가되어 오늘날의 비유적 의미로 발전했고, 골프에서도 swing from scratch(처음부터 스윙하다)라는 표현으로 쓰게 되었습니다.

의미 (전에 한 일과 상관없이) 맨 처음부터 다시, 맨땅에서 새로 시작하다

예문 My computer crashed and I lost my assignment, so I had to *start from scratch.*
컴퓨터가 갑자기 고장 나 과제물을 다 잃는 바람에 처음부터 새로 시작해야 했다.

Turn the Tables

turn the tables(게임 자리를 바꾸다) 라는 표현은 백개먼이라는 보드게임 에서 유래했습니다. 17세기에 이 게임은 잉글랜드에서는 tables라는 이름으로 알려져 있었습니다. 게임 보드를 절반으로 나누었을 때 절반 두 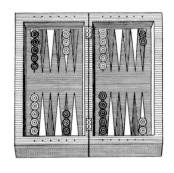 개를 오늘날에도 table이라고 부릅니다. 당시에는 게임 참가자들에게 turn the tables(테이블을 바꾸도록) 허용하는 규칙이 있었습니다. 테이블을 바꾸면 선수들은 상대편 선수의 자리에서 게임을 계속할 수 있게 됩니다. 이 표현이 비유적으로 쓴 첫 기록은 1634년 로버트 샌더슨(Robert Sanderson)의 「12설교(XII Sermons)」라는 설교문이었습니다. 샌더슨이 썼던 표현은 다음과 같습니다.

Whosoever thou art that dost another wrong, do but turn the tables: imagine thy neighbor were now playing thy game, and thou his. » 그대가 누구건, 잘못을 또 저질렀을 때는 판을 바꾸어 형세를 역전시키라. 그대의 이웃이 이제 그대 자리에서 게임을 하고 있고 그대는 이웃의 자리에서 게임을 하고 있다고 상상해보라.

형세를 역전시키고 우위를 점하다, 판을 바꾸다

예문 Our team was behind until near the end of the game, when we *turned the tables* and won.

우리 팀은 경기 막판까지 뒤지고 있다가 결국 형세를 역전시켜 승리했다.

Full Tilt

full tilt(완전히 기운)라는 표현은 중세의 마상 창 시합에서 유래했습니다. tilt라는 말은 고영어 tealt에서 온 것으로, '불안정한' 혹은 '기울어진'이라는 뜻이었습니다. 잉글랜드에서는 마상 창 시합(jousting)을 초창기에는 tilting이라고 불렀습니다. 두 명의 기사가 말을 타고 긴 창을 상대에게 겨누며 서로를 향해 전속력으로 달려서 상대를 쓰러뜨리는 경기가 마상 창 시합입니다. tilting at windmills(풍차를 향해 전속력으로 돌진하다)라는 표현 역시 full tilt라는 말과 관련이 있습니다. '존재하지도 않는 가상의 적을 공격하느라 에너지를 낭비하다'라는 뜻을 담고 있는 이 표현은 1605년에 발표된 세르반테스의 소설『돈키호테』에서 유래했습니다.

의미 **전속력으로, 전력을 기울여**

예문 I was late for the bus and had to run at *full tilt* to catch it.
버스 시간에 늦는 바람에 버스를 잡기 위해 전력 질주해야 했다.

Dead End

dead end(막다른 끝)라는 말은 논리적으로는 출구가 하나도 없이 막다른 골목에서 유래했을 것 같지만, 실제로는 잭(jack)이라는 공 가까이에 자신의 공을 굴려 붙이는 경기인 론볼(lawn bowls)에서 시작되었습니다. 론볼은 수백 년간 잉글랜드에서 행했던 스포츠입니다. 론볼에서는 한 엔드(end)가 게임 한 판인데 이때 모든 선수는 작고 하얀 표적 공, 즉 잭을 향해 공을 굴립니다. 잭이 선수들이 던진 공 때문에 잭이 경기 구역을 벗어나면 한 엔드가 끝나고 경기를 다시 해야 합니다. 공이 경기장을 벗어난 엔드를 dead end라고 불렀고 이것이 '막다른 곳' 또는 '궁지'라는 뜻이 되었습니다.

의미 막다른 곳, 궁지, 진전이 불가능한 상태

예문 My job is a *dead end* with no chance of promotion.
내가 하는 일은 승진할 확률이 전혀 없어 발전 가능성이 없다.

Crew Cut

crew cut(크루컷)이라고 하면 많은 이들이 군대를 연상합니다. 실제로 군인들이 이렇게 머리를 짧게 깎으니까요. 그런데 사실 이 표현은 조정 경기에서 유래했습니다. 1940년대 예일대학교와 하버드대학교의 조정 선수들은 뒷머리와 옆머리는 아주 짧게 자르고 앞머리는 솔처럼 약간 길게 길렀습니다. 이 헤어스타일을 곧 대학의 다른 스포츠 선수들도 따라했고요. 하지만 어디까지나 이 유행의 선두 주자는 조정 선수들(rowing crews)이었지요. 그래서 짧게 깎은 헤어스타일을 crew cut이라 부르게 된 것입니다.

의미 크루컷, 아주 짧게 깎은 남자 헤어스타일

예문 He wanted to stay cooler for the summer so he got a *crew cut*.

그는 여름을 시원하게 보내고 싶어서 크루컷으로 머리를 잘랐다.

Well Heeled

well heeled(며느리발톱 상태가 좋은)라는 말은 투계, 즉 닭싸움에서 유래했습니다. 길고 강력한 며느리발톱(spur)이 달린 수탉을 닭싸움에서는 뒤꿈치 상태가 좋은, 며느리발톱이 잘 자란(well heeled) 닭이라고 했습니다.  여기서 '발뒤꿈치(heel)'는 닭발의 뒤쪽에 있는 며느리발톱의 위치 때문이지요. 이 며느리발톱을 이용해 상대를 죽이므로 며느리발톱이 길게 잘 자란 수탉은 위험합니다. 이 말을 최초로 언급한 것은 1866년 아이오와 신문 《더뷰크 데일리 헤럴드(Dubuque Daily Herald)》입니다. 기사에 "game cocks well heeled(며느리발톱이 잘 자란 투계용 수탉들)"이라는 표현이 나오지요.

의미 돈이 많은, 부유한

예문 The cost of housing in the best part of town was out to reach to all but the *well heeled*.

시내 최고 구역 집값은 부자를 제외한 이들에게는 그림의 떡이었다.

Pass the Buck

pass the buck(수사슴을 건네주다)라는 말은 포커 게임에서 유래했습니다. 트럼프 카드놀이의 일종인 포커는 18세기 내내 미국에서 인기를 끌었는데요. 선수들은 어떤 형태건 부정행위를 늘 의심했고, 이에 맞서기 위해 게임 동안 카드 패를 나누어주는 사람을 교체했습니다. 다음 순서로 카드 패를 돌리는 사람에게는 징표를 주었는데, 그 징표가 칼이었습니다. 이 칼의 손잡이는 대개 수사슴(buck) 뿔로 만들었기 때문에 이 징표를 buck이라고 불렀지요. 카드 패를 돌리는 사람은 다음 주자에게 칼을 전달(pass the buck)했습니다. 나중에는 은화로 된 달러를 징표로 사용했는데 buck이라는 단어가 달러(dollar)를 의미하게 된 것도 이런 사연 때문인 듯합니다. 미국 대통령 해리 S. 트루먼은 "the buck stops here(책임은 내가 진다)"라는 문구를 새긴 명패를 책상 위에 두었던 것으로 유명합니다. 자신이 미국 통치 책임을 질 의지가 있음을 보여주기 위해서였지요.

`의미` 책임을 남에게 전가하다

`예문` It was his mistake and he should accept the blame. He's always *passing the buck*.

그건 그 사람 실수였으니 그 사람이 책임을 져야지. 그 사람은 늘 남한테 책임을 전가한다니까.

Couldn't Swing a Cat

couldn't swing a cat(고양이를 휘두를 자리조차 없다)이라는 말의 기원은 분명치 않습니다. 많은 이들은 이 말이 17세기에서 유래했고 배의 갑판 아래 공간이 충분치 않아 여러 가닥으로 된 채찍(cat o'nine tails whip)을 휘두를 수 없는 상황에서 왔다고 생각합니다. 그러나 실제로 이 말은 그보다 두 세기 앞서 자행된 괴상한 스포츠에서 유래했습니다. 어느 시골 축제에서 살아 있는 고양이의 꼬리를 잡고 휘두르다 공중으로 던져 올리면 활을 쏘는 궁수가 고양이를 표적 삼아 활을 쏘는 경기가 있었다고 합니다. 이 경기는 인기 있는 구경거리였고, 따라서 축제에 사람이 많이 몰리면 '고양이를 휘두를 자리가 없다(not enough room to swing a cat)'라는 말을 했던 것입니다.

의미 좁아서 갑갑하다, 갑갑한 장소

예문 Our new apartment was clean and well-lit, but it was so small you *couldn't swing a cat*.

새 아파트는 깨끗하고 볕도 잘 들었지만 너무 좁아서 갑갑했다.

Palm Off

palm off(손바닥으로 카드를 가리다)라는 표현은 카드 게임에서 유래했고 속임수와 관련이 있습니다. 카드 게임에는 대개 딜러가 자신을 포함한 모든 참가자에게 패를 돌립니다. 능숙한 딜러는 다양한 술책을 알기 때문에 자신에게 할당할 카드를 재빨리 훑어볼 수 있습니다. 자신이 가질 카드의 패가 나쁠 때 딜러는 그 패를 자기 손바닥에 숨긴 후 다음 패를 자신에게 할당하지요. 먼젓번보다 좋은 패가 나왔으면 좋겠다는 희망으로 말이지요. 날렵한 손으로 원치 않는 카드를 아무것도 모르는 다른 참가자에게 줘버리는(palm off) 겁니다. 이런 행동을 나타내는 표현이 안 좋은 것을 떠넘긴다는 의미가 되었지요.

의미 속여서 뭔가를 처분하다, 원하지 않는 무언가를 남에게 떠넘기다

예문 I didn't feel like mowing the lawn so I pretended I was ill and *palmed* it *off* to my brother.

나는 잔디를 깎고 싶지 않아서 아픈 척 동생에게 일을 떠넘겼다.

Point Blank

point blank(빈 표식)라는 말은 스포츠에서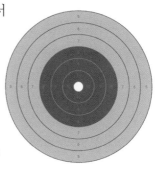
시작되었고 원산지는 프랑스입니다. 불
어로 point blanc이란 하얀 표식(white
mark), 즉 과녁에 표시해놓은 원형 중심
부를 가리키는 표현입니다. 멀리서 쏜 화
살은 표적보다 높은 곳을 겨냥하고 쏘아야
화살이 중력 때문에 떨어지지만 가까운 곳에서
흰 표식을 보고 쏜 화살(shot point blank)은 표적과 충분히 가깝기 때
문에 화살이 호를 그리지 않고 표적을 맞힙니다. 훗날 이 표현은 근거
리 사격을 비롯하여 아주 가까운 거리에서 행하는 모든 일을 가리키
는 표현으로 확장되었습니다.

의미 단도직입적으로 말하다, 딱 잘라 거절하다

예문 She locked herself in the bedroom and refused *point blank* to come out.

그녀는 침실에 틀어박혀 나오기를 완강히 거부했다.

Come Up to Scratch

come up to scratch(새겨놓은 선까지 다가가다)라는 관용어는 맨손 격투(bareknuckle boxing)를 하던 시대에 기원을 둡니다. 당시 격투기는 흙에 그려놓은 커다란 원형 링 안에서 벌어졌습니다. 그래서 오늘날에서 권투 경기가 벌어지는 장소를 '복싱 링(boxing ring)'이라고 부르지요. 이 원형 링의 가운데를 가로질러 선을 하나 더 새기면(scratch) 두 선수가 선 양쪽에 서서 맞대결할 준비를 합니다. 한 선수가 맞아서 쓰러지면 30초를 세면서 말미를 줍니다. 다시 일어나 링에 그린 선까지 와서(come up to the scratch) 상태가 멀쩡하고 시합을 계속할 수 있다는 모습을 보여주면 경기는 재개되지요. 만일 선을 그린 곳까지 가지 못하면 시합은 종료되고 쓰러진 선수를 패자로 선언했습니다.

의미 기준을 충족하다, 기대에 미치다

예문 I think we'll have to let John go before his probation is over. He just hasn't *come up to scratch*.

존은 수습 기간이 끝나기 전에 내보내야 할 거야. 기대에 미치지 못했거든.

Left in the Lurch

left in the lurch(불이익을 당한 채 남겨지다)라는 표현은 옛 프랑스의 루르슈(lourche)라는 보드게임에서 유래했습니다. 주사위를 던져 상대의 말을 뺏는 게임으로 백개먼과 비슷했어요. 게임 참가자가 이길 수 없는 상황에 놓이면 이를 '불이익(lourche) 당한다'고 말했습니다. 이 표현이 이후 크리비지(cribbage)라는 카드 게임에 도입되었습니다. 크리비지에서는 상대가 보드에서 구멍 31개에 도달하기 전에 구멍 51개에 먼저 도달하면 뒤에 처지는 참가자가 불이익 속에 남겨졌다(left in the lurch)고 했지요. 이 말은 1596년부터 이미 '곤경에 처하다'라는 비유적인 뜻으로 쓰였습니다. 당시 영국의 작가 토머스 내시(Thomas Nashe)가 쓴 「새프런 월든까지 함께(Have With You to Saffron-Walden)」라는 팸플릿에도 나와 있습니다.

의미 곤경이나 궁지에 몰린 채 방치되다

예문 My boss quit midway through the project and I was really *left in the lurch.*

직장 상사가 프로젝트 중간에 그만두는 바람에 난 정말 궁지에 몰린 채 내팽개쳐졌어.

Across the Board

across the board(게시판을 가로질러)라는 말은 1900년대 초 미국에서 만들어져 바로 그 직후부터 비유적인 뜻으로 쓰였습니다. 역시 경마에서 유래한 표현입니다. 당시의 경마 대회에서는 커다란 게시판(board)에 경주마들의 승률을 표시했습니다. 각 말의 승률을 win(1등), place(2등), show(3등) 순으로 적어놓았지요. across the board bet이란 경마에 돈을 거는 사람이 1, 2, 3등으로 들어올 말에 동일한 액수의 돈을 거는 행태를 뜻했습니다.

의미 전반에 걸쳐, 전반적인, 그룹 내 사람들 전체에 적용되는

예문 The new government promised tax cuts *across the board.*
새로 들어선 정부는 전반적인 감세를 약속했다.

Clapped Out

clapped out(손뼉 치는)이라는 표현의 기원은 토끼 몰이(hare cours-ing)라는 잔인한 스포츠에 있습니다. 17세기에 시작되어 오늘날까지 계속되고 있는 놀이지요. 이 스포츠는 토끼를 풀어준 다음 날렵한 그레이하운드 개 두 마리가 토끼를 추적하게 하는 것입니다. 개 두 마리가 토끼를 잡기 위해 경주를 벌이는 셈입니다. 토끼는 달아나는 동안 가끔 숨을 돌리기 위해 멈춥니다. 숨을 돌릴 때 토끼는 대개 뒷발로 서서 주위를 둘러봅니다. 지쳐서 탈진한 토끼는 숨을 하도 거칠게 몰아쉬어서 가슴 부위가 들락날락하고 두 앞다리도 가슴이 움직이는 데 따라 앞뒤로 움직입니다. 이 모양이 마치 토끼가 손뼉을 치는(clap) 것 같은 인상을 주었지요. 그래서 토끼가 '지쳐 쓰러진다(clapped out)'는 표현이 생긴 셈입니다. 토끼가 녹초가 되면 경주가 곧 끝난다는 의미였습니다.

의미 [기계 등이] 완전히 낡아 빠진, 덜그럭거리는

예문 The old car looked completely *clapped out* and like it couldn't drive another mile.
그 낡은 차는 완전히 낡아 조금도 더 달릴 수 없을 것 같았다.

No Dice

No dice(주사위가 없다)라는 표현은 20세기 초 미국에서 유래했습니다. 당시 미국의 많은 주에서는 도박이 불법이라 경찰의 급습으로 도박이 중단되면 사람들은 갖은 짓을 다 해서라도 주사위를 숨겼습니다. 주사위를 증거로 제시하지 못하면 법원이 불법 도박 관련 소송을 기각했거든요. 주사위가 없으면(no dice) 유죄판결도 없었습니다. 그 탓에 일부 도박사는 체포를 피하려고 주사위를 삼키기까지 했답니다. 1920년대쯤 이 표현은 일상 대화에서 '아무것도 없는'이라는 의미로 쓰이게 됩니다.

의미 (부탁해봐야) 소용없는, (뒤져봐야) 아무것도 없는, 안 돼, 천만에(요청을 거절할 때 쓰는 표현)

예문 When Dan asked me to lend him $100, I told him "*no dice*, I don't have any money.
댄이 100달러를 빌려달라 부탁했을 때 나는 이렇게 말했다. "안 돼, 돈 없어."

Blue Ribbon Event

blue ribbon event(블루리본을 받을 만한 행사)라는 표현은 경마와 정치의 혼합으로 탄생했습니다. 대영제국에서 훌륭한 일을 했을 때 받는 가장 큰 상은 기사 작위이고, 기사 작위 중에서도 가장 높은 직급은 가터 훈장(Most Noble Order of the Garter)입니다. 가터 훈장을 받는 사람은 짙은 푸른색 벨벳 리본으로 만든 양말 대님(garter)을 맵니다. 1846년 조지 벤팅크(George Bentinck)라는 열혈 경마 애호가가 자신이 소유한 경주마를 다 팔아 정치에 발을 들이고자 했습니다. 1848년 벤팅크는 의회에서 정치적으로 패배했고, 며칠 후 그가 팔았던 경주마 중 한 마리가 영국에서 가장 명성이 자자한 경마인 엡솜 더비(Epsom Derby)에서 우승했습니다. 낙담한 벤팅크는 자신의 불행을 한탄하는 가운데 엡솜 더비를 '경마의 블루리본'이라고 불렀다고 합니다.

의미 최상의, 가장 뛰어난

예문 Sue won *blue ribbon* in the baking contest. Hers was by far the best.

수는 제빵 대회에서 최고점을 얻었다. 그녀의 빵은 단연 최고였다.

At the Drop of a Hat

---

at the drop of a hat(모자가 떨어지자마자)이라는 표현은 19세기 스포츠 경기 관행에서 나왔습니다. 당시 심판들은 쓰고 있던 모자를 공중으로 던져서 경기 시작 신호를 보냈습니다. 모자가 땅으로 떨어지는 즉시(at the drop of a hat) 경기가 시작되었지요. 경마와 권투 경기에서 가장 흔히 쓰던 관행입니다. 이 방법은 미국 서부에서도 사용했습니다. 결투를 벌일 때 자기 모자를 떨어뜨려 상대에게 도전장을 내밀었지요. 결투는 모자가 땅에 떨어지는 즉시 시작되었습니다.

의미 ） 바로, 즉시, 경고나 예고 없이, 갑자기

예문 ） You had to be careful what you said to Lisa, as she would cry *at the drop of a hat.*

리사에게 말할 때는 조심해야 해. 리사는 말을 듣자마자 울 거니까.

The Bigger They Are, the Harder They Fall

the bigger they are, the harder they fall(덩치가 크면 떨어질 때 충격도 크다)라는 표현은 권투에서 유래한 말입니다. 영국의 헤비급 복서 밥 피츠시몬스(Bob Fitzsimmons)가 이 표현을 처음 만들었지요. 1900년 피츠시몬스는 에드 덩크허스트(Ed Dunkhorst)라는 선수와 뉴욕 브루클린에서 시합을 치렀습니다. 당시 '인간 화물차'라는 별명으로 유명했던 덩크허스트는 체중 180킬로그램이 넘는 거구의 사나이였습니다. 피츠시몬스는 헤비급 선수지만 그다지 몸집이 크지 않았습니다. 링에 걸어 들어가 상대를 본 피츠시몬스는 딱 한마디를 했다고합니다. "the bigger they are, the harder they fall(덩치가 크면 떨어질 때 충격도 큰 법이지)." 피츠시몬스는 결국 녹아웃으로 시합에서 승리했지요.

의미 거물일수록 패배의 고통도 더 크다(거대한 계획이나, 성공을 예상하던 일에 실패하면 충격도 더 크다)

예문 We decided to sue the mining company despite how much money it had, because *the bigger they are, the harder they fall*.

우리는 그 광산 회사가 돈이 얼마나 많건 소송을 제기하기로 했다. 회사가 클수록 타격도 더 큰 법이기 때문이다.

Chip on One's Shoulder

chip on one's shoulder(어깨 위의 나무조각)라는 말은 19세기 미국의 학교 운동장에서 유래했습니다. 남자아이 둘이 언쟁을 벌이거나 다른 아이에게 싸움을 걸고 싶을 때 정말 나무조각(대개는 나무껍질이나 작은 막대기)을 자기 어깨 위에 올려놓고는 상대에게 그걸 떨어뜨려보라고 말한 겁니다. 상대가 도전을 받아들여 나무조각을 떨어뜨리면 싸움이 본격적으로 시작되었지요. 어깨에 나무조각을 올려놓아 싸움을 거는 관행이 곧 '싸움을 거는 태도'라는 의미의 관용 표현으로 발전했습니다.

의미 열등감, 예민한 반응, 싸움 거는 태도

예문 Tracey had been passed over for another promotion and had a real *chip on* her *shoulder* about it.

트레이시는 또 한번 승진에서 누락되어 정말 싸움이라도 걸고 싶을 만큼 화가 났다.

Bottle It

bottle it(물병을 핑계를 대다)이라는 표현은 19세기 맨손 격투기에서 유래했습니다. 늘 링의 구석 자리에는 격투기 선수의 사기를 북돋아주는 사람이 있었습니다. 라운드 사이마다 물을 공급하고 시합 내내 선수의 에너지를 북돋아주는 역할을 했지요. 이런 사람을 bottle-man(보틀맨)이라 불렀습니다. 선수가 마실 물을 늘 들고 다녔으니까요. 보틀맨과 마실 물이 없으면 선수는 시합을 계속할 수 없었습니다. 선수가 지고 있으면 선수는 보틀맨에게 물병을 가지고 슬쩍 도망가라고 말하기도 했습니다. 그럼 선수가 물이 없어 시합을 그만둘 핑계가 생기니까요. 이 경우 선수가 '물병을 핑계로 시합을 그만두었다(bottled it)'라고들 했지요. 이것이 '포기하다'라는 말로 발전했습니다.

의미 배짱이나 용기를 잃다, 두려워서 포기하다, 그만두다

예문 Matt was desperate to ask her out on a date, but he *bottled it* at the last minute.

매트는 그녀에게 몹시 데이트를 청하고 싶었지만 막판에 겁이 나 포기했다.

Throw One's Hat into the Ring

throw one's hat into the ring(링 안으로 모자를 던지다)라는 말의 기원 역시 권투 경기에 있습니다. 1800년대 초, 프로 복서들은 전국을 돌며 시장이나 축제에서 권투 시합을 했습니다. 지역민 누구나 도전해 대결할 수 있었으며 녹아웃당하지 않고 경기를 끝내거나 이기면 돈을 딸 기회가 있었지요. 프로 복서와 시합을 원하는 사람은 링 안으로 모자를 던졌습니다(throw a hat into the ring). 심판은 이렇게 모자를 잔뜩 쌓아둔 다음 관중에게 번갈아 보여주면서 모자 주인에게 링으로 들어와 겨루어보라고 청했답니다.

의미 도전을 받아들이다, 출사표를 던지다, 선거나 사업에 참여할 것을 선언하다

예문 The investment seemed a little risky, but a few of my friends had put money in so I decided to *throw* my *hat into the ring*.

그 투자는 조금 위험해 보였지만 내 친구 몇몇이 벌써 돈을 투자했기 때문에 나도 해보기로 결정했다.

Battle Royal

battle royal(배틀 로열)이라는 말은 피 튀기는 투계 경기에서 유래
했습니다. 투계는 12세기 이후로 한동안 잉글랜드 내 모든 사람이 계
급을 막론하고 좋아하는 취미였습니다. 헨리 8세는 화이트홀 궁전
(Whitehall Palace)에 투계용 경기장을 지어놓기까지 했지요. 국왕의
수탉들은 가장 힘이 세고 싸움도 잘했습니다. 또한 가장 이름난 구경
거리는 최고의 닭 16마리가 서로 싸우는 경기였습니다. 16마리 중 8마
리가 남아 2라운드로 넘어갈 때까지 싸움을 벌였습니다. 3라운드에
는 4마리, 여기서 남은 2마리가 결승 라운드에 진출했지요. 결승전을
battle royal이라 칭했습니다. 배틀 로열은 단 한 마리의 승자가 남을
때까지 계속되었습니다.

의미 사투, 난장판, 혼전, 격론

예문 The Thrilla in Manila between Ali and Frasier became a
battle royal.

알리와 프레이저 선수의 시합 '스릴러 인 마닐라'는 대혼전으로 치달았다.

Bandied About

bandied about이란 사람들 사이에 이야기가 되풀이해 오간다는 뜻입니다. 이 표현은 16세기 프랑스의 밴더(bander)라는 게임에서 유래했습니다. bander는 테니스의 전신 격인 스포츠로 두 사람이 공을 치고 받는 경기였어요. 당시 아일랜드는 지금의 하키와 비슷한 새로운 팀 스포츠를 고안했습니다. 선수들이 구부러진 막대로 공을 치는 이 스포츠도 프랑스를 따라 bander라고 불렀지요. 사실 이때 사용했던 구부러진 막대기 때문에 bandy legged라는 말이 생겨나 안으로 휜 다리, 즉 안짱다리를 가리키는 말이 되었습니다. 그 후 셰익스피어는 1606년에 연극 〈리어 왕〉에 bandy라는 말을 '앞뒤로'라는 뜻으로 사용해 불멸의 뜻을 부여했답니다.

의미 …이 사람들 사이에 오르내리다

예문 The rumors about Cathy were *bandied about* at the office all morning.

캐시에 대한 소문이 아침 내내 사무실에서 사람들의 입에 오르내렸다.

Nick of Time

nick of time(시간의 자국)이라는 말은 중세 시대 잉글랜드에서 시작되었습니다. 당시 팀 경기에는 점수를 기록하는 기록원(tally man)이 있었습니다. 이 기록원은 기록 막대(tally stick)를 들고 다니면서 팀이 득점할 때마다 작은 표식(nick), V 자로  새긴 금(notch), 파낸 홈(groove) 등을 막대기에 새겨놓았지요. 그중에서도 '경기 종료 직전, 승리 팀의 점수를 새긴 표식'을 nick in time 이라고 했습니다. nick in time이 훗날 in the nick of time라는 표현으로 자리 잡았습니다.

의미 아슬아슬하게 시간을 맞추어, 시간에 딱 맞추어, 빡빡하게

예문 The train was running early and we caught it just in the *nick of time*.

기차가 일찍 와서 우리는 아슬아슬하게 잡아탔다.

3장

Knock Off Work

퇴근하다

일과 교역과 돈

Get Fired

get fired(화형을 당하다)라는 말은 잉글랜드에서 광부들이 자기 연장을 지니고 일자리를 옮겨 다니던 시절에서 유래했습니다. 오늘날처럼 도둑질은 심각한 범죄였고 석탄, 주석 그 외의 원광 등 귀중품을 훔치다 발각되는 광부는 즉시 해고당했습니다. 다른 광산에서 같은 범죄를 저지를 수 없도록 도둑질을 한 일꾼의 연장은 압수해서 다른 일꾼들이 보는 가운데 태웠지요. 도둑의 연장을 말 그대로 '불에 태운' 것입니다. 일각에서는 도둑까지 태워 죽였다고도 합니다만, 실제로 태운 것은 연장뿐이었을 가능성이 큽니다. 연장을 빼앗기고 불사름을 당하는 것이 해고(get the sack)(149쪽 참고)보다 훨씬 더 가혹한 모욕이었습니다. 해악을 끼치는 행동은 이런 식으로 벌을 받았지요.

의미 해고당하다, 일자리를 잃다

예문 He got caught stealing the company's stationery so he immediately *got fired*.

그는 회사 비품을 훔치다 발각되어 즉시 해고당했다.

At Sixes and Sevens

at sixes and sevens(여섯 번째와 일곱 번째)라는 말은 런던에 있던 상업 조합(livery companies)에 기원을 둡니다. 상업 조합은 중세의 장인 조합인 길드에서 유래한 영국의 동업 조합이지요. 1327년 도매 재단사 조합(The Worshipful Company of Merchant Taylors)과 피혁상 조합(The Worshipful Company of Skinners)이 각각 며칠 사이를 두고 특허장을 받았습니다. 여섯 번째와 일곱 번째 순위였지요. 얼마 후 여러 조합들이 행렬을 이루어 도시를 돌 때, 둘 중 어느 조합이 여섯 번째로 설지를 놓고 격렬한 논쟁이 벌어졌습니다. 결국 두 조합이 매년 6, 7번째 자리를 교대로 차지하는 것으로 합의가 이루어졌지요. 하지만 행렬을 지켜보는 사람들에겐 혼란스럽지 그지없었답니다.

의미 혼란스러운, 뒤죽박죽인, 엉망진창인

예문 We hadn't slept for over a day so we were *at sixes and sevens* by the time we went to bed.

우리는 하루 넘게 잠을 자지 못해, 마침내 잠자리에 들었을 무렵에는 상태가 엉망진창이었다.

Fly off the Handle

fly off the handle(손잡이에서 떨어져 날아가다) 이라는 표현은 초창기 미국 개척지의 정착민들에게서 유래했습니다. 도끼의 머리 부분은 철로 되어 있고 여기에 나무 손잡이를 끼워 넣는 공간이 있습니다. 보통은 손잡이를 그 틈에 꼭 맞게 끼워놓지만, 미국 중부 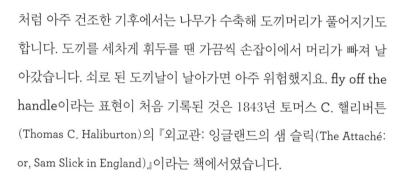 처럼 아주 건조한 기후에서는 나무가 수축해 도끼머리가 풀어지기도 합니다. 도끼를 세차게 휘두를 땐 가끔씩 손잡이에서 머리가 빠져 날아갔습니다. 쇠로 된 도끼날이 날아가면 아주 위험했지요. fly off the handle이라는 표현이 처음 기록된 것은 1843년 토머스 C. 핼리버튼(Thomas C. Haliburton)의 『외교관: 잉글랜드의 샘 슬릭(The Attaché: or, Sam Slick in England)』이라는 책에서였습니다.

의미 **버럭 화를 내다, 성질을 부리다**

예문 He's got such a bad temper. He *flies off the handle* for no reason at all.

그는 정말 한 성질 해. 이유 없이 버럭 화를 낸다니까.

Up to the Mark

up to the mark(마크에 부합하다)라는 표현은 대개 부정적인 함의로 쓰는 말인데요. 1697년 브리타니아 주화 표준(Britannia standard)이 도입되면서 생겨났습니다. 브리타니아 표준은 금과 은이 특정 수준의 순도를 충족하면 순분 검정소(assay office)의 홀마크 인증을 받도록 규정했습니다. 영국의 홀마크 제도는 보석류와 은제품의 함량 테스트와 마킹(marking)을 통해 귀금속의 순도를 보장하고 소비자를 보호하기 위한 방편으로 런던의 골드스미스 컴퍼니(Goldsmiths' Company)에서 1300년부터 시행했습니다. 홀마크의 본래 어원은 Marked at Goldsmiths' Hall(골드스미스홀에서 마크됨)이지만, 점차 간단하게 '홀마크'가 정식 용어로 자리 잡게 되었습니다. 금속의 진품 여부를 입증하는 홀마크는 보석 세공사나 상인과 구매자에게 금속이 진품임을 보여주는 표식이었습니다. 처음에는 모든 귀금속을 런던의 골드스미스홀(Goldsmiths Hall)에서 검사했지만 나중에는 검사 과정을 다른 지역으로도 이관했습니다. 금속이 순도 기준을 맞추지 못할 경우엔 홀마크에 부합하지(up to the hallmark) 않는다고 거부당했습니다. 이 표현이 훗날 축약되어 up to the mark가 되었고 무엇이든 '기준에 맞는다'는 뜻으로 쓰게 되었습니다.

의미 기준에 부합하여, 기대에 부응하여

예문 The restaurant promised quality burgers, and I had to admit that they were *up to the mark*.

그 식당은 질 좋은 버거를 제공하겠다고 약속했고 나는 식당이 약속했던 기준에 부응했다는 사실을 인정해야만 했다.

Knock Off Work

knock off work(작업대를 쳐서 일이 끝났음을 알리다)라는 말의 기원은 19세기 초 미국 노예무역에서 찾을 수 있습니다. 당시에는 강에서 배로 노예를 대농장으로 실어 날랐고, 배의 노는 노예들이 직접 저었습니다. 일사불란하게 노를 젓도록 북 치는 사람이 나무 블록을 리듬에 맞추어 북처럼 쳐댔습니다. 팀 교대 시간이 되면 북 치는 사람은 끝났음을 알리려고 북을 좀 다르게 쳤습니다. 훗날 이러한 방식은 영국 공장에서 쓰였습니다. 나무망치로 나무 작업대를 치면 일이 끝났다는 신호였습니다.

의미 일을 끝내다, 퇴근하다

예문 He'd put in a solid day's work so I told him he could *knock off* early.

그가 하루치 일을 다 했기 때문에 나는 일찍 퇴근하라고 허락해주었다.

Against the Grain

against the grain(결과 반대인)이라는 표현은 목공에 기원이 있습니다. 나무를 대패로 다듬거나 톱으로 자르거나 사포로 문지를 때는 결을 따라가면서 작업해야 부드럽게 마무리되지요. 그러나 결을 거슬러서, 혹은 결과 엇나가는 방향으로 작업하면 나무가 쪼개지거나 거칠어집니다. 결을 거슬러 작업하는 것은 훨씬 고되기도 하지요. 이 표현이 문서에 최초로 나타난 용례는 셰익스피어가 1607년에 발표한 비극 〈코리올라누스〉입니다.

의미 성미에 맞지 않는, 시류나 자연스러운 경향을 거스르는

예문 We followed our partner's advice to invest, although it went *against the grain.*

우리는 시류와 맞지 않았는데도 파트너의 투자 조언을 따랐다.

Tarred with the Same Brush

대개 비하하는 의미로 쓰는 tarred
with the same brush(같은 붓으로
타르를 칠한)라는 말은 초창기 목양업
에서 유래했습니다. 양 떼를 사육하다 보면 그
중 많은 양에게 살갗이 빨갛게 붓는 염증이 생
기곤 했습니다. 염증을 치료할 때는 대개 솔로 타르를 발라주었습니
다. 그런데 감염된 양끼리는 같은 솔을 써도 건강한 양한테는 절대로
쓰면 안 되었습니다. 건강한 양까지 감염되면 안 되니까요. '같은 붓으
로 타르를 칠한' 양은 감염된 양뿐이었던 것입니다. 따라서 '같은 붓으
로 타르를 칠하다'라는 말이 '다 같은 결함이 있다'라는 뜻으로 발전한
것이지요. 이 표현은 19세기 초부터 흔히 쓰이기 시작했습니다.

의미 똑같은 결점이나 단점을 지닌

예문 They're politicians so they're both dishonest—they're all
tarred with the same brush.

이들은 정치가라서 둘 다 정직하지 못하다. 둘 다 같은 결함을 갖고 있다는 뜻
이다.

Dressed to the Nines

dressed to the nines(직물이 9야드나 필요할 정도의 고급 옷을 차려입은, 혹은 나인스 연대 구성원처럼 맵시 있게 입은)는 관용어 중에서도 논란이 아주 많은 편입니다. (반대하는 사람도 많지만) 그래도 가능성 높은 가설은 이 표현이 의복에서 유래했다는 것입니다. 재단사가 최고급 옷을 만들려면 상당히 많은 옷감이 필요합니다. 옷감을 모조리 같은 방향으로 재단하고 옷감의 실 방향이 옷의 세로 선과 평행을 이루도록 정교하게 만들어야 하기 때문이지요. 그래서 옷감 낭비도 심했습니다. 대개 한 벌에 9야드(약 8.22미터) 정도의 천이 필요했다고 합니다. 또 다른 가설은 이 말이 19세기 중반 영국의 윌트셔 제99연대(99th Wiltshire Regiment)에서 유래했다는 것입니다. 99연대 대원들을 The Nines라고 불렀는데, 이들은 기막히게 맵시 좋은 제복과 풍채로 유명했답니다. 이들의 옷차림에서 '비싼, 세련된 옷을 입은'이라는 뜻이 유래했다는 말이지요.

의미 세련되거나 비싼 옷을 입은, 격식을 갖추어 차려입은

예문 It was an upscale restaurant so Joanne was *dressed to the nines.*

거긴 아주 고급 식당이었기 때문에 조앤은 비싼 옷을 차려입었다.

See How Something Pans Out

see how something pans out(팬에서 금이 나
오는지 지켜보다)이라는 표현 역시 광산업에서
유래한 말입니다. 1800년대 중반 캘리포니아의 골
드러시시기에 사람들은 강과 개울에서 금을 찾기
위해 간단한 사금 채취법(panning)을 썼습니다. 강이나 개울 바닥에
서 모래나 자갈을 퍼서 작은 금속 팬(pan)에 떠 넣은 다음 물을 넣고
부드럽게 이리저리 흔들면 가벼운 모래는 옆으로 빠지고 무거운 금만
팬 밑바닥에 남는 방법이었지요. 채굴업자들은 팬을 흔들면서 금이
나오기(pan out)를 바랐던 것이지요.

의미 두고 보다, 일의 결과를 보다

예문 He's put in his best effort at the performance but he had to
wait a week to see *how* the results *panned out*.

그는 공연에 최고의 노력을 기울였지만, 결과를 보기 위해 일주일을 기다려야
했다.

Get Off Scot-Free

get off scot-free(세금을 면제받다)라는 말은 스코틀랜드인(scot)과는 무관하고, scotfreo라는 고영어에서 유래했습니다. scotfreo란 '국왕이 매기는 세금을 면제받다'라는 뜻입니다. 11세기 중세 잉글랜드에서 처음 사용된 scot은 토지나 집의 크기와 질에 따라 징수하던 세금이었습니다. 집이 안 좋은 위치에 있는 가난한 사람들은 이 세금을 낼 필요가 없었지요. 말 그대로 get off scot-free였던 것입니다. 16세기에는 여관 주인들이 scot이라는 석판을 이용해 손님들이 마신 술의 양을 표시했습니다. 술값을 내지 않고 나가는 것을 get off scot-free라고 했지요. 이 말이 발전하여 '아무 대가도 치르지 않고 쏙 빠져나가다'라는 뜻으로 쓰기에 이르렀습니다.

의미 처벌을 면하다, 무사하다, 의무 없이 자유로워지다

예문 He was caught stealing, but he *got off scot-free* and the judge only gave him a warning.

그는 도둑질을 하다 잡혔지만 처벌을 면하고 판사의 경고만 받았다.

Fair to Middling

fair to middling(좋은 등급에서 중간 등급 사이)은 19세기 미국의 면화 산업에서 유래한 말입니다. 면화는 질이 좋을수록 더 잘 팔렸습니다. 이 판매 과정을 더 용이하게 만들기 위해 상품용 면화에 고급부터 저급까지 등급을 매겼지요. middling은 상급 바로 아래 보통 등급입니다. 면화가 fair to middling 등급을 받는 경우 최상의 질은 아니지만 평균보다는 좀 나았다는 뜻이었습니다. 결국 이 표현은 1800년대 말부터 비교적 괜찮은 수준이라는 뜻으로 사용되었습니다.

의미 특별히 좋지도 나쁘지도 않은, 그저 그런, 그런대로 괜찮은

예문 The concert performance was *fair to middling*, but it could have been a lot better if the lead singer was on form.

콘서트는 그저 그랬어. 리드 싱어 컨디션이 좋았다면 훨씬 더 나았을 텐데 말이야.

Just the Ticket

일각에서는 just the ticket(바로 그 티켓이다)이라는 말이 '예의범절'을 뜻하는 프랑스어 etiquette이 변형된 것이라고 생각합니다만, 더 가능성이 큰 배경은 20세기 초, 식품과 옷가지 같은 생필품 티켓을 배부하던 시절에 있습니다. 이 티켓은 물품별로 분류되어 있었고 상점에서 필요한 물건으로 교환이 가능했습니다. 상점 주인은 해당 물건에 맞는 티켓을 건네는 사람에게 that's just the ticket이라고 말했다고 하지요. 이 관행은 제2차 세계대전 동안, 그리고 그 이후에도 지속되었습니다. 배급증을 소책자로 제작해 사용하기도 했습니다.

의미   딱 필요한 것, 정확히 알맞은 것

예문   We need a big car for all our luggage and the SUV was *just the ticket*.

짐을 다 실을 수 있는 큰 차가 필요한데 그 SUV 차량이 딱 알맞았다.

Talking Turkey

talking turkey(칠면조 준다는 말)라는 말은 유
럽 정착민들이 아메리카 원주민을 만났던 식민
지 시절에 생겨났습니다. 야생 칠면조는 원
주민에게 수요가 많은 산해진미여서 물물
교환 대상이 되는 일이 잦았지요. 관련된 일
화 하나가 1837년 《나일스 위클리 레지스터(Niles'
Weekly Register)》라는 잡지에 실려 있습니다. 기사
에 따르면 원주민과 백인이 어느 날 사냥을 나갔는데 종일 잡은 것이
라고는 칠면조와 까마귀 한 마리뿐이었습니다. 칠면조가 갖고 싶었던
백인은 원주민과 흥정을 했지요.

You may have your choice: you take the crow and I'll take the
turkey; or, if you'd rather, I'll take the turkey and you take the
crow. » 선택은 당신이 하시오. 당신이 까마귀를 갖고 내가 칠면조를 가져
도 되고, 아니면 내가 칠면조를 갖고 당신이 까마귀를 가져도 좋소.

원주민은 백인의 말을 곱씹어본 다음 대답했지요. "Ugh. You no talk
turkey to me a bit(쳇, 나한테 칠면조를 준다는 말은 하지 않는군)." 이
후 매일 벌어지는 '칠면조 흥정'을 talking turkey라고 하게 되었답니
다. 그러다 어느새 '진지하고 솔직한 대화나 토론'을 가리키는 말이 되
었지요.

의미 솔직하게 터놓고 말하다, 꾸밈없이 말하다

예문 With the formalities of the meeting out of the way, it was time to *talk turkey*.

회의 격식은 다 끝났으니 이제 솔직히 터놓고 말할 시간이었다.

Foot the Bill

foot the bill(총액을 청구서 맨 아래에 적 다)이라는 표현은 1400년대에 시작되 었고, 계산서나 창구서의 항목을 다 더 해 총액을 맨 아래(foot)에 쓰는 단순  한 방법에서 유래했습니다. 원래 '맨 아래에 총액을 쓰다'라는 뜻이던 foot the bill은 1800년대 들어 액수를 다 더한다는 뜻이 아니라 '돈을 지불하다'라는 뜻으로 바뀌었습니다.

의미 비용을 부담하다, 지불하다

예문 My boss took me out to lunch and the firm *footed the bill*.
사장이 나가서 점심을 사주었고, 회사가 비용을 부담했다.

On the Breadline

on the breadline(빵을 타려고 줄을 서
다)이라는 표현은 1860년대 미국에서
유래했습니다. 찰스 플레이시먼(Charles
Fleischmann)과 맥시밀리언 플레이시먼(Maximilian
Fleischmann) 형제는 최초로 판매용 효모균을 만들어 제빵업 혁신에
앞장섰습니다. 뉴욕에 위치한 이들의 빵집은 신선하고 질 좋은 빵을
만들기로 평판이 자자했지요. 다른 빵집이 남은 빵을 다음 날 아침까
지 팔았던 반면 플레이시먼 형제는 전날 팔리지 않은 빵은 가난한 시
민들에게 무상으로 제공했습니다. 하루가 끝날 무렵 굶주린 사람들이
플레이시먼 형제의 빵집 앞에 길게 줄을 서서 공짜 빵을 기다렸다고
합니다.

의미 매우 가난한, 형편이 매우 어려운

예문 Kevin lost his job and after his savings ran out, he was *on the breadline.*

케빈은 실직 후 저축한 돈을 다 써서 경제 형편이 매우 어려웠다.

Fly by the Seat of One's Pants

on the fly(대충 그때그때 봐가며)라
는 표현과 관련이 있는 fly by the
seat of one's pants(바지에 닿는 비
행기 좌석의 느낌에 따라 비행하다)라는 말
은 1930년대 항공 분야에서 유래했습니다. 초창기 비행기에는 항공
보조장치(navigational aids)나 정교한 장비가 거의 없었습니다. 당시
의 비행은 주로 조종사의 판단과 감에 기반을 두고 있었지요. 조종사
와 비행기의 가장 큰 접점은 좌석이었고 그래서 대부분의 기계가 주
는 충격이나 영향은 좌석을 통해 조종사에게 곧바로 전달되었습니다.
조종사는 좌석에 닿는 하반신으로 비행기의 반응을 느끼고 그에 맞추
어 조종을 할 수 있었지요. 원래 영국에서 기원한 이 표현은 fly by the
seat of your pants가 아니라 fly by the seat of your trousers였는
데요, 1938년 미국에서 아일랜드까지 횡단비행을 했던 더글러스 코
리건(Douglas Corrigan) 때문에 유명해졌습니다. 당시 시스템 일부가
고장이 나는 바람에 코리건은 말 그대로 '바지에 닿는 좌석의 느낌을
척도 삼아 비행(fly by the seat of his pants)'할 수밖에 없었다고 합니다.
이것이 '세심한 계획 없이 행동하다'라는 뜻으로 발전한 것이지요.

| 의미 | 세심한 생각이나 계획 없이 (요행을 바라고) 행동하다, 될 대로 되라는 식으로 결정하다 |

| 예문 | Most stock investors don't plan too much, they just *fly by the seat of* their *pants* and hope for the best. |

주식 투자자 대부분은 세심하게 계획을 세우지 않습니다. 그저 요행을 바라고 별 생각 없이 투자를 하지요.

Lame Duck

lame duck(절름발이 오리)이라는 말은 1700년대 중반에 금융계에서 비롯된 표현입니다. 처음에는 런던 증권 거래소에서 파산으로 빚을 갚지 못하게 된 사람들을 가리키던 말입니다. 이들은 마치 절름발이 오리처럼 뒤뚱거리며 터덜터덜 증권 거래소를 나설 수밖에 없었다고 합니다. 이 표현이 기록된 최초의 사례는 1761년 영국의 문필가 호레이스 월폴(Horace Walpole)이 미국의 교육사상가 호레이스 만(Horace Mann)에게 보낸 편지입니다. 편지에는 다음과 같은 말이 남아 있지요. "Do you know what a Bull and a Bear and a Lame Duck are(황소, 곰, 절름발이 오리가 무슨 뜻인지 아세요)?" 1800년대 중반 lame duck은 미국으로 건너와 정권 말기 실권을 잃은 정치가를 가리키는 말이 되었습니다.

의미 레임덕, 일을 제대로 해내지 못하는 사람, 약골, (재선이 안 될) 임기 말기의 정치인이나 정부

예문 The new company CEO had no idea what he was doing. He was a complete *lame duck*.

신임 CEO는 자신이 무슨 짓을 하고 있는지 전혀 몰랐다. 아주 무능한 인간이었다.

Carry the Can

carry the can(맥주 통을 운반하다)이라는 표현은 맥주와 군인들에게서 유래했습니다. 수년 동안 군 기지에서는 계급 낮은 병사들이 맥주 운반을 담당했습니다. 병사는 커다란 통(bucket)혹은 영국식 영어로 can을 병사 식당에서 가져오라는 명령을 받았지요. 통을 운반하는 병사는 맥주를 가져왔다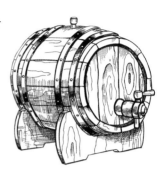 빈 통을 다시 채우러 가져가는 일도 도맡아 했습니다. 일이 고되고 누추해서 다들 절대로 하고 싶지 않아 하는 일이었습니다. 맥주를 한 방울이라도 흘렸다가는 커다란 비웃음거리가 되었기 때문입니다.

의미 자기 잘못도 아닌 일로 뜻하지 않게 비난을 받다

예문 Rich felt he was always *carrying the can* for his boss's mistakes.

리치는 상관의 실수에도 욕은 늘 자기가 먹는다고 생각했다.

Mad as a Hatter

mad has a hatter(모자 장수처럼 실성한)라는 말은 중절모를 만들 때 질산수은을 사용했던 18세기 관행에서 비롯되었습니다. 질산수은은 독성이 높은 화학물질이라 노출되면 모자 제조업자들의 신경계에 영향을 끼쳤고 업자들은 그 탓에 몸을 덜덜 떨었습니다. 그 때문에 많은 이들은 모자 제조업자들이 미쳤다고 생각했고 mad as a hatter라는 표현이 나오게 된 것이지요. 오늘날에는 수은 중독을 가리켜 mad hatter disease라고 합니다. 이 표현이 대중화된 것은 루이스 캐럴(Lewis Carroll)의 1865년 작 『이상한 나라의 앨리스』에 나오는 기묘한 캐릭터 모자 장수 매드 해터(Mad Hatter) 덕이었습니다.

의미 몹시 화가 난, 완전히 실성한, 미친

예문 Old Fred has finally gone senile and is as *mad as a hatter*.
프레드 노인은 이제 노망이 들어 제정신이 아니야.

Stone Broke

stone broke(돌을 산산조각 낸)라는 말의 기원은 중세 잉글랜드에 있습니다. 당시 채무를 갚을 능력이 없는 것은 대죄(cardinal sin)라고 여겨졌고 자살 증가의 원인이기까지 했습니다. 숙련 장인이 빚을 갚지 못하는 경우에는 이들의 연장을 압류하고 돌로 만든 작업대(stone work benche)를 산산조각 내는 관행으로 일을 할 수 없게 만들었습니다. 한편 범죄자들은 때로는 감옥에서 돌과 암석을 깨부수는 등의 중노동을 하는 형벌을 받기도 했지요. 훗날 stone broke라는 말은 빚을 진 사람뿐 아니라 '돈이 없는' 사람 전체를 가리키는 뜻으로 확대되었습니다.

의미 한 푼도 없는, 빈털터리의, 파산한

예문 He went to pay the check at the restaurant when he realized he was *stone broke*.

그는 식당 밥값을 내러 가면서 자신이 한 푼도 없다는 사실을 깨달았다.

Dead as a Door Nail

dead as a door nail(못처럼 죽은)이라는 말은 1350년경에 유래했으며 목수 일과 관련이 있습니다. 당시 금속으로 된 못은 손으로 만들었기 때문에 값이 비쌌어요. 나무못이 대개 값이 더 싸 대체재로 쓰였지요. 반면 부잣집에서는 머리 부분이 큰 금속 못을 썼습니다. 그러면 문도 더 튼튼해져서 되풀이해 여닫아도 오래 견딜 수 있으니까요. 망치를 써서 문짝 사이로 못을 박은 다음 튀어나온 끝부분을 구부려 나무쪽으로 납작하게 붙이는 것입니다. 이 과정을 clinching이라고 했고이렇게 구부린 못은 죽어서(dead) 다시는 쓸 수 없게 되었지요. 영국의 작가 찰스 디킨스는 1843년에 발표한 소설 『크리스마스 캐럴』에서 이 구절을 썼습니다.

의미 완전히 죽은, 죽은 것이나 다름없는

예문 Nothing ever happens in our little town. It's as *dead as a door nail.*

내가 사는 작은 고장에서는 아무 일도 일어나지 않는다. 완전히 죽은 것이나 다름없다.

Bank on Someone

bank on someone(믿고 돈거래를 하다)이라는 표현은 근대 은행 (bank)이 탄생하기 전인 중세 베네치아에서 시작되었습니다. 당시 베네치아는 세계 교역의 중심지였습니다. 이 도시에선 사람들이 주 광장에 벤치를 설치해놓고, 세계 각지의 상인과 여행자들이 들고 온 각국의 다양한 화폐를 교환해주었습니다. 이들이 은행 기능을 한 셈이지요. 게다가 벤치(bench)를 나타내는 이탈리아어도 하필 banco(방코)였답니다. 상인들은 이들과 화폐를 교환하고, 돈을 빌리고 심지어 멀리 떠나 있는 동안 이들에게 돈을 맡겨놓기까지 했습니다. 이들의 양심적인 거래는 세계적으로 신뢰를 얻었습니다. '믿고 돈거래를 할 수 있는(banked on)' 사람들로 간주되었던 것이지요.

의미 완전히 믿다, 의지하다, 신뢰하다

예문 Jordan was a strong defender and we could always *bank on* him to make the tackle.

조던은 강력한 수비수였기 때문에 우리는 늘 그가 태클을 걸리라 신뢰할 수 있었다.

Filthy Rich

---

filthy rich(부정한 수단으로 돈을 번 부자)라는 말은 16세기 이후 쓰인 filthy lucre라는 표현에서 유래했습니다. lucre는 돈을 의미하는데 '이윤, 이익'을 뜻하는 라틴어 lucrum에서 유래했습니다. filthy lucre 라는 표현은 영국 신학자 윌리엄 틴들(William Tyndale)이 『신약성서』「디도서」1장 11절을 번역할 때 처음 쓰였습니다. 여기서 이 표현은 부정하게 번 돈을 뜻했지요. 1920년대가 되면서 미국에서는 아예 돈을 the filthy라는 비속어로, 대부호를 filthy rich라고 부르게 되었습니다. 현대 들어 부정적인 함의는 사라지고 filthy rich라는 말은 수상한 방법으로 돈을 번 사람뿐만 아니라 '큰 부자'를 통칭하는 말이 되었지요.

의미 **대단히 부유한**

예문 The *filthy rich* may be able to afford that sort of vacation, but I can't.

대단한 부자들은 그런 식의 휴가를 보낼 경제적 여유가 있겠지만 나는 그렇지 못해.

Run of the Mill

run of the mill(가공업체에서 바로 나온)
이라는 말은 잉글랜드의 초창기 재료 가
공업을 하던 고장에서 유래했습니다. 거
대한 가공업이 발달해 모와 면화를 대량
으로 생산해 세계 각지로 수출했지요. 대
규모 산업이었던 재료 가공업체(mill)의
명성과 이윤은 생산된 재료의 질에 바탕

을 두고 있었습니다. 품질의 통제와 검사는 재료를 팔기 전에 꼭 해야
하는 일이었죠. 가공업체에서 검사나 등급을 받지 않고 바로 나온 재
료는 run of the mill이라고 불렀으며, 질도 낮고 불완전하다고 간주
했습니다.

의미 지극히 평범한, 평균적인, 보통의

예문 There was nothing special about the jazz musicians—they
were just *run of the mill*.
그 재즈 뮤지션은 특별한 구석이 전혀 없이 그저 평범했다.

Let the Cat Out of the Bag

이미 16세기부터 쓰였던 letting the cat out of the bag(시장바구니에서 고양이를 꺼내다)라는 표현은 부도덕한 시장 상인이 거짓으로 물건을 팔던 시절에서 유래합니다. 이들이 흔히 쓰던 사기 수법 중 하나는 좋은 돼지를 쓸모없는 고양이로 바꿔치기하는 것이었는데요. 잘 모르는 손님에게 새끼 돼지를 보여준 다음 가격 흥정을 하고 돼지를 장바구니에 넣어줍니다. 그런 다음 어느 시점엔가 손님의 시선을 분산시켜 돼지를 고양이로 슬쩍 바꿔치기하는 것이지요. 사기를 당한 손님이 집에 돌아와 고양이를 시장바구니에서 꺼내놓고 나서야(let the cat out of the bag) 사기가 들통이 났답니다.

의미 (무심코) 비밀을 누설하다, 밝히다

예문 Phil finally *let the cat out of the bag* and told us his wife was pregnant.

필은 마침내 우리에게 비밀을 밝혔다. 아내가 임신했다고 말해준 것이다.

Gone Haywire

gone haywire(건초를 묶는 철사처럼 되다)라는 말의 기원은 1900년대 초 미국에 있습니다. 당시에는 건초를 단으로 묶을 때 가볍고 강한 철사를 썼습니다. 하도 단단히 묶어놓아서 철사를 자르면 돌돌 말려 엉키곤 했지요. 그래서 이런 철사는 건초 단을 묶을 때만 써야 했고, 제거한 철사는 쓸모가 없어져 폐기했습니다. 그런데 일부 농민들이 녹슨 철사를 써서 경계용 울타리를 만들거나 연장과 기계를 고쳤습니다. 작업에 어울리지 않는 철사를 쓰는 바람에 결국 농장은 지저분하고 무질서한 꼴이 되었답니다. 이렇게 해서 gone haywire가 '엉망이 되다'라는 뜻으로 쓰이게 되었지요.

의미 제멋대로 행동하다, 일이 걷잡을 수 없이 엉망이 되다, 잘못되다, 틀어지다, 통제할 수 없게 되다

예문 The office computers *went haywire* and we ended up paying everybody twice.

사무실 컴퓨터들이 완전히 이상해지는 바람에 모든 사람에게 월급이 두 번 지불되었다.

Break the Ice

17세기 초에 생겨난 break the ice(얼음을 깨다)
라는 표현은 항해와 관련이 있습니다. 도로
망이 발달하기 전 교역과 수송의 주요 원천
은 배였지요. 겨울 동안은 많은 강과 수로가 얼어붙
어 선박 이동이 불가능했습니다. 일부 항구는 작은 배들을 출항시킬
때 선의의 표시로 얼음을 깨서 더 큰 배들이 들어올 길을 터주었습니
다. 쇄빙선(icebreaker)이라는 이 특수 선박은 훗날 더욱 발전하여 극
지방 탐사에 사용되지요. 강력한 엔진을 부착하고 선체 역시 강화한
선박입니다. 이 '얼음을 깨다'라는 말이 훗날 '어색한 분위기를 깨다'
라는 뜻으로 쓰이게 되었습니다.

의미 [모임 등에서] 서먹한 분위기를 깨다, 시작하다, 발판을 마련하다

예문 It was a very formal and tense dinner party, but I decided to
break the ice by making a joke.

만찬 모임이 지나치게 격식을 차린 경직된 분위기여서 나는 농담으로 서먹한 분
위기를 바꾸기로 했다.

Sold Down the River

sold down the river(강 하류 지역에 팔아버리다)라는 말은 미국에 노예제도가 있던 시절에서 유래했습니다. 19세기 초 노예무역이 한창이던 무렵, 미시시피강 북부의 부유한 지주들은 최상의 노예를 선발해 자기 집에 데리고 있으면서 노역을 시켰습니다. 이 노예의 삶은 편안한 편이었지요(물론 비교적 그랬다는 말입니다). 이 노예들은 대체로 대접도 잘 받았고 때로는 가족처럼 존중받는 구성원이었습니다. 하지만 문제를 일으키거나 지주의 가족에게 걸맞지 않은 행동을 했다고 생각된 노예는 가차 없이 배에 태워 미시시피강 하류의 노예 농장으로 팔아버렸습니다(sold down the river). 그곳의 생활 조건은 훨씬 더 가혹했고 비참했지요. '잘 데리고 있던 노예를 팔아버린다'는 뜻의 sold down the river가 훗날 '속이다, 배신하다'라는 의미로 쓰이게 됩니다.

의미 배신하다, 속이다, 호도하다

예문 I kept the whole day free because Jim had promised me a ticket to the baseball game, but he *sold me down the river* and gave it to someone else.

짐이 야구 경기 표를 주겠다고 약속해서 온종일 시간을 비워두었는데, 날 배신하고 다른 사람한테 표를 줬어.

On the Level

on the level(수평기로 평평하게 만든)
이라는 말은 14세기 숙련된 석공인 프
리메이슨(Freemason)에게서 유래했습
니다. 어떤 건축에서건 건물 맨 아래쪽
토대를 완전히 평평하게 만들어야 건물
구조가 튼튼하다는 것은 누구나 인정하는 사실이었습니다. 그래서 석
공들은 수평기(level)라는 도구를 개발해냈지요. 건물을 세울 수 있도
록 평평하고 탄탄한 기반을 만드는 데 쓰는 물건이었습니다. 수평기
는 건축 공정의 진실성을 상징했고 on the level이라는 말은 곧 오늘
날 쓰이는 더 넓은 의미, 즉 '신뢰할 만한, 정직한'이라는 뜻으로 확장
했습니다.

의미 정직한, 신뢰할 만한, 진실한

예문 You can believe him as he's *on the level*.

그 사람은 정직하니 믿어도 돼.

Peter Out

일부 사람들은 peter out이라는 말이 성서 시대에서 유래했고 peter 는 예수의 제자였던 사도 베드로(Peter the Apostle)를 가리킨다고 이야기합니다. 예수가 체포되었을 때 베드로는 예수 그리스도를 힘껏 변호했지만 다음 날 아침 그의 열정적인 지지는 예수를 안다는 사실까지 부인할 만큼 급속히 시들해졌습니다. 그래서 베드로의 열의가 식었다는 의미에서 peter out이라는 말이 생겨났다는 것이지요. 하지만 더 신빙성 있는 기원은 미국의 초창기 금 채광 시절에 있는 것 같습니다. 질산칼륨은 초석(saltpeter)이라고도 하는데, 채광할 때 사용하는 폭발물에 들어가는 광물 성분입니다. 광산의 '금을 모두 채굴하는 것'을 peter out이라고 했습니다. 채굴에 쓰는 폭발물(saltpeter)을 다 썼을 만큼 아무것도 남은 게 없는 지경이라는 뜻이지요. 이 표현은 1840년 무렵 미국에서 문자 그대로도 쓰였고 '시들다, 감소하다'라는 비유적인 의미로도 사용되었습니다.

의미 줄어들다, 감소하다, 흐지부지 끝나다, 용두사미가 되다

예문 He worked hard at first but his enthusiasm soon *petered out*.
그는 처음엔 열심히 일했지만, 차차 열의가 식었다.

Barge In

barge in(바지선이 끼어들다)이라는 말은 철도가 존재하기 이전 시절의 수송 방법에서 유래했습니다. 잉글랜드의 주요 도시들은 수로망으로 서로 연결되어 있어 물자의 운송이 가능했지요. 수심이 별로 깊지 않았기 때문에 이 수로로 다니는 배들은 바닥이 납작한 바지선(barge)이었습니다. 오늘날도 17세기와 상황은 똑같습니다. 바지선은 크고 무겁고 조종하기도 쉽지 않아 배들이 서로 끼어들면(barge in) 충돌도 잦답니다. 이 표현이 오늘날처럼 '불쑥 끼어들다'라는 뜻으로 쓰이기 시작한 것은 1900년대 초입니다.

의미 불쑥 들어오다, 끼어들다

예문 His mother never knocks on his bedroom door. She just *barges in*.

그의 어머니는 아들의 침실 문을 노크하시는 법 없이 늘 불쑥 들어오신다.

No Such Things as a Free Lunch

no such things as a free lunch(공짜 점심 같은 건 없다)라는 말은 1840년대 미국에서 시작되었습니다. 당시 술집과 식당은 술을 사 마시는 손님들에게 전부 무료 점심 식사를 제공했습니다. 하지만 무료 점심은 대개 짭짤한 간식이나 간소한 식사 거리 정도로 보잘것없었고, 손님은 술을 훨씬 더 많이 마셔 돈을 더 쓰게 되었습니다. 공짜 점심은 손님이 가게에 와서 돈을 더 쓰게 하는 구실에 지나지 않았던 것이지요. 머잖아 공짜 점심을 먹고 나면 애초에 제대로 된 점심 식사를 돈 내고 먹는 것보다 돈을 더 많이 쓰게 된다는 사실이 명백해졌지요. 이런 장삿속은 기존의 상점들이 돈을 벌 수 있는 수익성 좋은 방편이 되었고 심지어 지역 신문에 무료 점심을 광고하는 상점까지 있었다고 합니다.

의미 뭐든 공짜는 없다, 어떤 일이건 숨긴 대가가 있는 법

예문 The store gave my son a free toy but I had to buy ten expensive batteries for it, which made me realize there is *no such thing as a free lunch.*

가게에서 아들에게 장난감을 무료로 주었지만 나는 장난감에 쓸 비싼 배터리를 열 개나 사야 했다. 세상에 공짜란 없다는 사실을 새삼 깨달았다.

Our Work Cut Out for Us

our work cut out for us(바느질해야 할 옷감을 잔뜩 잘라놓은)라는 표현은 1800년대에 양복장이들이 능률을 위해 일을 간소화하던 데서 유래했습니다. 양복장이는 큰 옷감 한 장을 사용해 옷 한 벌을 만들었는데, 먼저 옷감을 다 잘라놓고 바느질을 하는 식으로 일을 진행했습니다. 효율성을 위해 재단사들이 다양한 패턴을 미리 잘라놓으면 양복장이가 잘라놓은 옷감을 바느질하는 관행이 개발되었습니다. 처음에는 양복장이 일이 더 쉬워지는 듯했지만 잘라놓은 양복 재료가 잔뜩 쌓여 양복장이가 해야 할 바느질거리가 늘어났지요. 양복장이는 일을 따라잡기 어려웠고, 결국 바느질거리를 잔뜩 잘라 쌓아놓으면 (his work cut out for him) 그는 아주 바빠질 수밖에 없었습니다. 이 표현이 '해야 할 일이 많은'이라는 은유적인 뜻으로 처음 등장한 작품은 1843년 찰스 디킨스가 발표한 『크리스마스 캐럴』이라는 소설입니다.

의미 해야 할 일이 많은, 어려운 시절이 앞에 놓여 있는

예문 The government job required an enormous bid, so we knew we had *our work cut out for us* if we were to win it.

정부 일은 큰 입찰이 필요했기 때문에 우리는 입찰을 따르려면 할 일이 엄청나게 많다는 것을 알고 있었다.

Hold a Candle

hold a candle(촛불을 붙들고 비춰준다)이라는 표현은
전기가 들어오기 전 시절에서 유래했습니다. 대개 not
fit to hold a candle(촛불을 들고 있을 주제도 못 되는) 혹
은 couldn't hold a candle(촛불도 들고 있지 못하다)라
는 식으로 부정문과 함께 쓰이는 이 표현의 주인공은 서
툰 일꾼이나 도제입니다. 이들은 숙련된 장인이 일하는
동안 잘 보이도록 촛불을 들고 있는 일을 했습니다. 촛
불을 들고 있기는 당연히 힘든 일이 아니었기 때문에 그것조차 제대
로 못 한다는 말을 듣는 사람은 서열상 가장 밑바닥에 있다는 뜻이었
고, 따라서 일을 하는 장인보다 한참 모자란다는 함의를 갖게 되었습
니다.

의미 …보다 못하다, …에 비해 보잘것없다, 모자라다, …에 미치지 못하다

예문 Jeff is a fast runner, but he can't *hold a candle* to George.

제프는 달리기가 빠르지만 조지에 미치지 못한다.

Make Ends Meet

make ends meet(장부의 결산을 맞추어놓다)라는 표현의 기원은 회계 분야에서 유래했습니다. 17세기부터 meet는 잔액이나 결산을 뜻하는 회계 용어였습니다. 장부 담당자의 장부에는 두 개의 항이 있었죠. 하나는 지출, 하나는 수입이었습니다. 두 항(ends)이란 수입과 지출을 일목요연하게 정리한 맨 아래쪽에 있는 숫자, 즉 총수입과 총지출을 가리키는 말이지요. '맨 아래 항을 작성하다(to make ends meet)'라는 표현은 지출과 수입을 맞추어 장부의 잔액을 맞추는 것을 뜻했습니다. 18세기 중반 잉글랜드에서는 이 표현을 비유적인 의미로 흔히 썼습니다. '수입액과 지출액이 딱 맞을 정도로만 돈을 번다'는 뜻으로 말입니다.

의미 간신히 먹고 살 만큼 벌다, 버는 수입 내에서 검소하게 살다

예문 On such a low salary, Paul was only just able to *make ends meet*.

폴은 월급이 아주 변변찮아 간신히 먹고 살 수 있을 정도였다.

Hedge One's Bets

hedge one's bets(울타리를 치다)라는 표현은 17세기 잉글랜드에서 유래했습니다. 당시 땅을 소유한 지주는 나무를 일렬로 심고 가지치기를 해서 만든 울타리(hedge)로 땅의 경계를 표시했습니다. 울타리는 보통 가시가 많은 산사나무로 만들어 뚫고 나갈 수 없을 만큼 튼튼했지요. 장벽은 동물들이 달아나는 것을 막아주기도 했습니다. 울타리 덕에 지주의 땅은 더 안전해졌습니다. 이 표현이 금융에서 '다양한 투자를 통해 위험을 줄이다'라는 뜻으로 처음 쓰인 것은 1607년 영국의 문필가 존 던(John Donne)의 『헨리 구디어에게 보낸 편지(Letters to Sir Henry Goodyer)』에서였습니다.

의미 (하나 이상의 방책을 써서) 손실 가능성을 최소화하다

예문 He *hedged* his *bets* and invested in both stocks and real estate.

그는 손실을 최소화하려고 주식과 부동산에 모두 투자했다.

Nineteen to the Dozen

nineteen to the dozen(12부셸당 1만 9,000갤런의 물)이라는 말은 18세기 잉글랜드 콘월 지방의 구리와 주석 광산에서 유래했습니다. 당시 광산에는 펌프가 꼭 필요했습니다. 채광에 사용하고 남은 물이나 채굴 과정에서 지하수가 범람해 불어난 물을 퍼내는 데 쓰는 장비였지요. 증기 펌프가 발명될 때까지는 수동 펌프를 사용해 물을 퍼냈습니다. 전통적인 수동 펌프는 느리고 노동집약적이었지만 증기 펌프는 석탄을 연료로 썼기 때문에 효율성이 좋았습니다. 최대 용량으로 가동시키는 경우 증기 펌프로는 석탄 12부셸(약 35리터)을 태울 때마다 1만 9,000갤런(약 8만 리터)의 물을 퍼낼 수 있었다고 합니다. 그래서 그만큼 빠르고 효율적인 것을 가리키는 말이 된 거지요.

의미 쉴 새 없이, 빨리

예문 Lisa was very excited after getting her promotion at work, so she was talking *nineteen to the dozen*.

리사는 승진을 한 뒤로 아주 신이 나서 쉴 새 없이 떠들었다.

Get the Sack

get the sack(자루를 건네받다)이라는 말은 장인들 (tradesmen)이 일감을 찾아 각지를 떠돌던 시절에서 유래했습니다. 이들은 대개 자기 연장을 커다란 자루에 들고 다녔습니다. 일은 비정기적이었기 때문에 장인들은 자신이 얼마나 오래 고용될지 알 수가 없었습니다. 그래서 어떤 일이건 맡아 시작하면 장인은 소지품이 담긴 자루를 고용주에게 맡겨놓았고 고용주는 장인을 고용하는 동안 짐을 맡아주었지요. 할 일이 없어져 장인을 해고하면 고용주는 자루를 도로 내주었습니다. 따라서 get the sack이 '해고당하다'라는 뜻이 되었지요.

의미 해고당하다, 일자리를 잃다

예문 There was a downturn in business so we had to *give* Stephen *the sack*.

경기가 좋지 않아서 우리는 스티븐을 해고해야 했다.

Black Market

black market(검은 시장, 암시장, 장외 시장)이라는 말의 유래는 추측이 분분한데요, 아마 기원은 중세 잉글랜드인 듯합니다. 당시 용병(mercenary)들은 잉글랜드 각지를 떠돌며 돈을 가장 많이 내는 사람에게 자신의 전투 기량을 팔곤 했습니다. 기량을 사는 사람은 대개 군사를 키우던 귀족이었지요. 용병들은 풍파에 시달리며 황야에서 고독하게 살았습니다. 이들의 갑옷은 제대로 광택을 내지 못한 상태였고 갖가지 악천후에 시달려 거무죽죽한 빛깔로 녹이 슬어 있었지요. 그래서 이들을 흑기사(Black Knights)라고 불렀습니다. 이 흑기사들은 축제 때 오락 삼아 지역 사람들과 맞서 마상 창 시합을 벌이기도 했는데요, 승자는 상대의 갑옷과 무기를 상으로 받았습니다. 그러나 흑기사들은 두 벌의 갑옷을 갖고 다니는 대신 상으로 받은 갑옷을 패자에게 도로 팔았답니다. 패자는 자기 갑옷을 할인된 값으로 사들인 것이지요. 이 장외 시장이 암시장이라는 의미로 쓰이게 된 셈입니다.

의미 암시장 거래, 암시장

예문 I just bought all the latest music for next to nothing on the *black market.*

나는 암시장에서 최신 음악을 거의 공짜로 구매했다.

In a Shambles

in a shambles(더러운 고기 작업대의)이라는 말은 중세 시대 야외에서 고기를 팔던 상인들에게서 유래했습니다. shambles라는 단어는 발판(footstool)을 의미하는 고영어 sceamol에서 유래했고, 이 말은 또 작은 벤치를 뜻하는 라틴어 scamillum에서 유래했지요. 당시 잉글랜드 대부분의 큰 마을에서는 행상들마다 상품에 따라 특정 거리를 지정해 주었습니다. 잡화상들만 물건을 파는 거리, 빵을 파는 상인의 거리, 정육업자의 거리가 따로 있었지요. 이들 모두 거리 한편의 작업대에서 물건을 팔았습니다. 이 작업대, 특히 정육업자의 작업대를 shamble이라고 불렀지요. 정육업자들은 고기를 도살장에서 직접 공급 받았기 때문에 고기를 파는 작업대(meat shamble)는 피와 고기 부속물이 낭자해 지저분하기로 악명 높았습니다. 1400년 무렵 shamble 이라는 단어는 일반적인 '엉망진창, 혼돈'과 동의어가 되었습니다. 잉글랜드 요크에는 오늘날에도 Shambles라는 이름의 거리가 있답니다.

의미 대혼란 상태, 난장판인, 파국 상태인

예문 The mining boom was over and the economy was *in a shambles.*

광업 호황은 끝이 났고 경제는 파국 상태였다.

Burn the Candle at Both Ends

burn the candle at both ends(촛불을 양쪽에서 태우다)라는 말은 1600년대 프랑스에서 유래했습니다. 프랑스어로는 이 말을 brûler la chandelle par les deux bouts라고 하지요. 이 표현은 원래 가정에서 낭비하는 걸 가리키는 말이었습니다. 당시 양초는 귀중품이었고, 양쪽에서 태우면 당연히 빨리 닳았지요. 그런데 이 표현이 잉글랜드로 건너가면서 뜻이 바뀌었습니다. 전기가 들어오지 않던 시절 장인들은 밤늦게까지 일을 할 때면 양초를 가로로 고정해두고 양쪽에 불을 붙여 태웠습니다. 그러면 더 밝아져 일하기가 수월했으니까요. 하지만 양초가 오래 가지 못해 일을 더 서둘러야 했습니다. 이 말에서 burn up(파괴하다, 없애다, 과로로 건강을 해치다) 같은 비슷한 표현도 생겨 났습니다.

의미 정신없이 빽빽하게 일하다, 지칠 정도로 밤낮으로 일하다

예문 My final school assignment is due in a week so I've been *burning the candle at both ends* to get it finished.

학교 기말 과제를 일주일 내에 제출해야 했던 탓에 나는 밤낮없이 공부했다.

At Full Blast

at full blast(용광로 용량을 끝까지 사용해)라는 말의 유래는 18세기 산업혁명 시대로 거슬러 올라갑니다. 공장들은 거대한 용광로(blast furnace)를 사용하여 산업의 필수품인 철과 기타 금속을 제련했습니다. 용광로 꼭대기를 통해 끊임없이 연료를 공급하는 동안 뜨거운 공기(blast of air)를 아래쪽으로 불어넣어 화학 반응으로 용해된 금속을 생산했지요. 용광로 용량을 끝까지 다 써서 가능한 한 많은 철을 생산하는 것을 가리켜 at full blast라고 했고 이것이 '전력을 다하는'이라는 뜻으로 발달한 것입니다.

의미 최대한 큰 소리로, 전력을 다해, 전속력으로

예문 The car stereo was *on full blast* so I couldn't hear a word the driver was saying.

자동차 스테레오의 볼륨을 최대한도로 크게 틀어놓았기 때문에 운전사의 말을 한 마디도 알아들을 수 없었다.

4장

Bite the Bullet

이 악물고 하다

군대

Back to the Drawing Board

back to the drawing board(다시 제도판 으로)라는 표현의 유래는 1941년 3월 1일 자《뉴요커(New Yorker)》에 실린 만화에 있습니다. drawing board란 건축가나 밑 그림을 그리는 사람이 그림을 그리는 제 도판으로, 설계도나 디자인을 그릴 때 씁 니다. 잡지에 실린 만화는 미국 화가 피터  아노(Peter Arno)의 그림으로 제2차 세계대전 당시 군인 다수가 방금 추락한 비행기 쪽으로 달려가는 장면입니다. 그런데 민간인 복장을 한 어떤 남자는 팔 아래 설계도면을 둘둘 말아 낀 채 사고 현장 반대 편으로 걸어갑니다. 만화 아래쪽에는 well, back to the old drawing board(자, 다시 제도판으로 가야겠어)라고 쓰여 있지요. 1940년대 말, 이 표현은 널리 퍼져 실패한 일 전체를 가리키는 말이 되었습니다.

의미 처음부터 다시 시작하다, 이전의 실패 후 다시 시작하다

예문 Billy assembled the toy car but its wheels wouldn't turn, so it was *back to the drawing board*.

빌리는 장난감 자동차를 조립했는데 바퀴가 돌아가지 않아 처음부터 다시 조립 했다.

Gung Ho

gung ho라는 말은 제2차 세계대전에서 유래했습니다. 원래 중국어의 工和(공화)라는 단어를 영어로 발음한 것인데요. kung은 '일', ho는 '함께'라는 뜻입니다. 에반스 칼슨(Evans Carlson) 장군이 이 말을 영어식으로 바꾸었습니다. 칼슨 장군은 전쟁 전에 중국에서 지낸 경험이 있는 인물입니다. 그는 gung ho를 미 해병대 칼슨 특공대(Carlson's Raiders)의 슬로건으로 채택했습니다. 특공대원들은 태평양 지역에서 군복무를 했지요. 칼슨 특공대의 이야기를 담은 1943년 전쟁 영화 『공화!(Gung Ho!)』를 계기로 이 표현이 주류에서 쓰이게 되었습니다. 영화는 때로는 무모하고 무책임한 특공대 방식을 묘사했고 이로 인해 오늘날 gung ho는 '지나치게 열성적인'이라는 뜻으로 변모하기에 이르렀습니다.

의미 과도할 만큼 열렬한, 지나치게 열성적인, 멸사봉공의 정신으로 무장한, 임무를 충실히 이행하는

예문 Carl was excited and *gung ho* about his new role in the company.

칼은 회사에서 새로 맡은 자기 역할에 신이 나서 열의가 대단했다.

Wreak Havoc

wreak havoc(약탈을 명하다)이라는 표현의 기원은 13세기 프랑스입니다. crier havot는 전장의 장군이 내리던 명령을 가리키는 말입니다. havot은 고프랑스어로 '약탈(plunder)'을 뜻합니다. crier havot은 전투에 이겨서 병사들이 약탈을 시작한다는 뜻이었지요. 이 표현은 14세기 무렵 잉글랜드에 상륙하여 '약탈을 명하다(cry havoc)'라는 말로 진화했습니다. 널리 쓰이는 말이었지만 1386년 리처드 2세는 이 표현의 사용을 금지했습니다. 어기면 사형에 처하겠다고 경고했지요. 그러나 훗날 셰익스피어는 자신의 연극에 이 표현을 즐겨 썼고, 주류로 들어간 이 말은 '피를 주다, 파괴하다(wreak havoc)'라는 표현으로 변모했습니다.

의미 | 파괴하다, 피해를 주다, 혼란을 초래하다

예문 | The violent storms *wreaked havoc* up and down the coast.
격렬한 폭풍이 해안 지방에 큰 피해를 안겼다.

Last-Ditch Attempt

last-ditch attempt(최후의 참호에서 벌이는 시도)라는 말은 17세기 말까지 거슬러 올라가는 표현입니다. 잉글랜드 왕 윌리엄 3세는 네덜란드 공화국을 상대로 전쟁을 벌이던 잉글랜드-프랑스 전쟁 당시 이 표현을 만들었습니다. 네덜란드는 잉글랜드의 윌리엄 3세에게 항복하면 네덜란드 총독 자리를 겸하게 해주겠다는 제안을 했습니다. 윌리엄 3세는 제안을 거절했고 네덜란드 왕의 사절은 잉글랜드가 끝장날 것이라고 위협했습니다. 윌리엄 3세는 이렇게 대답했지요.

There is one way to avoid this, To die defending it in the last ditch. » 파멸을 피할 방법이 하나 있소. 마지막 참호에서 방어하다가 죽는 것이오.

이 구절은 그 후 미국 독립 전쟁 당시 웨스트모어랜드의 시민에게 채택되었습니다. 시민들은 선언했습니다.

In war we know but one additional obligation: to die in the last ditch or uphold our nation. » 전쟁에서 우리가 아는 의무는 마지막 참호에서 죽거나 조국을 지키거나 둘 중 하나뿐이다.

1800년대 초부터 이 표현은 '사투, 막판 시도'라는 비유적인 의미로 쓰였습니다.

의미 (문제 해결이나 패배를 피하기 위한) **최후의 시도**, (필사적인) **막판 시도**

예문 The Tigers mounted one *last-ditch attempt* to win the game in the dying minutes.

타이거즈 야구팀은 막판까지 경기에 이기려고 필사적인 사투를 벌였다.

Face the Music

face the music(음악을 마주하다)이라는 말의 기원은 군대에 있습니다. 영국군에서 잘못을 저지른 병사들은 군법 재판에 회부됩니다. 유죄판결을 받은 병사는 불명예제대로 병영을 떠나야 했습니다. 불명예제대를 하는 병사는 동료들이 보는 앞에서 행진하면서 군대를 떠나는데 옆에서는 군악대가 연주를 했지요. 말 그대로 떠나면서 '음악을 마주해야(face the music)' 했던 것입니다. being drummed out(쫓겨나다, 축출당하다)라는 말도 이 군 관행에서 유래했습니다. face the music은 19세기 초부터 일상에서 '죗값을 치르다'라는 뜻으로 사용되었습니다.

의미 비난이나 불쾌한 결과를 (달게) 받다, 죗값을 치르다

예문 He had been on the run from the police for a month, but he decided to *face the music* and turn himself in.

그는 한 달간 경찰의 추적을 피해 달아났지만 결국 죗값을 치르기로 하고 자수했다.

Hang Fire

hang fire(늘어지는 발사)라는 표현은 16세
기에 등장했습니다. 당시에는 직접 장약과
포탄을 넣고 발사시키는 대포나 총인 전장식
(muzzle-loaded) 무기를 사용했는데요. 장총인

머스킷 총(musket)의 방아쇠를 당길 때는 소량의 화약이 뇌관실이라
는 곳에서 점화됩니다. 여기서 나오는 불꽃이 총신(barrel)을 향해 계
속 타 주 화약을 터뜨리면 총알이 발사됩니다. 당시의 화약은 질이 별
로 좋지 않아서 뇌관실에서 점화가 되고 주 화약이 폭발해 총알이 발
사될 때까지 기다리는 시간이 있었습니다. 이 지연되는 시간을 hang
fire라고 했습니다.

의미 지연되다, 출발 전에 기다리다, 진척을 미루다

예문 I was about to drive off but had to *hang fire* because the back
door wasn't shut properly.

바로 차를 출발시키려 했지만, 뒷문이 제대로 닫히지 않아 출발이 지연될 수밖에
없었다.

Hit the Ground Running

많은 사람이 hit the ground running(땅에 발이 닿자마자 달리다)이라는 말의 기원이 제1, 2차 세계대전에 있다고 생각합니다. 이 당시 병사들은 움직이는 배나 탱크나 비행기에서 내릴 때 땅에 발이 닿자마자 달리는 훈련을 받았습니다. 그래야 바로 전에 내린 배나 탱크나 비행기의 추진력을 이용하여 순조롭게 이착륙을 할 수 있었으니까요. 하지만 더 그럴듯한 설명은 이 표현이 20세기 이전의 미국에서 화물열차가 역에 들어서기도 전에 뛰어내리던 밀입국자 혹은 재빨리 말을 갈아타던 1800년대의 조랑말 속달(Pony Express) 집배원이 쓰던 말이라는 것입니다. 그 후 이 말은 '순조롭게 일을 해나가다, 시작하다'라는 말로 쓰이기에 이르렀지요.

의미 **(일을) 빨리 성공적으로 시작하다, 순조롭게 출발하다, 기회를 잡다**

예문 The political party members promised to *hit the ground running* and not waste any time if they were elected.

그 정당의 당원들은 선거에서 이기기만 하면 시간 낭비하지 않고 성공적으로 일을 시작하겠다고 약속했다.

Throw Down the Gauntlet

throw down the gauntlet(갑옷 장갑을 아래로 내던지다)이라는 말의 기원은 중세 시대에 있습니다. gauntlet이란 중세 기사들이 입던 갑옷 중 장갑 부분을 가리키는 단어입니다. 장갑은 대개 강철판으로 덮여 있었고 전투 시에 보호대 역할을 했습니다. 싸움이 벌어져 기사가 상대에게 전투 도전장을 내밀 때는 자신의 철제 장갑을 벗어 던졌습니다(throw down his gauntlet). 결투를 원한다는 표시였지요. 상대가 장갑을 집어 들어 도전을 받아들이면 결투가 시작되었습니다. take up the gauntlet(장갑을 받아들다)라는 표현은 이후 '도전을 받아들이다'라는 뜻으로 쓰였습니다.

의미 …에게 도전하다

예문 I knew I could beat Matt in a race, so I *threw down the gauntlet* and he accepted.

나는 경주에서 맷을 이기리라 확신했기 때문에 그에게 도전장을 내밀었고 맷은 도전을 받아들였다.

Rise and Shine

rise and shine(일어나 장비에 광을 내라)이라는 간단한 어구의 기원은 군대에 있습니다. rise라는 단어는 말 그대로 일어나라는, 대개 동트기 전에 일어나라는 뜻입니다. shine이라는 단어는 장화와 버클을 비롯한 장비를 군인들이 아침마다 광나도록 닦아 연병장에 점검받으러 가는 일과에서 유래했고요. 예나 지금이나 많은 연대에서 이 말은 흔히 wakey, wakey(기상, 기상) 뒤에 쓰입니다.

의미 (보통 잠자리에 있는 사람에게 하는 명령문으로) 정신 차리고 일어나라, 일어나서 움직여라

예문 We had a long trek the next day so the camp leader told us to *rise and shine* early and be ready by first light.

다음날 갈 길이 먼 탓에 캠프 통솔자는 우리에게 새벽 일찍 일어나 채비하라고 당부했다.

The Whole Nine Yards

the whole nine yards(9야드짜리 벨트에 장착한 탄약을 모조리 쓰다)
라는 표현의 기원은 논란이 분분합니다. 앞에서 다룬 dressed to the
nines(117쪽 참고)라는 표현과 비슷해서 일부 사람들은 이 표현이 최
상의 옷을 옷감 9야드(약 8.2미터)로 만드는 관행에서 유래했다고 생
각합니다. 그러나 더 개연성 있는 기원은 군대입니다. 제2차 세계대전
동안 미국의 전투기는 50구경 기관총을 사용했습니다. 포수는 비행
기 문에서 총을 쏘아댔지요. 이 총에 쓰이는 탄약은 벨트로 연결되어
있는데 길이가 정확히 9야드였습니다. 탄약 벨트를 다 써서 표적을 쏘
는 것을 give the whole nine yards라고 했습니다.

의미 총량, 가능한 한 많이, 필요한 것이 다 포함된

예문 My new TV was high definition and had 3D technology—
the whole nine yards.

새로 산 텔레비전은 고해상도에 3D 기술까지 갖춘, 그야말로 필요한 기능을 다 갖
춘 제품이었다.

Chance One's Arm

chance one's arm(팔을 걸다 혹은 팔을 내 놓다)이라는 표현의 유래를 두고 다양한 추 측이 있습니다. 한편에서는 군대에서 이 말  이 시작되었다고 주장합니다. 통상 계급장(badges of rank)은 팔에 따 로 둘러 착용했는데요. 팔에 계급장을 착용하고 전장에 나간 장교는 위험에 처할 수 있었습니다. 계급장이 쉽게 눈에 띄어 표적이 되니까 요. 또한 장교가 내린 결정은 곧바로 승진이나 강등으로 이어질 수 있 었습니다. 장교는 말 그대로 '자기 팔(의 계급장)을 거는(chance their arms)' 셈입니다. 또 다른 추정에 따르면 이 표현은 1492년 아일랜드 에서 유래했다고 합니다. 오몬드(Ormond)와 킬데어(Kildare)라는 두 유명 가문이 격렬히 반목했습니다. 오몬드가는 더블린에 있는 성 패 트릭 성당에 피신했지요. 킬데어가는 공격을 감행했지만, 결국 싸움 을 멈추기로 했습니다. 오몬드가는 킬데어가의 화평 제안이 의심스러 워 성당에서 나가기를 거부했습니다. 킬데어가의 백작 제럴드 피츠 패트릭(Gerald Fitzpatrick)은 선의를 증명하기 위해 성당 문에 구멍을 뚫어 그 사이로 자기 팔을 밀어 넣었습니다. 오몬드가에서 팔을 잘라 도 할 수 없는 상황이었지요. 그러나 오몬드가의 백작 제임스 버틀러 (James Butler)는 피츠패트릭 백작의 손을 잡고 악수를 했고 두 가문 사이에 화평이 이루어졌습니다. 이렇게 해서 팔을 잘릴 위험을 무릅 쓴다는 chance one's arm이 '위험을 무릅쓰고 해보다'라는 말이 되었 습니다.

의미 (실패를 각오하고) 해보다, 모험하다, 위험을 무릅쓰고 시도하다

예문 I'd never invested in stocks before but I decided to *chance* my *arm* and have a go at it.

전에 주식 투자를 해본 적이 전혀 없지만, 이번에는 위험을 무릅쓰고 한번 해보기로 작정했다.

Beat a Hasty Retreat

beat a hasty retreat(북을 쳐서 퇴각을 명령
하다)라는 표현의 유래는 16세기 전쟁터에 있습
니다. 당시의 전쟁은 병사들의 손으로 직접 수행
했기 때문에 대개 공정한 경기라는 신사적 규칙
이 전투를 지배했습니다. 행진하는 군대는 북을 치는 고수(drummer)
의 명령을 받았지요. 고수는 명령을 내리는 장교 옆에 있었고요. 고수
역할을 하는 소년은 부대원들이 숙지한 명령들을 북으로 쳐서 병사
들이 장교의 지시에 따라 행동하도록 했습니다. '북 치는 소리로 퇴각
을 알리다'라는 이 말이 훗날 '황급히 달아나다'라는 뜻으로 변형되었
지요.

의미 황급히 달아나다, 재빨리 떠나다

예문 When the police arrived at the scene of the crime, the
bandits *beat a hasty retreat.*

경찰이 범죄 현장에 도착하자 노상강도들은 황급히 달아났다.

Feather in Someone's Cap

feather in someone's cap(모자에 꽂는 깃털)이라는 말의 기원은 전쟁터에 있습니다. 중세 잉글랜드의 전쟁터에서 용맹함을 보여준 기사들은 투구에 착용할 깃털을 상으로 받았습니다. 이 깃털은 지위의 상징으로 군인들이 오늘날 받는 훈장과 비슷했습니다. 1346년 백년전쟁 최초의 주요 전투에서 웨일스 공(Prince of Wales)이었던 에드워드 왕자(Prince Edward)는 고작 열여섯 살의 나이에 깃털을 받았습니다. 적이었던 얀 룩셈부르크(John of Bohemia)의 투구 장식이었지요. 투구 장식은 타조 깃털 세 개로 이루어져 있었는데 이것이 오늘날까지도 웨일스 공의 문장(crest)으로 남아 있습니다. 다른 문화권(특히 아메리카 원주민의 여러 부족)도 업적의 상징으로 모자에 깃털을 꽂는 관행이 있었습니다. 이 표현은 18세기 초 무렵 이미 '업적'이라는 비유적 의미로 쓰였고, 1780년대에 동요 〈양키 두들(Yankee Doodle)〉로 더욱 대중화되었습니다.

의미 명예나 업적의 상징, 자랑할 만한 업적이나 성취

예문 Hal was very excited to be top of his class. It was a real *feather in* his *cap*.

핼은 반에서 1등을 해서 아주 신이 났어. 정말 대단한 성취긴 하지.

Bury the Hatchet

bury the hatchet(도끼를 땅에 묻다)이라는 말은 유럽인의 초창기 북아메리카 정착 시대까지 거슬러 올라갑니다. 당시는 백인이 아메리카 원주민의 땅을 침범하면서 교전이 만연했습니다. 휴전과 전투 중단 합의가 이루어지면 원주민들은 문자 그대로 도끼, 칼, 작은 도끼(tomahawk), 손도끼(hatchet) 같은 무기를 전부 땅에 묻어 쉽게 찾을 수 없도록 조치했습니다. 이 일은 대개 부족의 족장이 엄숙한 의식을 통해 거행했는데요, 의식은 교전 종말을 의미했으며 원주민들은 이 의식의 구속력을 믿었습니다. bury the hatchet이라는 표현이 '화해하다'라는 의미를 지니게 된 이유입니다.

의미 갈등을 해결하고 화해하다

예문 We'd argued for years, but we decided to put it behind us and *bury the hatchet.*

우리는 수년간 싸웠지만 지난 일은 문제 삼지 않고 화해하기로 했다.

On a Wing and a Prayer

on a wing and a prayer(한쪽 날개와 기도에 힘입어)라는 표현은 제
2차 세계대전에서 유래했습니다. 미국 조종사가 비행기를 몰고 기지
로 귀환했는데 한쪽 날개가 심하게 손상된 상태였습니다. 기지에 있
던 다른 동료들은 비행기가 추락하지 않은 데 깜짝 놀랐고 조종사는
오는 내내 기도를 했다고 말해주었습니다. 그러자 다른 조종사가 "a
wing and a prayer brought you back(한쪽 날개와 기도가 자네를 본
부로 귀환시켰군)"이라고 말했습니다. 이 말은 할리우드에서 제작한
두 편의 영화에 쓰이면서 크게 주목받았습니다. 존 웨인(John Wayne)
주연의 1942년 작 『플라잉 타이거즈(Flying Tigers)』와 헨리 헤서
웨이(Henry Hathaway) 감독의 1944년 작 『날개와 기도(Wing and a
Prayer)』입니다. 〈날개 하나와 기도에 기댄 귀환(Coming in on a Wing
and a Prayer)〉이라는 노래는 1943년에 발표된 애국 찬가였습니다. 이
노래 역시 이 표현을 대중화했지요. 노래는 손상된 비행기가 가까스
로 기지까지 귀환하는 내용을 묘사합니다.

의미 [실낱같은] 희망에 기대어

예문 He is driving *on a wing and a prayer* in that old bomb of a
car.

그는 언제 터질지 모르는 낡은 자동차를 실낱같은 희망으로 몰고 있다.

Down a Peg or Two

---

take someone down a peg or two(남의 술통 눈금을 내려가게 하다)
라는 말의 유래는 논란이 있습니다. 일부 사람들은 이 말이 배의 깃발
을 올리고 내리는 장치인 peg와 관련이 있다고 말합니다. peg를 높이
올릴수록 명예도 높아진다는 식이지요. 그러나 더 설득력 있는 기원
은 10세기로 거슬러 올라갑니다. 잉글랜드의 이드리드 왕(King Edred
of England)은 바이킹과 끊임없이 전쟁을 벌였는데, 병사들이 술을 너
무 많이 마셔서 골치가 아팠어요. 병사들이 술에 취하지 않은 상태로
전투를 할 수 있도록 왕은 맥주 통 양옆에 술의 양을 표시하는 나무 쐐
기(peg)를 박아 눈금을 표시했습니다. 어떤 병사도 한 번에 눈금 아래
까지 내려올 정도로 술을 마시면 안 되었지요. 이 규정을 피해가기 위
해 병사들은 다른 병사의 술통에서 술을 마시기 시작했습니다. 이 때
문에 애꿏게 자기 술통의 눈금이 내려간 사람들이 골탕을 먹었지요.

의미 **콧대를 꺾다, (오만한 사람의) 코를 납작하게 하다**

예문 Don had always been at the top of the class but when the
new boy beat him easily in the final exam, it took him *down
a peg or two*.

돈은 늘 반에서 일등이었지만, 새로 온 남자애가 기말시험에서 자신을 쉽게 이기
자 코가 납작해졌다.

Basket Case

basket case(바구니로 운반해야 하는 사지 절단 환자)라는 말은 제1차 세계대전 당시 미군의 속어에서 비롯되었습니다. 원래 이 말은 사지를 모두 잃어 바구니(basket)에 실려 다녀야 하는 병사를 가리키는 말이었습니다. 미 육군 의무감(Surgeon General of the US Army)은 1919년 '우리 군 병원에 바구니 환자(basket case)가 있다는 소문의 증거가 있음을 부정한다'라는 언명으로 이 말을 오히려 더 공고하게 만들었습니다. 훗날 이 말은 정신적인 질병을 앓는 사람들을 가리키는 데도 쓰이게 되었습니다.

의미 완전히 무력한 상태, 쓸모없는 상태 혹은 그런 사람

예문 Within weeks of his divorce, Danny had become a complete *basket case*.

이혼 몇 주 만에 대니는 완전히 무기력해졌다.

Flash in the Pan

flash in the pan(화약 접시의 불꽃)이라는 표현은 18세기 군에서 유래했습니다. 당시의 구식 장총인 플린틀락 머스킷(flintlock musket)에는 작은 화약 접시(priming pan)가 달려 있었습니다. 총의 방아쇠를 당기면 화약 접시의 화약에 점화가 되고 이것이 총신에 있는 주 화약을 폭발시켜 발사되는 원리입니다. 그런데 화약 접시의 화약이 주 화약에 점화를 시키지 못하는 경우가 있었습니다. 화약 접시에서는 불꽃이 일어났으나 총신에서는 발사가 되지 않는, 시작은 좋았는데 실망스러운 결과인 거죠. 그래서 '화약 접시의 불꽃'이라는 표현은 '용두사미'라는 비유적인 의미를 획득하게 되었습니다.

의미 용두사미, 전도유망하게 시작해 실패로 돌아가기, 반짝 성공

예문 Tom won his first two tennis tournaments, but he turned out to be a *flash in the pan* as he never got past the first round again.

톰은 테니스 토너먼트 첫 두 경기는 이겼지만 다시는 첫 라운드를 넘기지 못해 결국 용두사미인 경기를 펼쳤다.

174

Diehard Supporter

diehard supporter(끝까지 버티는 지지자)라는 표현의 기원은 군에 있습니다. 1811년 나폴레옹의 이베리아 반도 침략에 저항하여 스페인·영국·포르투갈 동맹군이 벌인 반도전쟁 중 알부에라 전투에서의 일입니다. 전투 동안 제57 웨스트 미들섹스 보병연대의 지휘관이었던 윌리엄 잉글리스(William Inglis)는 심한 부상을 당하고 전장에 누워 있었습니다. 영국군은 프랑스군에 열세인 상황에서 공격을 받는 중이었지요. 그럼에도 잉글리스는 자신을 안전한 곳으로 운반하려는 온갖 시도를 거부하고 "Die hard, 57th(57연대, 끝까지 버텨라)"라고 외침으로써 부하들을 독려했습니다. 영국군은 전투에서 승리했고 그때부터 쭉 이 연대는 Die Hards(다이 하드)라 불렸습니다. diehard supporter라는 표현은 1900년대 초 정치계로 넘어가 누구든 명분이나 동료를 고집스레 지지하는 사람을 가리키는 말이 되었습니다.

의미 완고한 지지자, 희망 없는 명분으로 변화를 거부하는 사람

예문 The Eagles hadn't won a game all season and it was raining heavily, but Ian was a *diehard supporter* so he went to watch regardless.

이글스팀은 시즌 내내 한 경기도 이기지 못했고 비까지 퍼부었지만, 이안은 이글스팀의 완고한 지지자라서 아랑곳없이 경기를 보러 갔다.

Pyrrhic Victory

Pyrrhic victory(피로스 왕의 승리)라는 말은 고대 그리스 지역인 에피루스의 피로스 왕(Pyrrhus of Epirus)이 거둔 힘겨운 승리를 가리킵니다. 그의 군대는 마그나 그라에키아(Magna Graecia)의 지배권을 놓고 로마군과 피로스 전쟁을 벌였습니다. 기원전 279년 이탈리아 남부의 아스쿨룸 전투에서 피로스 왕은 로마군을 패퇴시켰지만 주요 지휘관 대부분을 잃는 등 심각한 손실을 입었습니다. 피로스 왕은 훗날 "또 한 번 이렇게 이겼다가는 진다(Another such victory and we are lost)"라는 말을 남긴 것으로 알려졌습니다. 이 표현이 비유적인 뜻으로 쓰인 것은 1800년대 말부터입니다.

의미 지나치게 큰 희생이나 대가를 치르고 얻은 승리

예문 It was a very divisive campaign and even though they won the election, it turned out to be a *Pyrrhic victory*.

선거는 이겼지만 유세 당시 분열이 심했기 때문에 이겼어도 희생이 지나치게 컸다.

Over the Top

over the top(참호 위로)이라는 표현은 지금은 OTT라고 줄여 쓰기도 하는데, 기원은 제1차 세계대전의 참호전입니다. 당시 go over the top이라고 하면 안전한 참호 사이의 땅 위로 기어 나가 적진으로 진군한다는 뜻이었습니다. 당시 병사들에게 전달된 명령은 '제군들, 참호 밖으로(over the top), 행운을 빈다'라는 말이었습니다. 하지만 적의 기관총이 빗발치는 곳으로 돌진하면서 운이 좋은 사람은 거의 없었지요. 1916년 7월 솜 전투 첫날, 이 터무니없는 참호 밖 전술 탓에 영국군은 5만 8,000명 이상의 사상자를 냈습니다.

의미 지나치게, 과장되게, 수용 가능한 한계를 넘어, 터무니없는

예문 There was a band and a free bar for 200 people — completely *over the top* for a 35th birthday party.

밴드에다 200명에게 술을 무료로 주는 바까지, 35세 생일 파티로는 너무 호화로웠다.

On One's High Horse

on one's high horse(큰 말 위에 앉은)라는 표현은 중세 잉글랜드의 군 지휘관들에게서 유래했습니다. 지위를 맡은 지휘관은 커다란 말을 타고 높은 위치에서 계급이 낮은 병사들을 내려다보며 명령을 내렸습니다. 지휘관의 계급이 높을수록 말도 컸지요. 계급이 높은 지휘관들에게 큰 말이 필요했던 또 다른 이유는 이들이 대체로 무거운 갑옷을 입어서 무게를 버티는 데 힘센 말이 필요했기 때문입니다. 이후로도 정치에서는 커다란 말을 권력의 상징으로 생각했습니다. 정치가들은 커다란 말을 타고 도시를 행진했고 높은 말 위에서 평범한 사람들을 내려다보면서 거만한 태도를 취하곤 했지요. 이 표현을 최초로 기록한 것은 1380년 영국의 신학자 존 위클리프(John Wycliffe)였는데 18세기엔 이 표현이 변화를 겪습니다. '잘난 척하다'라는, 조롱의 함의가 담긴 은유적인 말로 쓰이게 된 것입니다.

의미 잘난 척하다

예문 He was in the wrong, so I told him to get down *off* his *high horse* and apologize.

그가 틀렸기에 나는 그에게 잘난 척하지 말고 사과하라고 말했다.

Hold the Fort

hold the fort(요새를 사수하라)라는 말의 기원은 미국 남북전쟁입니다. 1864년 알라투나 전투에서 윌리엄 셔먼 장군(General William Sherman)은 남군과 싸우기 위해 애틀랜타 근처 케네소산의 꼭대기로 군을 집결시켰습니다. 그는 존 코스 장군(General John Corse)에게 증강 병력을 올려보내는 중이니 "hold the fort at all cost, for I am coming(무슨 수를 써서든 요새를 사수하라, 내가 갈 테니)"라고 말했습니다. 셔먼 장군 덕에 hold the fort라는 표현이 불멸을 얻긴 했지만, 실제로 이 말이 널리 회자된 건 1800년대 말 미국 작곡가이자 인기 있는 전도사 필립 블리스 (Philip Bliss)가 〈요새를 지키라(Hold the Fort)〉라는 찬송가를 쓰면서부터였습니다.

의미 (없는 사람을 대신해) 일을 봐주다, 집을 지키다

예문 My parents asked me to stay home and *hold the fort* while they went out to dinner.

부모님은 외식을 하러 나가면서 내게 집을 봐달라고 부탁했다.

Parting Shot

parting shot(파르티아인의 화살)의 기원은 고대 페르시아 북동부에 살던 파르티아 민족입니다. 이들의 군대에는 말을 탄 궁수가 있었습니다. 전투 시에 궁수들은 전속력으로 질주해, 뒤쫓는 적에게 퇴각한다는 인상을 주었습니다. 그러나 막상 적이 가까이 추격하면 말타기 기술이 뛰어난 궁수들은 돌연 몸을 돌린 다음  뒤를 향해 아주 정확하게 화살을 쏘아댔지요. 원래 Parthian shot(파르티아인들의 화살)이었던 parting shot은 서구에서는 17세기에 군사 전술로 쓰였고, 20세기 초 '헤어지면서 보이는 적대적인 몸짓이나 말'을 뜻하게 되었습니다.

의미 헤어지면서 내뱉는 나쁜 말이나 적대적인 몸짓(대개 보거나 듣는 사람은 응대할 기회도 없는 행동)

예문 She couldn't resist a *parting shot* on her last day of work, so she told her boss he was the worst lawyer she'd ever seen.

그녀는 직장에서의 마지막 날 도저히 그냥 나갈 수 없어서 상사에게 그가 자기가 만난 최악의 변호사였다고 쏘아붙였다.

Ride Roughshod

ride roughshod(말굽의 징으로 공격하다)라는 말은 군대에서 유래했습니다. 말굽에 징을 박으면 못대가리, 때로는 금속 끝이 튀어나오는데 이 튀어나온 부분을 roughshod라 합니다. 원래 징은 물기가 있거나 얼음 때문에 미끄러지는 상황에서 마찰을 주려고 끼우는 도구였습니다. 그런데 18세기의 기병대 군인은 말굽에 일부러 징을 박았습니다. 말굽에 징을 박은 말이 돌진해 보병과 적군의 말 위로 내달리면(ride roughshod over them) 악랄한 무기가 되어 보병과 적군의 말에 큰 부상을 입혔기 때문이지요.

의미 거칠게 다루다, 횡포를 부리다, 거만하게 대하다

예문 He *rode roughshod* over his friends to advance his own interests.

그는 자기 이익을 늘리려고 친구들을 마구 대했다.

Bite the Bullet

bite the bullet(총알을 입으로 물다)이라는 말의 어원이 미국의 남북 전쟁에 있다고 생각하는 사람이 많습니다. 당시 군인들은 수술할 때 마취제가 없어서 말랑말랑한 납으로 된 총알을 깨물었다는 것입니다. 수술 중 통증에 비명을 참기 위해서요. 하지만 실제 유래는 1857년에 일어났던 인도 항쟁인 것 같습니다. 당시 총의 탄약은 두 부분으로 이루어져 있었습니다. 발사체인 총알을 아랫부분에 끼워 돼지기름으로 만든 윤활유로 고정해놓았지요. 총알을 장전하려면 총알과 아랫부분을 분리한 다음 화약을 채워 넣어야 했습니다. 그러려면 탄약을 입에 물고 총알과 아랫부분을 분리해야 했지요. 문제는 이 과정에서 힌두교나 이슬람교를 믿는 인도인이 피하는 돼지 기름을 입에 댈 수밖에 없었다는 점입니다. 인도 군인들로서는 싫어도 마지못해 해야 하는 일이었을 겁니다. 그래서 bite the bullet이 '싫은 일을 억지로 하다'라는 뜻으로 발전했습니다.

의미 어려운 상황을 견디다, (싫지만 피할 수 없는 일을) 이를 악물고 하다

예문 Bruce hated his job so he finally *bit the bullet* and quit.
브루스는 직장 일이 싫어 마침내 (그만두면 안 될 상황임에도) 이를 악물고 그만 두었다.

More Bang for Your Buck

more bang for your buck, 이 말은 1950년대 드와이트 D. 아이젠하워 대통령 행정부 시절 미국의 국방정책에서 유래했습니다. 뉴룩 정책이라 불리는 이 군사정책의 내용은 군 인력과 비용을 줄이기 위해 비교적 값이 싼 핵무기 비축량을 늘리는 것이었습니다. 1954년 미국방부 장관 찰스 어윈 윌슨(Charles Erwin Wilson)은 민주주의에 위협을 가하는 소련의 위험을 억누르기 위해, 대규모 군 대신 핵무기를 쓰는 국방 정책을 홍보하기 위해 more bang for your buck(들이는 돈에 비해 국방력은 더 크게)라는 슬로건을 만들었습니다. 이 표현은 1950년대의 펩시 광고 슬로건 more bounce to the ounce(온스당 탄산은 더 많이)를 변형한 것이었지요.

의미 가성비가 좋은

예문 This cheaper car is just as fast as the larger model and gives you *more bang for your buck.*

이 차는 값이 더 싸지만 큰 모델만큼 속도가 빨라 가성비는 더 좋습니다.

Molotov Cocktail

Molotov cocktail이라는 말은 제2차 세계대전 때 등장했습니다. 이 표현은 핀란드인들이 최초로 만들었습니다. 소련의 외교부장관 바체슬라프 몰로토프(Vyacheslav Molotov)를 가리키는 말이었지요. 몰로토프는 나치 독일과 조약을 맺은 후 핀란드를 분할하는 임무를 맡았고, 많은 사람은 그가 이후 1939년 11월에 벌어진 소련의 핀란드 침공에도 책임이 있다고 생각했습니다. 이 침략과 관련해 수많은 선동이 있었고, 그중에는 핀란드를 향한 폭격이 굶주린 사람들을 위한 인도주의적 식량 조달을 위해서 이루어진다는 몰로토프의 터무니없는 주장도 포함되어 있었지요. 핀란드인들은 이 조치에 크게 반발해 폭발 시 금속 파편이 광범위하게 퍼지는 소련의 집속 폭탄(cluster bomb)을 '몰로토프의 빵바구니(Molotov bread baskets)'라고 불렀고, 소련군 탱크에 던지는 소형 휘발유 폭탄, 즉 화염병을 개발해 이를 molotov cocktail이라고 불렀답니다. '몰로토프 빵과 곁들일 음료'라면서 말이지요.

의미 화염병

예문 The rioters were throwing *Molotov cocktails* at the advancing police.

시위자들은 진군하는 경찰을 향해 화염병을 던졌다.

5장

On the Bandwagon
대세를 따르다

정치

Spin Doctor

spin doctor(이야기 지어내기 달인)라는 말의 기원은 최근의 미국 정치에 있습니다. spin이라는 단어는 이야기를 지어낸다는 뜻으로 1800년대 초부터 쓰였습니다. 제임스 하디 보(James Hardy Vaux)의 1819년 책 『신 비속어 종합사전(A New and Comprehensive Vocabulary of the Flash Language)』에는 spinning a yarn(이야기보따리를 풀다)이라는 말이 '서로 다양한 모험과 업적과 탈출 이야기를 하다'라고 풀이되어 있습니다. 그러나 spin doctor라는 표현이 온전히 사용되기 시작한 것은 1980년대부터였습니다. 로널드 레이건 대통령은 과학 기술을 이용한 자신의 전략 방위 구상을 홍보하는 담당관들을 가리켜 언론에 우호적인 내용을 제공한다는 점에서 spin control(정보 조절)을 하고 있다고 기술한 바 있습니다. spin control은 곧 spin doctor라는 말로 변형되어 '상황을 유리한 쪽으로 바로잡는 사람'을 일상적으로 가리키는 데 쓰이게 되었습니다.

의미 (주로 언론을 상대로) 상황이나 사건 관련 정보를 우호적이고 유리한 쪽으로 제공하는 사람, (정치인·기관 등의) 홍보 혹은 언론 담당자

예문 A good *spin doctor* could have made the scandal a lot less damaging.
능력 있는 홍보 담당자라면 스캔들의 피해를 줄일 수 있었을 것이다.

Blood, Sweat, and Tears

blood, sweat, and tears(피와 땀과 눈물)라는 표현은 존 던(John Donne)이 1611년에 발표한 시 「세계의 해부(An Anatomy of the World)」에서 유래했다고 합니다. 훗날 웨일스의 목사 크리스마스 에번스(Christmas Evans)의 1837년 저서 『다양한 주제에 관한 설교집 (Sermons on Various Subjects)』에도 이 표현이 쓰였는데요, 여기서 에번스는 그리스도를 가리켜 "당신의 피와 땀과 눈물에 휩싸인"이라는 표현을 썼습니다. 하지만 이 구절을 대중적으로 유행시킨 주인공은 영국의 수상이자 뛰어난 연설가였던 윈스턴 처칠이었지요. 그는 1940년 하원 연설에서 이 표현을 썼습니다. 제2차 세계대전 동안 닥칠 고난에 대해 말하면서 처칠은 이런 말을 남겼습니다. "I have nothing to offer but blood, toil, tears, and sweat(제가 여러분께 드릴 것은 피와 노력과 눈물과 땀뿐입니다)."

의미   피땀 어린 노력, 어려운 조건에서 들이는 노고

예문   It took a lot of *blood, sweat, and tears* to plough the muddy field by hand.

손으로 진흙투성이 밭을 가느라 엄청난 노고가 들었다.

When It Comes to the Crunch

when it comes to the crunch라는 말은 1900년대 중반의 영국 정치에서 유래했습니다. 이 말 역시 윈스턴 처칠이 대중화했지요. 제2차 세계대전의 전운이 감돌던 시절부터 처칠은 결정적인 상황 혹은 시험에 드는 어려운 상황을 가리켜 crunch라는 단어를 쓰기 시작했습니다. 전쟁을 치르는 동안에도 수차례 이 말을 썼고요. 이렇게 해서 when it comes to the crunch가 '결정적 순간이 오면'이라는 뜻으로 쓰이게 되었습니다.

의미 결정적인 순간이 되면

예문 *When it comes to the crunch*, Sally will always tell the truth.
샐리는 결정적인 순간에 언제나 진실을 말한다.

Bite the Hand that Feeds You

bite the hand that feeds you(먹을 것을 주는 손을 물다)라는 표현은 대개 don't와 함께 쓰여서 '배은망덕하게 굴지 말라'고 할 때 씁니다. 이 표현은 기원전 600년 그리스 시인 사포(Sappho)의 시 중 주인을 무는 개의 은유에서 유래했다고들 합니다. 그러나 더 가까운 연원은 에드먼드 버크(Edmund Burke)라는 아일랜드의 정치가 겸 정치 이론가에게서 찾을 수 있습니다. 그는 1795년 식량 부족으로 대중이 정부에게 분노한 일에 대한 제안서《결핍에 관한 생각과 세부사항(Thoughts and Details on Scarcity)》에 다음과 같이 썼습니다.

Having looked to government for bread, on the first scarcity they will turn and bite the hand that feeds them. » 그동안 정부의 도움으로 빵을 구해온 대중은 빵이 모자라는 순간 돌아서서 자신을 먹여주는 정부의 은혜를 배신하며 손을 물어뜯을 것이다.

의미 밥 주는 주인을 물다, 배은망덕한 짓을 하다, 은혜를 배반하다

예문 I was given a scholarship to the college so I decided not to *bite the hand that fed* me and refrained from criticizing its policies, even though I disagreed with them.

나는 대학 들어갈 때 장학금을 받은 은혜를 망각하는 짓은 하지 않기로 했다. 그래서 대학의 정책에 동의하지 않았음에도 비판은 삼갔다.

Bob's Your Uncle

Bob's your uncle(밥이 네 삼촌이다)이라는 표현은 원래 간단한 설명을 마무리하는 말로 쓰는데, 그 기원은 1886년까지 거슬러 올라갑니다. 그해 아서 밸푸어(Arthur Balfour)는 예기치 않게 아일랜드 국무대신이라는 명망 높은 지위에 임명되었습니다. 많은 사람은 그가 국무대신에 적임자가 아니라고 생각했지요. 당시 영국 수상이었던 로버트 개스코인세실(Robert Gascoyne-Cecil)이 밸푸어의 삼촌인 덕에 밸푸어가 그 자리에 올랐다는 것이 중론입니다. 수상의 친족등용 덕에 국무대신 직위를 받은 밸푸어는 그 후로도 성공 가도를 달리다 결국 수상까지 되었습니다. 모두 밥(로버트의 애칭)이 삼촌이었던 덕이지요. 말이 나왔으니 좀 더 보태자면 nepotism(친족등용)이라는 말도 nephew(조카)라는 말에서 유래했답니다. 어떻습니까, 앞뒤가 딱 맞아떨어지지요?

의미 누워서 떡 먹기, 식은 죽 먹기

예문 Just fill out the application form, put it in the post, and *Bob's your uncle*, you'll get your money.

그냥 지원서 양식을 채우고 우체국에서 부쳐. 식은 죽 먹기라니까. 그럼 돈을 받을 수 있어.

Whistle Stop Tour

whistle stop tour(기차 경적을 울리고 정차하는 여정)라는 말은 정치에서 유래했습니다. 1900년대 중반 미국의 기차는 주요 도시에선 죄다 정차했지만 소도시의 경우 승객이 요청할 때만 정차했습니다. 정차 요청이 들어오면 기차 승무원은 곧 정차한다는 신호로 기차의 경적(whistle)을 두 차례 울렸습니다. 1948년 해리 트루먼 대통령은 선거 기간 동안 기차로 유세를 다녔고, 연설을 하기 위해 여러 도시에서 잠깐씩 내렸지요. 로스앤젤레스에서 연설을 하면서 트루먼은 이곳이 자신이 방문했던 가장 큰 '경적 울리고 서는 마을(whistle stop town)'이라는 농담을 했답니다. 대중은 그 말을 마음에 들어 했고 이것이 whistle stop tour라는 표현이 되어 정착한 것이지요.

의미 여러 곳을 잠깐씩 방문하는 여행

예문 We traveled around the entire country in ten weeks—a real *whistle stop tour.*

우리는 10주 만에 전국을 돌았다. 말 그대로 수많은 장소를 잠깐씩 둘러보는 여정이었다.

In the Bag

---

in the bag(가방 속에 든)이라는 말의 기원에 대해서는 야구와 관계가 있다, 사냥에서 유래했다 등 주장이 분분하지만 초창기 영국 의회에서 나왔다는 설이 가장 개연성이 높습니다. 영국 하원의 연설 좌석 뒤쪽에는 벨벳으로 만든 가방이 걸려 있습니다. 하원 앞으로 상정된 진정서 가운데 성공적으로 처리된 것은 전부 그 가방에 넣지요. 이 사실이 알려지면서 '성공이 확실시되는 상황'을 가리켜 in the bag이라고 하게 된 것입니다.

의미 (성공이나 당선 등이) 확실한

예문 With only ten minutes to go, the lead was twenty-five points so the game was *in the bag*.

경기가 끝날 시간까지 10분밖에 남지 않은 상황에서 선두 팀이 25점을 앞서고 있어 승리가 확실했다.

Hear, Hear

hear, hear(귀를 기울이라)라는 말의 어원은 17세기 영국 의회에 있습니다. 하원과 상원 두 곳에서 누구든 연설하는 의원의 생각에 동의하지 않는 사람은 남들이 연설자의 말을 못 듣게 하려고 큰 소리로 콧노래를 불렀습니다. 반대로, 연설하는 의원의 말에 동의하는 사람들은 다들 hear him, hear him(저 사람 말을 들으시오, 저 사람 말을 들으시오)이라고 외쳤습니다. 콧노래 부르지 말고 귀를 기울여 들으라는 거지요. 훗날 이 말이 줄어들어 hear, hear(들으시오, 들으시오)가 되었고 오늘날에도 연설자의 주장에 동의하는 '옳소!'라는 의미로 쓰이고 있습니다. 의회에서는 대체로 박수가 금지되어 있어서 박수 대신 이 말을 한다고도 합니다.

의미 (특히 연설 중에 맞장구치는 말로) 옳소! 옳소!

예문 After a rousing speech in the British parliament, the members loudly shouted "*hear, hear.*"

영국 의회의 격정적인 연설이 끝나자 의원들은 "옳소, 옳소!"라고 큰 소리로 외쳤다.

삶을

다정하게

가꾸는

윌북의

"나는 이 책에서 '쓸모'의 의미를 논하고 싶지 않지만, 사람들이 이 말을
지나치게 교육이나 자기 계발에 관해서만 사용할 때 슬퍼지곤 한다."

『인생의 언어가 필요한 순간』 중에서

책—들

WWW.willbookspub.com

모든 단어는 이야기를 품고 있다

인생의 언어가 필요한 순간

아침마다 라틴어 문장을 읽으면
바뀌는 것들

니콜라 가르디니 지음 | 전경훈 옮김

옥스퍼드 오늘의 단어책

날마다 찾아와 우리의 하루를
빛나게 하는 단어들

수지 덴트 지음 | 고정아 옮김

걸어 다니는 어원 사전

양파 같은 어원의 세계를 끝없이
탐구하는 아주 특별한 여행

마크 포사이스 지음 | 홍한결 옮김

그림과 함께 걸어 다니는 어원 사전

이 사람의 어원 사랑에 끝이 있을까?
한번 읽으면 빠져나올 수 없는 이야기

마크 포사이스 지음 | 홍한결 옮김

미식가의 어원 사전

모든 메뉴 이름에는 연원이 있다

앨버트 잭 지음 | 정은지 옮김

나를 이해하고 자연을 읽는 방법

과학의 기쁨

두려움과 불안, 무지와 약점을 넘어
더 넓은 세상을 찾는 과학자의 생각법

짐 알칼릴리 지음 | 김성훈 옮김

뛰는 사람

생물학과 달리기와 나이 듦이 어우러진
80년의 러닝 일지

베른트 하인리히 지음 | 조은영 옮김

나를 알고 싶을 때 뇌과학을 공부합니다

마음의 메커니즘을 밝혀낸
심층 보고서

질 볼트 테일러 지음 | 진영인 옮김

새의 언어

하늘을 유영하는 날개 달린 과학자들에게
우리가 배울 수 있는 것들

데이비드 앨런 시블리 지음 | 김율희 옮김

필로소피 랩

세상 모든 질문의 해답을 찾는 곳
옥스퍼드대학 철학 연구소

조니 톰슨 지음 | 최다인 옮김

흔들리는 세상을 바로 보는 창

눈에 보이지 않는 지도책

세상을 읽는 데이터 지리학

제임스 체셔, 올리버 우버티 지음 | 송예슬 옮김

잠자는 죽음을 깨워 길을 물었다

인간성의 기원을 찾아가는 역사 수업

닐 올리버 지음 | 이진옥 옮김

바보의 세계

역사는 자기가 한 일이 뭔지 모르는
멍청이에 의해 쓰인다

장프랑수아 마르미옹 엮음 | 박효은 옮김

인간의 흑역사

인간의 욕심은 끝이 없고
똑같은 실수를 반복한다

톰 필립스 지음 | 홍한결 옮김

진실의 흑역사

가짜뉴스부터 마녀사냥까지
인간은 입만 열면 거짓말을 한다

톰 필립스 지음 | 홍한결 옮김

Nothing is Certain Except for Death and Taxes

nothing is certain except for death and taxes라는 말은 1700년
대에 다양한 형태로 쓰였습니다. 대니얼 디포(Daniel Defoe)가 1726년
에 저술한 『악마의 정치사(The Political History of the Devil)』를 보면
"Things as certain as death and taxes, can be more firmly be-
lieved(죽음과 세금처럼 확실한 것들은 더 굳게 믿을 수 있다)"라는 말이
있습니다. 이 구절을 처음 만들어 널리 퍼뜨린 사람은 벤저민 프랭클
린입니다. 그는 1789년 장바티스트 르로이(Jean-Baptiste Leroy)에게
보내는 편지에 새 헌법을 논하면서 이렇게 썼습니다.

Our new Constitution is now established, and has an appear-
ance that promises permanency; but in this world nothing
can be said to be certain, except death and taxes. » 이제 미국의
헌법이 제정되어 앞으로 영구적일 듯합니다. 하지만 이 세상에 죽음과 세
금을 제외하고 확실하다고 할 수 있는 것은 없습니다.

의미 인생에 확실한 것은 아무것도 없다

예문 Don't write off victory just yet. *Nothing is certain except for
death and taxes.*

승리를 포기하기는 너무 일러. 인생에서 확실한 건 아무것도 없거든.

Toe the Line

toe the line(선을 지키다)이라는 말의 기원 역시 정치에 있습니다. 영국 하원에서 논쟁은 대체로 과열로 치닫는 경우가 많았습니다. 여당과 야당 의원들이 서로 공격하는 것을 막기 위해 의사당 바닥에는 붉은 선 두 개를 나란히 그려놓았지요. 두 개의 선은 검 두 자루가 들어갈 만큼의 간격을 두고 서로 떨어져 있었고, 의원들은 언제나 각자의 선 뒤에 서 있어야 했습니다. 어떤 의원이건 선을 넘어 다른 당 쪽으로 접근하면 retreat and toe the line(뒤로 물러나 선을 지키시오)이라는 경고를 들었지요. 이 선은 오늘날에도 존재하며 선을 지키는 전통도 남아 있습니다. 물론 검을 들고 다니는 사람은 없지요.

의미 | 규정을 따르다, 권위에 순종하다, 윗사람이 시키는 대로 하다

예문 | Steve had disobeyed his parents all month, so he decided it was time to *toe the line* and do as he was told.

스티브는 한 달 내내 부모님 말씀을 거역했기 때문에 이제는 말을 들을 때가 되었다고 생각하고 순순히 시키는 대로 했다.

Off the Cuff

off the cuff(커프스에서)라는 말은 공공 연설과 관련이 있습니다. 1800년대의 남성 셔츠 깃과 커프스(cuffs)는 세척하기 쉽게 탈부착이 가능했습니다. 정치가들은 미리 준비를 하거나 쪽지를 보지 않고도 청중의 주의를 끌고 연설을 탁월하게 해낸다는 인상을 주고 싶어서, 연설 전에 쪽지를 써서 셔츠 커프스에 넣는 것이 흔한 관행이었습니다. 쪽지는 연설하는 사람만 볼 수 있었기 때문에 관중은 알 도리가 없었습니다. 정적들의 주장에 반론하기 위해 막바지에 쓸 쪽지를 추가로 써서 커프스에 넣기도 했답니다.

의미 (연설이나 일의 진행을) 사전 준비 없이, 즉흥으로, 즉석에서

예문 His speech was thirty minutes long and was entirely *off the cuff*.

30분이나 되는 그의 연설은 완전히 즉흥적이었다.

Pie in the Sky

pie in the sky(하늘의 파이)라는 표현은 1911년
조 힐(Joe Hill)이라는 미국 사람이 처음 만들었
습니다. 힐은 '워블리스(Wobblies)'라고도 불린 급
진 노동조직 '세계 산업 노동자 연맹'의 주요 구성원이
었습니다. 그는 워블리스를 위해 많은 노래를 썼습니다. 그중 〈설교
가와 노예(The Preacher and the Slave)〉라는 노래는 구세군 찬송가인
〈머잖아 천국(In the Sweet By-and-By)〉을 패러디한 곡이었지요. 힐의
노래는 구세군의 철학, 특히 배고픈 사람들에게 먹을 것을 주기보다
영혼의 구원을 앞세우는 태도를 비판하는 내용을 담고 있었습니다.

You will eat by and by, in that glorious land in the sky. Work
and pray, live on hay. You'll get pie in the sky when you die, »
머잖아 밥을 먹게 되겠지, 하늘의 그 영광스러운 땅에서. 일하고 기도하세,
건초더미에 살면서. 죽을 때가 되면 하늘에서 파이를 얻게 될지니.

의미 그림의 떡, 이룰 수 없는 꿈

예문 He always talks about setting up his own business but the
plans are just *pie in the sky*.
그는 늘 자기 사업 이야기를 하지만 다 그림의 떡일 뿐이야.

On the Bandwagon

---

jump or climb on the band wagon(서커스 악대 마차에 뛰어오르다)라는 말도 정치에 기원이 있습니다. 19세기 미국에서 이동식 밴드나 서커스단은 화려하게 색칠하고 장식한 악대 마차(bandwagon)를 타고 도시를 가로질러 행진을 벌였습니다. 이들은 종종 정치 집회에서 공연을 하면서 군중을 끌어들였지요. 이 악대 마차는 대개 어떤 행사에서건 관심을 집중시켰기 때문에, 약삭빠른 정치가들은 행사가 시작되면 주시하고 있다가 마차로 올라가 공연을 중단시킨 다음 자리를 뜰 수 없는 관객에게 유세를 벌였습니다. 잘나가는 공연단의 마차에 올라 덕을 보는 정치가들의 관행에서 '대세를 따르다, 시류에 편승하다'라는 의미가 파생된 것이지요.

의미 대세를 따르다, 시류에 편승하다

예문 Once it became apparent that Craig would win the election, everyone decided to jump *on the bandwagon* and support him.

크레이그가 선거에서 이길 것이 명백해지자 다들 대세를 따라 크레이그를 지지하기로 결정했다.

6장

It's a Funny Old World

세상사 다 그렇지

오락과 여흥

Back to Square One

---

back to square one(1번 사각형으로 돌아가다)이라는 말은 1930년대 영국의 BBC 방송국이 라디오로 축구 경기를 방송하면서 나온 표현입니다. BBC의 프로그램 안내 잡지 《라디오 타임스(The Radio Times)》는 축구 경기장을 여덟 개의 사각형으로 나눠 숫자를 매겼습니다. 이 시스템 덕에 축구 해설가들은 청취자들에게 시시각각 공의 위치를 정확히 설명해줄 수 있었고, 청취자들은 경기 진행 상황을 쉽게 이해할 수 있었지요. 1번 사각형(square one)은 골키퍼가 있던 자리였기 때문에 공이 1번 사각형으로 돌아가면 경기가 재개된다는 의미였습니다.

의미   원점으로 되돌아가다, 처음으로 다시 돌아가다

예문   Our planning decision was overturned, so it's *back to square one* for the entire project.

우리가 계획했던 결정 사항이 뒤집혀서 프로젝트 전체가 원점으로 돌아갔다.

Keeping Up with the Joneses

keeping up with the Joneses(존스네 따라잡기)는 《뉴욕 글로브 (New York Globe)》에 연재되었던 동명의 대중 만화에서 유래했습니다. 〈존스네 따라잡기(Keeping Up with the Joneses)〉라는 만화는 1913년부터 28년 동안 연재되었고, 1915년에는 애니메이션으로 각색되어 미국 전역의 극장에서 상영되었습니다. 작가 아서 "팝" 모먼드 (Arthur "Pop" Momand)는 교외에서 살며 자신의 경험을 만화에 담았습니다. 존스(Jones)는 흔한 성이었기 때문에 '이웃사촌'을 지칭하는 이름으로 사용되었죠. 수년 후 모먼드는 이렇게 썼습니다.

We had been living way beyond our means in our endeavor to keep up with the well-to-do class. I also noticed that most of our friends were doing the same. I decided it would make good comic-strip material. At first I thought of calling it Keeping Up with the Smiths, but in the end decided 'Jones' was more euphonious. » 우리는 부자들에게 뒤지지 않으려 노력하느라 우리의 경제적 능력 이상의 비용을 들인다. 나는 우리 친구들도 그렇게 살고 있다는 사실을 알아차리자 이것이 좋은 만화 소재가 되리라 생각했다. 처음에는 제목을 '스미스씨네 따라잡기'로 할까 생각했지만 '존스'라는 이름이 더 듣기 좋다고 생각했다.

`의미` 남에게 뒤지지 않으려 애쓰다

`예문` Evan didn't really need a new car but he bought one to *keep up with the Joneses.*

에번은 필요하지 않은데도 남에게 뒤지지 않으려고 새 차를 샀다.

Ham Something Up

ham something up(서투르게 연기하다)의 기원은 의견이 분분하지만 널리 수용된 설은 1800년대 극장계에서 유래했다는 주장입니다. 당시 미국 전역에서 백인이 흑인 분장을 하고 공연을 하는 민스트럴 쇼(minstrel show)가 성행했는데요. 이 백인들은 〈햄팻 맨(The Hamfat Man)〉이라는 대중가요를 불렀습니다. 적은 임금을 받는, 능력이 부족한 배우에 관한 노래였지요. 그들은 공연 후 ham fat(돼지고기 기름)으로 공연 후 분장을 지웠다고 합니다. 여기서 '서투르게 연기하다'가 ham it up이 되었지요. 유사하지만 다른 설은 이 표현이 19세기 배우 해미시 매컬러(Hamish McCulloch)에게서 시작되었다는 것입니다. 사람들이 그를 '햄(Ham)'이라고 불렀던 것이지요. 그는 순회 극단을 이끌고 미국 전역을 돌았는데 공연이 형편없었다고 합니다. '서투르거나 형편없는 연기'가 '과장된 행동'이라는 뜻으로 바뀌어 쓰이게 된 셈입니다.

의미 행동이나 감정을 과장하다

예문 Johnny was really *hamming* it *up* when he told the story to his grandmother.

조니는 할머니에게 이야기할 때 과장이 심했다.

Soap Opera

---

soap opera(비누 광고를 하는 드라마)는 1920년대 미국에서 시작되었습니다. 〈에이모스와 앤디(Amos 'n' Andy)〉는 당시 인기 있는 주간 라디오 코미디 드라마로 온 가족이 청취할 수 있도록 황금 시간대에 방영되었지요. 프록터 앤 갬블(Proctor and Gamble)이라는 저명한 비누 제조업체는 제품을 알릴 기회로 이 드라마 방영 시간에 광고를 하기 시작했습니다. 드라마에 협찬하면서 비누 광고를 한 것이지요. 이러한 광고 방법이 유행하면서 다른 비누 제조업체도 비슷한 종류의 드라마에 협찬하기 시작했습니다. 1930년대 말 이런 드라마를 soap opera라고 통칭하게 되었답니다.

의미 텔레비전 드라마, 드라마에나 나올 법한 실제 상황

예문 She's always talking about the boyfriends who've broken up with her. It's like one long *soap opera*.

그녀는 늘 헤어진 남자친구 이야기를 해. 긴 드라마를 보는 느낌이야.

Blonde Bombshell

blonde bombshell(금발 폭탄)은 1930년대에 할리우드에서 유래했습니다. 진 할로우(Jean Harlow)는 당시 백색 금발의 인기 많은 배우이자 섹스심벌이었습니다. 1933년 할로우는 할리우드 영화『밤쉘(Bombshell)』에 주연으로 출연했습니다. 이 영화의 핵심 광고 문구는 "lovely, luscious, exotic jean harlow as the blonde bombshell of filmdom(사랑스럽고 육감적이며 이국적인 진 할로우, 영화계의 금발 미녀)"였습니다. blonde bombshell은 마를렌 디트리히(Marlene Dietrich), 브리지트 바르도(Brigitte Bardot), 제인 맨스필드(Jayne Mansfield), 그리고 가장 유명한 마릴린 먼로(Marilyn Monroe) 같은 배우들을 지칭하는 말이었습니다. 1950년대에 들어오면서 blonde bombshell은 영화의 주연 여성 주인공을 가리키는 femme fatale(팜므 파탈)을 대신하는 말로 정착했습니다.

의미 육감적인 금발 미녀(대개는 영화배우)

예문 That new girl in the mail room is a real *blonde bombshell* and has everyone talking about her.

우편실에 새로 온 여자는 육감적인 금발 미녀라 누구나 그 이야기를 한다.

Fit as a Fiddle

fit as a fiddle(바이올린만큼 튼튼한)은 fit as a fiddler(바이올린 연주자만큼 튼튼한)라는 말을 줄인 것입니다. fiddle은 violin을 가리키는 일상어입니다. 중세시대 잉글랜드의 바이올린 연주자(fiddler)는 대중을 위한 거리 공연을 정력적으로 펼쳤습니다. 바이올린 연주를 하고 춤까지 추면서 관객 사이를 누비고 다녔답니다. 최상의 연주자들은 몸도 건강했고 날렵해서 fit as a fiddler라는 표현이 생긴 것이지요. fiddler가 fiddle로 줄어든 원인과 시기는 알려지지 않았습니다.

의미 매우 건강한, 튼튼한

예문 Frank's been training all summer and he's as *fit as a fiddle*.
프랭크는 여름 내내 훈련해서 아주 건강하다.

In the Limelight

in the limelight(무대의 조명을 받는)라는 말의 기원은 연극 극장에 있습니다. 흔히 석회석(lime)으로 알려진 산화칼슘은 가열하면 희고 강렬한 빛을 냅니다. 1820년대에 이 원리를 최초로 활용한 사람은 토머스 드러먼드(Thomas Drummond)라는 스코틀랜드의 육군 공병이었습니다. 그는 지도를 만들 때 석회에서 나오는 밝은 빛을 사용했습니다. 밝은 빛이 멀리서도 잘 보여 조명으로 활용하기 좋았기 때문이지요. 이 각광 기술은 이후 극장에서 무대를 밝히는 데 사용되었습니다. 1837년 런던 코번트 가든에서 각광이 처음 사용되어 무대에서 관객의 관심을 한몸에 받는 배우를 가리켜 standing in the limelight라고 했지요. 오늘날에는 배우뿐 아니라 누구든 관심 대상인 사람들에게 이 표현이 광범위하게 사용됩니다.

의미 각광 받는, 남의 이목을 끄는

예문 Ellen loves attention. She's always putting herself *in the limelight*.

엘런은 주목받기를 좋아한다. 그녀는 늘 각광 받는 위치에 선다.

Steal Your Thunder

steal your thunder(천둥을 훔치다)라는 말 역시 극장에서 유래했습니다. 문학 비평가이자 극작가였던 존 데니스(John Dennis)는 1704년에 런던의 드러리 레인 극장에서 공연할 〈아피우스와 버지니아(Appius and Virginia)〉라는 연극을 집필했습니다. 그는 공연에서 사용할 천둥 음향 효과를 위해 무대 뒤에서 커다란 주석 판을 치는 방법을 생각해냈습니다. 관객은 실제를 방불케 하는 음향 효과를 마음에 들어 했지만 연극은 실패했고, 〈맥베스〉가 대신 올라갔지요. 데니스는 〈맥베스〉 제작팀이 자기 기술을 이용해 천둥 소리를 내자 분개하며 이렇게 말했다고 전해집니다.

How these rascals use me. They will not have my play and yet they steal my thunder. » 나쁜 놈들이 나를 이용했어. 내 연극은 안 올리고 내 천둥만 훔쳤다니까.

의미 남의 관심이나 칭찬 또는 공을 가로채다

예문 I'd made the meal from scratch but Jan really *stole my thunder* when she served it to the guests.

내가 처음부터 식사를 준비했는데 잰이 손님들께 음식을 나르면서 그 공을 가로챘지 뭐야.

Break a Leg

break a leg(다리가 부러지다)라는 말의 기원을 1865년 존 윌크스 부스(John Wilkes Booth)가 에이브러햄 링컨을 암살한 사건에 두기도 합니다. 워싱턴 D.C.의 포드 극장에서 사건이 일어날 당시 유명 배우였던 부스가 달아나려고 무대 위로 뛰어오르다가 다리가 부러졌다는 것이지요. 하지만 링컨 암살 사건이 break a leg의 기원이 아니라는 것이 중론입니다. 이 말이 생긴 건 그보다 훨씬 전이라는 것이지요. 공연이 성공적으로 끝나면 관객의 박수갈채 속에서 연극 출연진들이 무대 앞으로 나와 인사를 합니다. 이런 인사가 여러 차례 반복될 수 있고 그때마다 커튼이 올라갔다 내려갔다 하지요. 배우들은 매번 허리를 굽히거나 한쪽 다리를 뒤로 빼서 구부리면서 인사를 해야 하니, 다리를 구부리다가 다리가 부러질 수가 있었다고 합니다. 무대 인사를 많이 할수록 발을 헛디뎌 다리가 부러질 확률도 높았다네요. 공연이 성공해서 다리가 부러질 정도로 인사를 많이 하라는 말이 '행운을 빌어주다'라는 뜻으로 정착한 셈입니다.

의미 행운을 빌다, (대개 공연 첫날 배우 등에게) 성공을 빌다

예문 It was Rob's first night in the lead role, so everybody told him to *break a leg*.
롭이 주역으로 무대에 서는 첫날, 그에게 다들 행운을 빌어주었다.

Cut to the Chase

---

cut to the chase(바로 자동차 추격 장면을 틀다)라는 말의 기원은 영화 촬영, 특히 1920년대 무성영화에 있습니다. 미국의 초창기 영화산업에는 장황한 연애 이야기를 담은 영화들이 많았고 끝에는 흥미진진한 자동차 추적 장면이 나왔습니다. 영화를 보다가 지루해진 관객은 액션 장면이 보고 싶어 '추격 장면으로 바로 넘어가라(cut to the chase)'고 영사기사에게 요구할 수 있었습니다. 오늘날에도 이런 관행은 여전합니다. 영화 투자자들이 영화의 성공 여부를 판단할 수 있도록 영화의 핵심 장면만 보여달라고 요구하기도 하니까요.

의미 바로 본론으로 들어가다, 본론만 간단히

예문 Julie's story was dragging on so I told her to *cut to the chase*.
줄리가 이야기를 질질 끌길래 나는 본론만 말하라고 말했다.

Pull Out All the Stops

pull out all the stops(스톱 장치를 모두 잡아 빼다)라
는 표현의 기원은 음악에 있습니다. 교회의 파이프
오르간을 칠 때는 파이프로 바람의 흐름을 조절하
기 위해 손잡이처럼 생긴 스위치를 잡아 뺐다 넣
었다 하면서 쳐야 했습니다. 손잡이처럼 생긴
이 스위치를 '스톱(stop)'이라 불렀지요. 스
톱을 안으로 밀어 넣으면 바람의 양이 적어
져 오르간 소리가 작아졌습니다. 교회에 신도가 많아 맨 뒤쪽에서도
음악을 들을 수 있게 하려면 오르간 주자는 스톱을 다 빼(pull out all
the stops) 웅장하고 큰 소리를 냈습니다. 최대의 효과를 위해 '스톱을
다 잡아빼다'라는 말이 '가능한 노력을 다 기울이다'라는 뜻이 된 것이
지요.

의미 가능한 노력을 다 기울이다

예문 Zoe had bought a new dress, shoes, and bag for the party.
She really *pulled out all the stops.*

조이는 파티를 위해 새 옷과 신발과 가방을 샀다. 모든 노력을 기울인 셈이다.

It's a Funny Old World

it's a funny old world(참 웃기는 세상이다)라는 말은 〈내 말이 그 말이야!(You're Telling Me!)〉라는 코미디 영화에서 처음 쓰였습니다. 주연 배우 W.C. 필즈(W.C. Fields)는 영화에서 이렇게 말합니다. "It's a funny old world—a man is lucky if he gets out alive(참 웃기는 세상이지만 뭐 어쩌겠어. 살아서 나오면 운 좋은 거지)." 필즈의 인기 덕분에 이 표현이 급속히 퍼져 흔히 쓰이게 되었습니다. 이후 영국의 총리마거릿 대처가 인용해서 더 유명해졌습니다. 1990년 11월 정치 일선에서 물러나기로 결정한 후 그는 살면서 한 번도 선거에서 진 적이 없는데 어쩔 수 없이 물러나야만 하는 상황을 빗대어 이렇게 말했습니다. "It's a funny old world, isn't it(세상사 참 웃겨요, 그렇지 않아요)?" 원치 않는 상황을 받아들이면서 하는 단념의 말이었지요.

의미 (수용이나 단념을 표현하는 말) 세상사 다 그렇지, 받아들여야지 어쩌겠어

예문 The postman arrived just after Ned had been to the post office to collect his mail. "*It's a funny old world*," he said to himself.

우체국 집배원은 네드가 우편물을 찾으러 우체국까지 갔다가 오니까 네드의 집에 방문했다. 네드는 중얼거렸다. "세상사 다 그렇지 뭐, 어쩌겠어."

Put a Sock in It

put a sock in it(양말을 끼워넣다)이라는 말의 기원은 라디오 방송과 음향 녹음 기술에 기원을 둡니다. 1900년대 초 녹음 장비가 별로 정교하지 못해 다양한 악기의 볼륨을 조절할 때 제약이 많았습니다. 오케스트라를 스튜디오에서 녹음하면 호른 섹션 소리가 지나치게 커서 목관악기와 현악기 소리를 완전히 가려버렸습니다. 호른 소리를 줄이기 위해 호른 연주자들은 실제로 악기 입구에 양말을 넣어 약음기로 썼습니다. 당시 지휘자는 약음기가 필요하다고 생각하면 호른 연주자들에게 양말을 악기에 끼워넣으라고 지시했지요. 1920년대에 이 표현은 조용히 하라는 일상적인 뜻으로 쓰이게 되었습니다.

의미 입 다물어, 조용히 해

예문 Max just kept yelling so I told him to *put a sock in it*.
맥스가 계속 고함을 지르는 통에 나는 조용히 하라고 말했다.

Pleased as Punch

pleased 대신 proud(자랑스럽다)를 쓰기도 하는 pleased as punch (펀치만큼 기뻐하다)라는 표현은 〈펀치와 주디(Punch and Judy)〉라는 인형극에서 유래했습니다. 인형극의 주인공 미스터 펀치는 아내를 때리는 연쇄 살인범으로 묘사되는데요, 악행을 저지르며 가학적 쾌락을 느끼는 인물입니다. 희생자를 죽일 때마다 "That's the way to do it!(그렇지, 바로 그거야!)"라고 외치는 악한이지요. 이 인형극은 이탈리아에서 〈풀치넬라(Pulcinella)〉라는 연극으로 출발했지만 곧 철저히 영국적인 성격을 띠게 되었습니다. pleased as Punch라는 말은 이미 17세기부터 다른 문학에 사용되었습니다. 영국 작가 찰스 디킨스가 1850년대부터 『데이비드 코퍼필드』와 『어려운 시절』에 이 표현을 사용하기도 했죠.

의미 아주 기쁜, 만족한, 의기양양한, 기분이 날아갈 듯 좋은

예문 Joan got every answer in the quiz correct and was as *pleased as punch* about it.

조앤은 퀴즈에서 만점을 받아 의기양양했다.

Egg on Someone's Face

일각에서는 **egg on someone's face**(얼굴에 묻
은 달걀)라는 표현이 1960년대 미국에서 유래
했다고 주장합니다. 당시 한 정치가가 상대에
게 달걀을 던져 망신을 주려고 했다는 것이
지요. 하지만 실제 기원은 그 이전인 1800년
대 빅토리아 시대의 연극에 있습니다. 당시의 슬랩
스틱 코미디에 배우들은 일종의 희생양(fall guy)을 만들어 공연을 올
렸습니다. 그들은 희생양의 이마에 달걀을 깨뜨려 극에 유머를 더하
려 했지요.

의미 망신, 수치, 바보 같은 실수

예문 If you're going to confront someone, you'd better get your facts straight or you could end up with *egg on* your *face*.

누군가와 정면으로 맞설 거라면 정보를 똑바로 확인하는 게 좋을 거야. 그렇지 않으면 망신당할 수도 있으니까 말이야.

Old Chestnut

old chestnut(또 똑같은 밤나무)이라는 말은 연극계, 특히 윌리엄 다이먼드(William Dimond)의 1816년 연극 〈부러진 검(The Broken Sword)〉에서 유래했습니다. 이 연극은 런던 코번트 가든에서 상연했습니다. 극 중 그자비에 선장은 밤나무를 주제로 똑같은 농담을 약간만 바꾸어 파블로에게 끊임없이 되풀이합니다. 파블로는 같은 말에 질려 선장의 말을 끊고 대꾸합니다. "It's a chestnut. I've heard you tell the joke twenty-seven times and I'm sure it was a chestnut(그거 밤나무죠. 벌써 27번째 들은 이야긴데 밤나무잖아요)." 이 표현은 수년 후 미국의 배우 윌리엄 워런(William Warren)이 파블로 역할을 하면서 유명해졌습니다. 만찬 파티에 있는 손님이 오래된 농담을 하기 시작하자 워런은 손님의 말을 끊고는 재미 삼아 이렇게 말했다고 합니다. "It's an old chestnut, that's what it is(또 똑같은 밤나무 얘기잖아요)."

의미 케케묵은 옛날이야기, 이미 많이 들어본 핑계

예문 Brendan said the dog ate his homework. What an *old chestnut*.

브랜던은 개가 자기 숙제를 먹어치웠다고 말했다. 참 케케묵은 핑계다.

In the Groove

in the groove(홈에 딱 맞는)라는 말은 레코드
판에 기원을 둡니다. 레코드판은 수많은 홈을
파서 그 홈에 음악이 녹음되는 원리를 이용해
제작합니다. 녹음된 음악을 재생하려면 바늘
이 필요합니다. 바늘이 홈에 딱 맞아야 좋은 음질
의 음악이 나옵니다. 바늘이 닳아서 끝이 뭉툭해지면 홈에 맞지 않아
소리가 왜곡되지요. 마찬가지로 레코드판에 긁힌 곳이 있어도 바늘
이 홈에서 미끄러져 제대로 재생되지 않습니다. in the groove가 관
용어구의 의미를 갖게 된 것은 1920년대에 재즈가 도래하면서부터입
니다. 자유로운 정신을 지닌 재즈밴드의 주자들이 능숙하게 합을 맞
추어가며 연주를 하는 모습을 가리켜 in the groove라고 표현하게 된
것입니다.

의미 (별 노력을 기울이지 않아도) 합이 최고인, 최상의 상태와 기능을 하는,
최고조의

예문 Glenn's performance was one of the best I've seen. He was
really *in the groove.*

글렌의 공연은 내가 본 공연 중 최고였어. 정말 최고의 상태였다니까.

Life of Reilly

life of reilly 또는 life of riley(라일리의 삶)을 산다는 말은 음악에 기원이 있습니다. 팻 루니(Pat Rooney)는 아일랜드계 미국인 가수로 1880년대에 〈미스터 라일리인가요?(Is That Mr. Reilly?)〉라는 팝송을 불렀습니다. 노래는 늘 부자가 되면 자신이 영위할 안락한 삶을 그리는 사람에 대한 내용입니다. 그러나 정작 이 구절은 1919년 하워드 피즈(Howard Pease)가 쓴 〈내 이름은 켈리(My Name Is Kelly)〉라는 노래 덕에 더 유명해졌습니다. 〈Is That Mr Reilly?〉라는 노래 제목을 가사에서 언급하거든요.

Faith and my name is Kelly, Michael Kelly, but I'm living the life of Reilly just the same. » 내 이름은 켈리, 마이클 켈리, 하지만 어쨌거나 나는 라일리의 삶을 누리고 있지.

의미 (열심히 일을 할 필요가 없는) 안락하고 편안한 삶

예문 Josh had saved up a lot of money, so he took the rest of the year off and lived the *life of Reilly*.
조시는 돈을 많이 저축해놓아서 그해 남은 시간을 안락하고 편하게 보냈다.

Sixty-Four Dollar Question

sixty-four dollar question(64달러짜리 질문)이라는 표현은 1940년대 미국의 라디오 퀴즈 쇼 〈받든지 말든지(Take It Or Leave It)〉에서 유래했습니다. 1940년부터 1947년까지 방송된 이 프로그램은 참가한 경연자들이 점점 더 어려운 문제를 푸는 방식이었습니다. 문제 하나를 맞히면 경연자는 돈을 받고 떠날지 아니면 더 높은 수준의 다음 문제를 풀지 선택했습니다. 첫 번째 질문의 가치는 1달러였고, 그다음 질문의 가치는 두 배가 되어 마지막 일곱 번째 질문을 맞히면 64달러를 받을 수 있었습니다. 이 표현을 대중들이 쓰기 시작한 것은 1955년 이 라디오 프로그램이 더 수익성이 좋은 텔레비전으로 옮겨가 〈6만 4000달러 문제(The 64 Thousand Dollar Question)〉으로 제목이 바뀌면서부터였습니다. 돈이 많이 걸린 문제일수록 까다롭고 어려웠지요.

의미) 매우 중대한 쟁점이나 사안, 어렵고 까다로운 문제

예문) Who will be the next president? That's the *sixty-four dollar question.*

차기 대통령은 누가 될까? 참 어려운 문제다.

Put the Dampers On

put the dampers on(약음기를 쓰다)이라는 말의 기원은 음악에 있습니다. damper란 피아노 현에 쓰던 약음기를 말합니다. 페달을 밟으면 약음기가 현을 누르고 피아노 소리가 작아지는 원리입니다. 지휘자가 오케스트라에게 약음기를 쓰라고(put the dampers 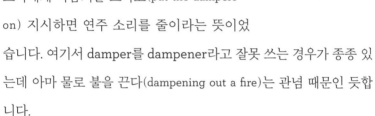 on) 지시하면 연주 소리를 줄이라는 뜻이었습니다. 여기서 damper를 dampener라고 잘못 쓰는 경우가 종종 있는데 아마 물로 불을 끈다(dampening out a fire)는 관념 때문인 듯합니다.

의미 찬물을 끼얹다, 열의가 식다

예문 The torrential rain really *put a damper on* the outdoor Christmas party.

폭우가 야외 크리스마스 파티에 찬물을 확 끼얹었다.

7장

Purple Patch

운이 좋은 시기

먼 옛날

Two-faced

two-faced(두 얼굴의)이라는 말의 기원은 로마의 신화에 있습니다. 야누스는 로마의 시작과 변화의 신, 문이나 통로의 신이었습니다. 야누스는 천상의 문을 지키고 있어서 얼굴이 머리 앞과 뒤에 하나씩 있는 모습으로 묘사되었지요. 그래서 야누스는 한 번에 미래와 과거, 두 방향을 볼 수 있었습니다. 이런 전설로 로마인들은 누구든 동시에 상반되는 견해를 가진 사람 또한 얼굴이 두 개라고 생각했습니다.

의미 위선적인, 양면성의

예문 Sue is so *two-faced*. She's nice to me one minute, then criticizes me behind my back the next.

수는 위선적이야. 내 앞에서는 친절하다가도 내가 없을 땐 내 뒷담화를 하거든.

Wrong Side of the Bed

wrong side of the bed(침대의 잘못된 쪽)라는 말은 고대 로마에서 시작되었습니다. set off on the wrong foot(시작부터 발을 잘못 내딛다) (250쪽 참고)라는 표현과 마찬가지로 로마인들은 무엇이든 왼쪽은 사악하다고 믿었습니다. 이들은 밤새 악령들이 침대의 왼편에 누워 있다는 미신을 믿었습니다. 누군가 침대 왼편에서 일어날 때 그 악령들을 통과할 수밖에 없어서 낮 동안 해로운 악령들의 영향을 받게 된다는 것이었습니다. 따라서 악령의 영향 아래에 있는 사람은 판단도 잘못 내리게 되고 기분도 나빠진다는 것이었지요. 이런 부정적인 영향은 다음 날 아침 오른쪽(right side)에서 일어날 때까지 지속된다고 믿었습니다.

의미 기분이 영 좋지 않은, 꿈자리가 사나운

예문 Roger was so grumpy this morning. He must have got out of the *wrong side of the bed*.

오늘 아침 로저가 심술을 많이 부리더라고. 꿈자리가 사나웠나 봐.

Out of the Blue

out of the blue(청천벽력처럼, 마른하늘에 날벼락 치듯)라는 말은 a bolt from the blue(마른하늘에 날벼락)의 변종입니다. 고대 로마인들은 맑은 날 번개가 치면 thunderbolt from the blue라고 했습니다. 이 구절 속 blue는 푸른 하늘과 관련이 있겠지요. 맑은 날의 번개는 아주 드문 현상이니 로마인들은 이 말을 갑작스레 벌어진 일이나 깜짝 놀랄 일을 가리키는 데 썼습니다. 영국의 문필가 토머스 칼라일(Thomas Carlyle)은 1837년에 쓴 역사서 『프랑스 혁명사(The French Revolution)』에서 처음 이 단어를 사용했습니다.

Arrestment, sudden really as a bolt out of the blue, has hit strange victims. » 체포는 청천벽력처럼 낯선 희생자들을 급습한다.

의미 갑자기, 돌연, 난데없이

예문 I hadn't heard from her for years, then *out of the blue* she sent me an e-mail asking to meet up.

몇 년 동안 그 애에게 소식 한번 듣지 못했는데 그 애가 난데없이 내게 만나자는 이메일을 보냈더라고.

Green with Envy

green with envy(질투로 얼굴이 새파란)라는 표현은 고대 그리스에서 유래했습니다. 그리스인들은 질병뿐만 아니라 시샘이나 질투 같은 불안한 감정도 쓸개즙이 과다 분비되어 생겨난다고 믿었습니다. 쓸개즙 때문에 안색에 창백한 푸른빛이 돈다는 것이었지요. 7세기 그리스의 시인 사포는 사랑에 고통받는 사람을 '푸르게 창백하다'고 표현했습니다. 그러나 이 표현을 대중화시킨 인물은 셰익스피어였지요. 그는 1603년에 발표한 비극 〈오셀로〉에 이런 문구를 써 놓았습니다.

Beware my lord of jealously. It is the green-eyed monster which doth mock the meat it feeds on. » 질투를 경계하소서. 질투란 사람을 잡아먹으면서 농락하는, 푸른 눈의 괴물이랍니다.

[의미] 질투하는, 시기하는, 시샘하는

[예문] All my friends were *green with envy* when they saw my new car.

나의 새 차를 본 친구들은 죄다 시샘했다.

Achilles' Heel

Achilles' heel(아킬레스의 발뒤꿈치)이라는 표현은 고대 그리스의 신화에서 유래했습니다. 아킬레스의 어머니인 테티스는 아들의 피부를 갑옷처럼 강하게 만들어 누구에게도 다치지 않게 만들 심산으로 아들을 스틱스강 담갔습니다. 그러나 아들의 발뒤꿈치를 손으로 잡는 바람에 물이 닿지 않은 발뒤꿈치만 약한 부위로 남은 것이지요. 아킬레스는 자라서 무적의 전사가 되었지만, 그의 숙적인 파리스는 그의 약점을 알아차리고 발뒤꿈치에 활을 관통시켜 그를 죽였습니다. 이 이야기는 기원전 8세기에 호메로스(Homer)가 쓴 『일리아드』에 기술되어 있습니다. 물론 '약점'이라는 오늘날의 의미를 띠게 된 것은 19세기 초나 되어서였지만요.

의미 아킬레스건, 취약점, 유일한 약점

예문 He was always so disciplined, except where alcohol was involved—that was his *Achilles' heel*.

그는 술을 먹을 때 빼고는 늘 절제력이 뛰어났어. 술이 그의 유일한 약점인 셈이지.

Call a Spade a Spade

call a spade a spade(삽을 삽이라고 부르다)라는 말의 기원은 고대 그리스인들에게 있습니다. 그리스의 희극작가 메난드로스(Menander)가 이 표현을 만든 장본인입니다. 그는 "I call a fig a fig, a spade a spade(나는 무화과를 무화과라고 삽은 삽이라고 부른다)"라는 말을 남겼지요. 훗날 플루타르크(Plutarch)라는 철학자는 마케도니아인들이 "a rude and clownish people who call a spade a spade(삽을 삽이라고 곧이곧대로 부르는 무례하고 바보 같은 이들이다)"라는 말을 남겼습니다. 이 말은 1542년에 극작가 니콜라스(Nicholas Udall)이 에라스무스(Erasmus)의 『명언집(Apophthegmatum)』 일부를 번역하면서 영국에 들어왔습니다. '통(bowl)'을 뜻하는 그리스어 단어가 '삽(spade)'을 뜻하는 단어와 모양이 비슷해서, 오늘날에는 이 구절을 오역했다는 것이 일반적인 가설입니다. 원래 표현은 call a bowl a bowl(통을 통이라고 부르다)이라고 했어야 한다는 것입니다.

의미 사실을 있는 그대로 이야기하다, 숨김없이 이야기하다, 꾸미지 않고 직설적으로 말하다

예문 I hated my friend's new book, so I decided to *call a spade a spade* and tell him up front.
나는 친구의 새 책이 싫어서 싫은 건 싫다고 대놓고 말하기로 했다.

Go with the Flow

널리 알려진 생각과 달리 go with the flow(세찬 강물의 흐름을 따르다)라는 말은 1960년대 말 미국의 자유분방한 분위기 속에서 생겨난 것이 아닙니다. 기원은 2세기 로마 황제였던 마르쿠스 아우렐리우스(Marcus Aurelius)에게 있습니다. 그가 통치하던 시절은 유혈의 시대였습니다. 그는 고대 이란의 왕국이었던 파르티아 제국을 무너뜨렸고 마르코만 전쟁에서도 승리했습니다. 그러나 아우렐리우스 황제를 규정하는 특징은 이러한 전쟁이 아니라 그의 지적 사상과 철학 저술입니다. 방대한 양을 자랑하는 『명상록(Meditations)』은 그가 제국을 확장하던 시기에 쓴 책으로, 자연을 영감과 지침의 원천으로 삼아 갈등과 전쟁 중에도 평화를 찾는 방법을 기술한 책입니다. 그는 시간을 멈출 수 없이 흘러가는 강에 비유하면서, 세차게 흐르는 강의 물결에 맞서기보다 흐름을 따르는 것이 좋다고 권고했습니다.

의미 대세를 따르다

예문 I really didn't want to go to the nightclub but everyone else did, so I decided to *go with the flow.*

나는 정말 나이트클럽에 가고 싶지 않았지만 다른 사람들이 모두 가고 싶어 해서 대세를 따르기로 했다.

Spill the Beans

spill the beans(콩을 쏟아내다)라는 말의 기원은 고대 그리스에 있습니다. 비밀 협회나 사적인 클럽에서 새 구성원을 뽑을 때 기존의 구성원들이 투표를 했습니다. 흰색 콩과 검은색 콩을 받은 기존 구성원들이 항아리에 콩 하나를 넣어 투표를 했습니다. 흰색 콩은 새 구성원을 '수락'한다는 뜻이었고 검은색 콩은 '거부'한다는 뜻이었습니다. 개표자 외에는 누구도 항아리에 콩이 몇 개 들었는지 알 수가 없어서 신입 구성원도 자신이 인기가 있는지 없는지 전혀 알 수 없었지요. 물론 항아리를 뒤집어 안에 있는 콩이 쏟아져 나오면 이야기가 달라지지만요. 그러면 콩이 쏟아져(beans would spill) 투표 결과가 공개되는 것이지요. 따라서 spill the beans가 '비밀을 밝히다'라는 뜻이 된 것입니다.

의미 | 비밀을 말해버리다, 털어놓다, 자백하다, 고백하다

예문 | The witness was questioned extensively, and in the end he *spilled the beans* and told the court everything.

그 증인은 법정에서 광범위한 심문을 받다 결국 모든 사실을 털어놓았다.

Purple Patch

purple patch(보라색 천 조각)라는 말은 고대 로마에 기원을 둡니다. 고대 로마 전성기에 티리안 퍼플(tyrian purple) 혹은 임페리얼 퍼플(imperial purple)은 숭앙받는 색이었기에 황제나 고관대작들만 쓸 수 있었습니다. 보라색을 만드는 염료가 매우 귀해 그 가치를 인정받았기 때문입니다. 보라색 염료는 지중해에서 발견되는 육식성 소라의 점액질에서 얻었는데 쉽게 변색이 되지 않을 뿐만 아니라 햇빛을 받거나 풍화작용이 생기면 색이 더 환해졌습니다. 로마의 귀족들은 보라색 토가(toga)를 입었고 이들은 온갖 특권을 받는 예외적인 사람들이라고 간주되어서 훗날 보라색 천 조각(purple patch)은 성공을 비유하는 표현이 되었습니다. 18세기 내내 purple patch라는 말은 '과도하게 화려한 문체의 문학'을 가리킬 때 자주 쓰였으나 20세기 무렵에는 '성공 시대'를 뜻하는 말이 되었습니다.

의미 | 성공적인 시기, 운이 좋은 시기

예문 | Ryan had scored five touchdowns in his last three games; he was in a real *purple patch*.

라이언은 마지막 세 경기에서 다섯 개의 터치다운을 기록했어. 라이언으로서는 대운이 든 시기인 거지.

Ears Are Burning

ears are burning(귀가 화끈거리다)라는 형태로 자주 쓰이는 이 표현은 고대 로마인들에게서 유래했습니다. 로마인들은 미신을 과도하게 믿어서 몸에서 느껴지는 새로운 감각은 현재나 미래의 사건에 대한 징조라고 생각했습니다. 귀가 따끔거리는 것(tingling), 울리는 것(ringing), 혹은 화끈거리는 것(burning)은 다른 사람이 자신의 이야기를 하기 때문이라고 믿었지요. 77년, 철학자 대(大)플리니우스(Pliny the Elder)는 고대판 백과사전인 『박물지(Naturalis Historia)』에 다음과 같은 말을 남겼습니다.

It is acknowledged that the absent feel a presentiment of remarks about themselves by the ringing of their ears. » 대화 자리에 없는 사람은 귀가 울릴 때 다른 사람들이 자기 이야기를 하고 있다는 예감이 든다고들 한다.

로마인들은 또한 왼쪽에 있는 것은 무엇이건 악하고 해로운 반면 오른쪽의 것은 다 상서로운 징조라고 믿기도 했지요. 왼쪽 귀가 화끈거리면 남들이 험담하고 있다는 뜻이고 오른쪽 귀가 화끈거리면 남들이 자기 칭찬을 하고 있다고 생각했으니까요.

의미 귀가 가렵다, 다른 곳에서 사람들이 자기 이야기를 하는 느낌

예문 When I walked into the room, Julia said, "Your *ears* must *have been burning*; we were just talking about you."

내가 방 안으로 들어가자 줄리아가 말했다. "너 귀 좀 가려웠겠다. 네 이야기를 하고 있었거든."

It's All Greek to Someone

it's all Greek to someone(죄다 그리스어 같다)라는 말은 중세 라틴어 속담 Graecum est, non potest legi에서 유래했습니다. '그리스어라서 읽을 수가 없다'는 뜻이지요. 이 구절은 중세시대 필사를 담당하던 필경사 수사가 수도원 도서관에서 손으로 쓴 텍스트를 필사할 때 쓰던 말이었습니다. 당시 그리스어 지식은 쇠퇴하고 있어서 그리스어 문서를 제대로 읽을 수 있는 사람은 극소수였지요. 이 표현을 널리 쓰도록 만든 인물 역시 셰익스피어입니다. 그의 1599년 연극 〈줄리어스 시저(Julius Caesar)〉에서 시저의 암살자들이 이런 대화를 나누거든요. "But, for mine own part, it was Greek to me(하지만 내게 그것은 그리스어였을 뿐이었네)."

의미 뭐가 뭔지 하나도 모르겠는, 하나도 이해가 되지 않는

예문 Darren studied the math text for hours but he couldn't make any sense of it. *It was all Greek to* him.

대런은 긴 시간 동안 그 수학 책을 공부했지만 아무것도 이해할 수 없었다. 그야말로 뭐가 뭔지 하나도 모를 지경이었다.

Right-Hand Man

right-hand man(오른편 사람)이라는 말의 기원은 고대 로마와 그리스에 있습니다. 그 당시 지도자들은 공격이나 암살의 위협을 자주 받았지요. 사람들 대부분이 오른손잡이였기 때문에 칼을 오른쪽에 가지고 다녔습니다. 적의 오른팔(검을 잡는 팔)을 잡아서 못 쓰게 만들면 쉽게 공격할 수 있었지요. 중요한 일은 모두 오른편과 관련이 있었습니다. 신뢰를 받는 협력자가 오른쪽에 앉아서 지도자를 보호했는데, 오른쪽에 있는 사람은 지도자의 힘을 빼앗을 수 있는 자리에 있기도 한 셈이었지요. 따라서 오른쪽에 누군가를 앉힌다는 것은 깊은 신뢰의 표현이라고 할 수 있었습니다.

의미 중요한 인물의 오른팔, 2인자, 없어서는 안 될 조력자

예문 I'll give the job to Pete. He's my *right-hand man*.
나는 피트에게 그 일을 맡기려고 해. 그는 내 오른팔이니까.

Rest on One's Laurels

rest on one's laurels(월계관에 기대다)라는 말의 기원은 고대 그리스까지 거슬러 올라갑니다. 유명한 그리스 신 아폴로는 머리에 월계관(wreath of laurels)을 쓴 모습으로 묘사됩니다. 월계관은 지위와 업적의 상징이 되었고, 기원전 6세기부터 4년마다 열린 축제인 피티아 제전(Pythian Games)에서 승리하는 운동선수들에게 하사했습니다. 그 후 로마인들 역시 월계관을 높은 지위의 상징으로 받아들였고 승전보를 전하는 장수들에게 주었고 월계관을 받은 사람을 '월계관 받은 자(laureate)'라고 부르게 되었습니다. 오늘날까지도 laureate는 '수상자'라는 의미로 쓰고 있지요. 이들은 존경의 대상이었으므로 영광스러운 삶을 누렸습니다. 그야말로 월계관에 기대어 안락하게 살았던(rest on laurels) 것이지요. 훗날 이 표현에 '안주하다'라는 부정적 함의가 추가되었습니다.

의미 이미 얻은 성공에 만족하고 안주하다, 과거 성적에 만족해 더 이상의 노력을 불필요하게 여기다

예문 Stuart got straight As last year, so he thinks he doesn't have to study at all. He's really *resting on his laurels*.

스튜어트는 작년에 만점을 받아서 공부할 필요가 전혀 없다고 생각해. 과거의 성과에 안주하는 거지.

Lick Something into Shape

lick something into shape(핥아서 모양을 만들다)라는 말은 고대 로마인들에게서 유래했습니다. 로마인들은 동물들은 태어난 후 어미가 핥아주어야 형태를 갖춘다고 생각했습니다. 포유류라면 태어날 때 두꺼운 태반에 둘러싸여 나오기 때문에 새끼의 형체를 잘 알아볼 수 없었기 때문에 이런 생각을 한 듯합니다. 어미가 태반을 핥아서 없애고 새끼의 온전한 형태가 드러나도록 한 것이지요. 특히 곰의 새끼는 형체가 알아볼 수 없는 채로 태어나 어미의 보살핌이 많이 필요하기 때문에 로마인들의 생각은 더욱 확고해졌습니다.

의미 …를 다듬어 완성하다, 상황에 맞게 만들다, 단련시키다, 매만져 원하는 상태로 바꾸어놓다

예문 The fight was only four weeks away and the boxer was unfit, so his coach had to *lick* him *into shape.*

권투 시합이 이제 4주밖에 남지 않았는데 선수는 아직 준비가 안 되어 있었다. 그래서 코치가 그를 단련시켜야 했다.

To Have a Frog in One's Throat

to have a frog in one's throat(목구멍에 개구리가 있다)라는 말의 기원은 고대에 있습니다. 오래전에는 깨끗한 물을 구하기가 쉽지 않았기 때문에 사람들은 샘이나 연못에서 물을 마셨습니다. 그러면서 미신(어떤 경우에는 진정한 두려움)이 생겨났습니다. 우연히 물에 떠 있는 개구리알을 물과 함께 삼키면 배 속에서 알이 부화해 올챙이가 된다는 공포였습니다. 올챙이는 다시 개구리가 되어 입으로 빠져나오려 할 때 말 그대로 숨이 막히는 느낌을 줄 수 있다는 것이었지요. 1800년대 중반 무렵 미국에서는 이 표현을 '목이 쉰'이라는 비유적인 뜻으로 썼습니다.

의미 목이 쉰, 목이 잠긴, 목이 멘

예문 I always *get a frog in* my *throat* when I'm about to do a speech.

나는 남들 앞에서 말만 하려고 하면 목이 잠긴다.

At Bay

많은 사람은 to keep something at bay(월계수 잎으로 액운을 막다)라는 표현이 으르렁대는 사냥개(baying hounds)를 여우에게서 떨어뜨려놓는 행위에서 시작된 표현이라고 생각합니다. 하지만 이러한 설명은 고작 1300년까지만 거슬러 올라가고, 실제로는 그보다 더 오래전에 고대 로마인과 그리스인에게서 유래했습니다. 이들은 월계수 나무(bay tree)에 보호해주는 영험한 힘이 있다고 믿었습니다. 월계수 나무는 벼락을 전혀 맞지 않은 것처럼 보였기 때문입니다. 그래서 고대인들은 폭풍우가 몰아치면 월계수 나무 아래 대피하곤 했지요. 군인들 역시 뇌우가 닥치면 머리 위에 월계수 잎을 쓰기 시작했습니다. 이들은 월계수 잎이 번개를 막아주고(keep the lightning at bay) 적으로부터 방패 역할을 해준다고 믿었지요. 월계수 잎에 대한 이러한 믿음이 널리 퍼져 1664년 런던 대역병 시기에도 많은 시민이 질병을 막으려 월계수 잎을 쓰고 다녔습니다.

의미 궁지에 몰린, 격퇴당해 더는 다가오지 못하는

예문 I felt like I was about to get a cold but I took some extra vitamins, which seemed to keep it *at bay.*

감기 기운이 들어 비타민을 더 먹었더니 감기가 더 심해지지 않는 듯했다.

Red-Letter Day

---

red-letter day(빨간색으로 표시한 날)라는 말의 기원은 고대 로마에 있습니다. 기원전 509년에 시작된 로마 공화정 시기에는 중요한 날짜들을 달력에 빨간색으로 표시했습니다. 15세기 무렵, 중세 교회의 달력 또한 신성한 날, 성인의 날, 축제는 붉은 잉크로 표시했고 다른 날은 검은색 잉크로 표시했습니다. 중요한 날들이 붉은 글자로 표시한 날(red-letter days)이 되었고, 오늘날의 많은 달력 역시 여전히 이러한 관행을 따르지요. 노르웨이, 덴마크, 스웨덴, 한국을 비롯한 많은 국가에서는 공휴일을 이런 이유로 '빨간 날(red day)'이라고 부릅니다.

의미 기억해야 할 중요한 날, 의미심장한 날

예문 Winning the trophy for the first time was a real *red-letter day* for our team.

난생처음으로 트로피를 탄 날이 우리 팀에게는 진정으로 중요한 날이었다.

Taken with a Pinch of Salt

grain of salt를 사용하기도 하는 taken with a pinch of salt라는 표현의 유래는 고대 로마에 있습니다. 77년에 철학자 대(大)플리니우스는 『박물지』에 폰투스 왕국(Pongus)의 미트리다테스 6세(Mithridates VI)의 이야기를 써 놓았습니다. 미트리다테스 왕은 소량의 독약을 정기적으로 먹어 독에 대한 면역력을 키웠습니다. 독약 제조법은 말린 호두 두 알, 무화과 두 개, 운향초 잎사귀 스무 개를 갈아 넣은 것이었습니다. 플리니우스는 이것에 Addito salis grano라고 써 놓았습니다. '소금 한 알갱이를 첨가하라'는 말이었습니다. 혼합물에 맛을 더하고 삼키기 더 쉽게 만들기 위함이었지요. 이 표현의 의미가 왜 '의심하면서 듣다'라는 뜻으로 바뀌었는지는 알려지지 않았습니다.

의미 에누리해 듣다, 감안해서 받아들이다

예문 Dianne has been known to stretch the truth at times. *Take what she says with a pinch of salt.*

다이앤은 가끔 사실을 과장하는 것으로 유명해. 그러니 그 애의 말은 곧이곧대로 받아들이지 마.

Hanging by a Thread

hanging by a thread(실 한 오라기에 의존해 매달려 있는)라는 표현은 기원전 400년 고대 시칠리아 시라쿠사의 독재자 왕이었던 디오니시오스(Dionysius the Elder)가 신하인 다모클레스(Damocles)에게 열어준 연회에서 비롯되었습니다. 디오니시우스 왕은 다모클레스의 끊임없는 아첨에 짜증이 나 그를 연회에 초대한 다음 천장에 검 하나를 머리카락 한 올로 매달아놓았지요. 다모클레스는 그 칼 바로 아래 앉아 궁정에서 자신의 위치가 얼마나 보잘것없는지 상기해야 했습니다. 칼과 다모클레스의 생명 둘 다 한낱 실 한 오라기에 매달려 있는 꼴이었으니까요.

의미 곧 일이 닥치거나 변화가 일어날 듯한 상태, 풍전등화의 상태, 위기일발 또는 일촉즉발의 상태

예문 The President was facing a vote of no confidence, and his leadership was really *hanging by a thread*.

대통령은 불신임 투표를 앞두고 있었다. 그의 리더십은 정말 일촉즉발의 상태를 맞이했다.

Give the Thumbs Up

인정과 칭찬의 의미로 쓰는 give the thumbs up(엄지
손가락을 치켜들다)는 고대 로마의 검투사 경기에
서 유래했습니다. 2000년 전 로마의 원형경기장
에서 승리를 거둔 검투사는 황제 쪽을 바라보면
서 자기 적의 목숨을 살릴까 말까 결정해달라고 청
했지요. 만일 군중이 '그를 놓아주라'는 의미로 mitte, mitte라고 외치
면 패자의 기량과 용기를 칭찬한다는 뜻이었고 황제는 엄지손가락을
치켜세웠습니다. 그러면 패자라도 목숨을 구할 수 있었지요. 그러나
군중이 '죽이라'는 뜻으로 lugula라고 외치면 황제는 엄지를 아래로
내렸고 패자는 목숨을 잃었습니다. 이 표현은 1872년 프랑스의 화가
장 레옹 제롬(Jean-Léon Gérôme)의 〈폴리체 베르소(Pollice Verso)〉
라는 회화로 유명해졌습니다. 그림에 콜로세움에서의 검투 끝에 관중
이 엄지를 아래로 내리는 모습을 묘사해놓았기 때문입니다.

의미 찬성하다, 인정하다, 승인하다, 후하게 평하다

예문 The film was excellent and we all *gave* it *the thumbs up.*
그 영화는 매우 뛰어나서 다들 후한 평가를 주었다.

The Die is Cast

the die is cast(주사위는 이미 던져졌다)라는 표현 또한 고대 그리스와 로마에 기원이 있습니다. die란 놀이용 주사위를, cast는 '던지다'라는 의미입니다. 이 말은 기원전 약 300년 그리스의 극작가 메난드로스가 처음 사용했습니다. 그의 연극 〈아레포로스(Arrhephoros)〉에서 처음 사용된 속담이었지요. 이 속담은 주사위 게임과 관련해 쓰였고, 의미는 '일단 주사위를 던지면 결과를 받아들이는 수밖에 없다'였습니다. 이 표현은 기원전 49년에 율리우스 카이사르(Julius Caesar) 덕분에 유명해졌습니다. Let the die be cast(주사위를 던져라)라는 말로 군을 루비콘강 건너 로마로 진격시킨 것이었습니다. 이제 그들은 돌이킬 수 없는 상황에 들어선 것이지요.

의미 주사위는 이미 던져졌다, 돌이킬 수 없다

예문 The senator's speech about health-care reform meant there was no turning back on the issue. *The die had been cast.*

상원의원이 했던 의료개혁 연설의 의미는 이 문제가 돌이킬 수 없는 지경에 이르렀다는 것이었다. 주사위는 이미 던져졌다는 뜻이다.

No Stone Unturned

---

no stone unturned(뒤집어보지 않은 돌 없이)는 아마 가장 오래된 표현 중 하나일 텐데요. 기원은 고대 그리스에 있습니다. 기원전 477년 페르시아 왕 크세르크세스의 그리스 침공 중 최대의 지상 결전이었던 플라타이아이 전투에서 폴리크라테스(Polycrates)가 이끄는 그리스인들이 페르시아군을 무찔렀습니다. 당시 페르시아의 장군 마르도니우스(Mardonius)가 패배 후 자기 막사에 큰 보물을 묻었다는 소문이 있었습니다. 보물을 찾지 못한 폴레크라테스는 델피의 신탁(Oracle of Delphi)에 의지했고 신탁 내용은 보물을 수색할 때 move every stone(돌을 다 옮겨보라)는 것이었습니다. 폴리크라테스는 수색 노력을 배가해 결국 보물을 찾았습니다. 이 구절은 그리스의 극작가 에우리피데스(Euripides)가 leave no stone unturned(돌을 죄다 들추어보다)라는 표현으로 바꾸어 쓰면서 대중화되었습니다.

의미 갖은 노력을 기울이다, 온갖 수단을 동원하다

예문 The detective promised to leave *no stone unturned* in his hunt for the killer.

형사는 무슨 수를 써서라도 살인자를 검거하겠다고 약속했다.

Not Worth One's Salt

not worth one's salt(자기가 받는 소금 값도 못하다)라는 말의 기원은 로마 시대에 있습니다. 캔과 냉장 방법이 등장하기 전까지 소금은 음식을 보관할 때 중요한 재료였습니다. 로마 군인들은 봉급 일부로 소금을 받았지요. 이를 salarium이라 불렀고, 이 말은 '소금'을 뜻하는 라틴어 sal에서 왔습니다. '봉급'을 뜻하는 현대 영어 단어 salary도 소금이 어원인 셈이지요. 군인이 실적이 좋지 못하거나 만족스럽지 못하면 그가 자기 소금(봉급) 값을 못한다(not worth his salt)고 말했습니다.

의미 받는 만큼 일을 해내지 못하다, 월급 값도 못하다

예문 Mark's a very lazy man and has no stamina. He's really *not worth* his *salt*.

마크는 아주 게으르고 체력도 전혀 없어. 월급 값도 못하는 거지.

Dog Day Afternoon

---

dog day afternoon(개의 날)은 고대 로마의 천문학에 기원을 둡니다. 로마인은 7월 3일과 8월 11일 사이의 날들을 Canicularis Dies, 다시 말해 '개의 날'이라 불렀습니다. 이 시기는 개의 별이라고도 부르는 시리우스성이 북반구에서 태양과 함께 뜨고 지는 때입니다. 로마인은 그 시기가 1년 중 가장 더운 절기인 이유가 태양과 시리우스성(dog star)이 합쳐진 탓이라고 여겼다고 합니다.

의미 늘어지게 만드는 더운 오후

예문 It was a *dog day afternoon*, so we just lazed in the pool.
아주 더운 오후였기 때문에 우리는 풀장에서 게으름을 피우며 지냈다.

Lily Livered

lily livered(백합 같은 간)라는 말의 기원 역시 고
대 그리스에 있습니다. 그리스인들은 간이 피를
만드는 장기여서 간이 제대로 기능하지 못하
면 몸과 정신이 약해진다고 생각했습니다. 그
래서 겁이 많은 사람은 안색이 백합처럼 창백
한 반면 장밋빛 뺨(rosy cheeks)은 건강이 좋은
사람에게서 발견된다고 생각했지요. 또한 그리스인
은 전투 전이면 늘 동물을 제물로 바치는 관습이 있
었습니다. 동물의 간으로 점을 쳤기 때문이지요. 피가 가득한 간은 좋
은 징조, 창백한 간은 불길한 징조로 해석했습니다. 1606년에 셰익스
피어가 〈맥베스〉에서 lily livered라는 표현을 쓰면서 대중화시켰습
니다. '창백한 백합 같은 간'은 이렇게 '소심한, 용기가 부족한'이라는
뜻으로 쓰이게 되었습니다.

의미 소심한, 용기가 부족한

예문 The young boy ran away from the bully who accused him of
being a *lily livered* coward.

그 남자애는 자신을 겁쟁이라 부르며 괴롭히는 아이를 피해 달아났다.

Burn One's Bridges

주로 부정문에서 쓰이는 burn one's bridges(다리를 태워버리다)라는 표현의 시작은 고대 로마 시절로 거슬러 올라갑니다. 로마의 군대가 강을 건너 새로운 영토를 침공할 때 지휘관이 로마군이 건너온 다리를 불태워버리라고 지시했습니다. 병사들이 생각이 바뀌어 후퇴하지 못하도록 말이지요. 병사들은 목숨을 걸고 싸울 수밖에 없었습니다. 이들이 침공한 영토의 군사들도 때로는 이들과 같은 전술을 사용했습니다. 로마인이 추격하지 못하도록 퇴각할 때 다리를 불태운 것입니다. 심지어 로마인이 도착했을 때 집과 식량이 남아 있지 않도록 마을까지 불태웠다고 합니다.

의미 다시는 돌이킬 수 없게 만들다, 돌이킬 수 없는 지점에 놓이다

예문 Luke left his job on good terms, as he didn't want to *burn* his *bridges*.

루크는 회사와 좋은 관계를 유지한 채 직장을 그만두었다. 돌이킬 수 없는 상황에 놓이고 싶지 않아서였다.

Set Off on the Wrong Foot

set off on the wrong foot(잘못된 발로 출발하다)이라는 말의 기원은 고대 로마에 있습니다. 로마인들은 왼쪽에 있는 것은 무엇이건 불길하다는 미신에 사로잡혀 있었습니다. 이들은 왼쪽을 악이라고 믿었고 사실 '사악한, 불길한, 해로운'이라는 의미의 단어 sinister 역시 라틴어로 '왼쪽'이라는 뜻입니다. 가이우스 페트로니우스(Gaius Petronius)는 1세기 로마의 가신이자 네로 황제(Emperor Nero)의 고문이었는데 그는 특히 왼편에 있는 것이면 무엇이든 혐오했습니다. 페트로니우스는 모든 로마인은 출입할 때 왼발부터 내딛어서는 안 된다는 명령을 내렸습니다. 심지어 사람들이 명령을 지키는지 확인하기 위해 공공건물 입구에 보초까지 세웠을 정도였습니다. 그러나 크게 강요하지는 필요하지 않았습니다. 로마인들 대부분이 규칙을 지키지 않으면 재앙이 닥친다는 데 동의했으니까요. 이들은 좀처럼 잘못된 발로 출발(set off on the wrong foot)하지 않습니다.

의미 출발이 좋지 못하다, 시작이 나쁘다, 첫 단추를 잘못 끼우다

예문 We *set off on the wrong foot* and failed to get approval for the project.

우리는 시작이 좋지 않고 결국 프로젝트 승인을 따내지 못했다.

Eat One's Heart Out

eat one's heart out(심장을 먹다)은 2500년 전 고대 그리스에서 유래했습니다. 그리스 신화에 나오는 벨레로폰이라는 인물인데요. 벨레로폰은 괴물을 처치하는 위대한 영웅으로, 아레스와 아르테미스가 자신의 아이들을 죽이자 슬픔과 비통함에 자기 심장을 먹습니다. 이 이야기는 호메로스의 고전 『일리아드』에서 찾을 수 있습니다. 그리스인은 심장이 감정의 중추라 믿어서 슬플 때 심장을 먹는다는 표현을 썼을 겁니다. 그리스의 전기 작가였던 디오게네스 라에르티오스(Diogenes Laertius)는 훗날 피타고라스가 근심과 슬픔으로 인생을 낭비하지 말라는 경고로 다음과 같은 말을 했다고 전합니다. "Do not eat your heart(자기 자신의 심장을 먹지 말라)."

의미 슬퍼하다, 비통해하다, 갖고 싶어 애태우다, 농담조로 약 올리는 말

예문 "*Eat* your *heart out*, John," said Robin. "You had your chance and now I'm seeing someone else."

로빈이 말했다. "존, 안타깝지만, 넌 기회를 차버렸잖아. 난 지금 다른 사람을 만나고 있어."

Fits to a T

fits to a T(작은 획까지 딱 맞는)라는 말은 중세 라틴어에서 유래했습니다. T는 '아주 작은'이라는 뜻의 라틴어 titulus에서 온 tittle을 나타냅니다. tittle은 글이나 인쇄물의 아주 작은 점이나 획을 의미합니다. 원래 fits to a tittle이었던 이 표현은 1300년대 영국의 신학자 존 위클리프(John Wycliffe)가 자신이 쓴 『신약성서』와 기존 『신약성서』의 근소한 차이를 가리킬 때 처음 쓰였습니다.

의미 …에 꼭 맞는, 아주 적합한

예문 Brad was a strong man, so the digging job *fitted* him *to a T*.
브래드는 힘이 센 사람이라 땅 파는 일과 아주 잘 맞았다.

The Wrong End of the Stick

the wrong end of the stick(지팡이의 잘못된 쪽)이라는 말의 기원은 고대 로마의 화장실 관습에 있습니다. 당시 로마인들은 공용 화장실을 사용했고 사람들은 나란히 앉아 그날 벌어진 일들에 관해 이야기를 나누곤 했지요. 화장지가 아직 없었던 때여서 천이나 해면 조각을 짤막한 지팡이 한쪽 끝에 묶어서 사람들끼리 전달해가며 썼습니다. '오물이 묻은 잘못된 쪽(wrong end)'을 잡지 않도록 조심해야 했지요.

의미 상황을 완전히 오해하다

예문 John was seen walking along with Anita, but his girlfriend got *the wrong end of the stick* and thought he had been cheating.

존이 아니타와 함께 걷고 있는 것을 본 존의 여자 친구는 완전히 오해해 그가 바람을 피운다고 생각했다.

Mountain Out of a Molehill

mountain out of a molehill(두더지가 만든 둔덕으로 산을 만든다)이라는 표현은 고대 그리스에서 유래했습니다. 원래 표현은 make an elephant out of a fly로서 '파리로 코끼리를 만든다'인데, 당시에 쓰던 옛 라틴어 속담이었지요. 1548년 영국의 극작가 니콜라스 유달은 『에라스무스 해제(Paraphrase of Erasmus)』에 인용문 번역을 해놓았습니다.

> The sophistes of greece could through their copiousness make an elephant of a fly and a mountain of a molehill. » 그리스의 소피스트들은 풍성한 논변을 사용해 파리로 코끼리를 만들고 두더지 둔덕으로 산도 만들었다.

에라스무스는 원래 '파리로 코끼리를'이라는 표현만 사용했는데 유달은 여기에 '두더지 둔덕으로 산을'이라는 말을 보탰습니다. 그 말이 남아 '과장하다'라는 뜻으로 오늘날까지 사용되고 있습니다.

의미 침소봉대하다, 과장하다

예문 Anna dropped her burger and started crying hysterically. She always makes a *mountain out of a molehill*.
애나가 햄버거를 떨어뜨렸다고 오열하기 시작했어. 그 애는 늘 과장이 심해.

By Heart

by heart(심장으로)라는 표현의 기원은 그리스에 있습니다. 기원전 4세기, 위대한 철학자 아리스토텔레스는 심장이 지성의 중심이라고 생각했습니다. 그는 우리가 심장박동을 느끼기에 심장이 사람의 감정을 다스리는 것이며 심장은 생각과 기억도 관장한다고 주장했지요. 공부할 때도 내용이 심장에 새겨진다고 말입니다. 'record(기록하다)'라는 단어 또한 실제로는 '반복, 되풀이'를 의미하는 라틴어 re 그리고 '심장'을 의미하는 cor를 합친 말입니다. 따라서 뭔가 기억하여 마음에 새길 때 learn by heart라고 표현하는 것이지요.

의미 완벽히 알거나 기억하다

예문 I had studied so hard for the exam that I knew the material *by heart*.

나는 시험 준비를 열심히 했기 때문에 자료를 완벽히 암기하고 있었다.

Lap of the Gods

일부에서는 lap of the gods(신들의 무릎 위)라는 표현이 신상에 감사의 선물을 두는 수백 년 동안 이어진 관행에서 출발했다고 합니다. 이 말의 유래는 호메로스가 기원전 8세기에 쓴 『일리아드』에 있습니다. 이 이야기에서 아킬레스는 트로이인들과 전투를 벌이다가 헥토르의 동생 폴리도로스를 죽입니다. 헥토르가 이를 보고 아킬레스의 얼굴에 창을 휘두르며 결투를 요구합니다.

I know you are brave and stronger than me by far, but these things lie in the lap of the gods. Though I'm the weaker man, I'll take your life. » 네가 나보다 용맹스럽고 강하다는 것을 안다. 하지만 이번 싸움의 성패는 신들의 손에 달렸다. 내가 너보다 약할지라도 나는 너의 목숨을 거둘 것이다.

하지만 아킬레스는 살아남고 트로이는 패배했습니다.

의미 사람 소관이 아닌 것, 어찌해볼 수 없는 상황

예문 The doctors have done all they can, so whether he survives or not is in the *lap of the gods*.
의사들은 나름 최선을 다했으니 이제 환자의 생존 여부는 우리가 어찌할 수 없어.

8장

Fifteen Minutes of Fame
아주 짧은 유명세

인물과 명성

To Plug Something

to plug something(플러그의 방송사에서 홍보하다)
이라는 말의 기원은 1900년대 초 영국의 사업가이자
정치가로 명성을 날린 레너드 프랭크 플러그(Captain
Leonard Frank Plugge)라는 인물에게 있습니다. 플러그
는 방송사를 세웠고 그의 방송사는 여러 유럽의 라
디오 방송국의 프로그램을 사들였지요. 플러그는
프랑스 방송국인 노르망디 라디오(Radio Normandy)
와 프로그램을 방송하고 잉글랜드로 전송하는 데 합의했고, 음악 앨
범을 틀어주고 홍보비를 받아 노르망디 라디오의 재정을 일부 지원했
습니다. 이러한 홍보 관행과 플러그(Plugge)라는 이름 때문에 plug가
'홍보하다'라는 뜻이 된 것이지요.

의미 ···를 홍보하다

예문 The radio DJ was really *plugging* the new song. He played it
three times a day.

라디오 DJ가 열심히 신곡 홍보를 해주었어. 하루에 세 번이나 틀었다니까.

Blue Blood

blue blood(파란 피)라는 말은 스페인어 sangre azul이라는 말을 번역한 것으로 스페인 중부의 왕국 카스티야에 살았던 귀족에게서 유래했습니다. 8세기부터 침략을 시작한 무어인들은 북아프리카 출신으로 피부색이 어두웠는데, 이들은 스페인의 많은 지역을 통치했습니다. 이들과 스페인 사람들 간의 결혼이 많았지만 카스티야에서 가장 유서 깊고 자부심이 강한 가문들은 자신들이 무어인이나 다른 인종과 절대로 결혼한 적이 없다며 뽐내기 시작했지요. 이들은 다른 인종의 피가 섞이지 않은 혈통으로 피부가 심하게 창백한 탓에 피부 속 정맥이 파랗게 도드라져 보였습니다. 이들은 파란 핏줄을 고귀한 혈통의 상징이라고 생각해 자신을 '파란 피(sangre azul)'라고 불렀습니다. 훗날 이 표현이 잉글랜드에 들어와 귀족을 지칭하는 데 쓰였습니다.

의미 사회적으로 명망 높고 부유한 가문의 일원, 명망가 출신, 고귀한 가계의 일원

예문 The Johnsons have got a lot of money and have been in the area for generations. They're real *blue bloods*.

존슨 가족은 돈을 엄청나게 벌었고 여러 세대 동안 이 지역에 살았어. 명망가라고 할 수 있지.

Someone's Name is Mud

someone's name is mud(이름이 진흙이야)라는 말은 실제로 진흙과는 아무 상관이 없고, 사실 Mudd라고 써야 하지요. 1865년, 존 윌크스 부스라는 남자가 워싱턴 D.C.의 포드 극장에서 에이브러햄 링컨 대통령을 총으로 쏘아 암살했습니다. 부스는 달아나다 다리가 부러졌고 말을 타고 의사 새뮤얼 머드(Samuel Mudd)의 집으로 갔습니다. 머드 박사는 방금 벌어진 중대한 사건을 전혀 모르는 상태에서 부스를 치료해주었습니다. 그는 다음날 암살이 벌어졌음을 알게 되었고 경찰에 신고했습니다. 머드 박사는 살인 공모 혐의로 체포되어 종신형 선고까지 받았습니다. 1869년 사면되어 풀려났지만 대중은 머드를 절대 용서하지 않았고 그의 평판은 땅에 처박힌 채 회복되지 못했습니다.

의미 인기가 떨어지다, 명성이 땅에 처박히다, 눈 밖에 나다

예문 Young Ronnie was caught stealing lunch money at school, and now his *name is mud*.

로니는 학교에서 점심 값을 훔치다 발각되어 지금은 완전히 사람들의 눈 밖에 났어.

Bold As Brass

bold as brass(브래스처럼 대담한)라는 표현은 1770년대 런던의 치안 판사였던 브래스 크로스비(Brass Crosby)라는 인물에게 기원을 둡니다. 당시 잉글랜드에서 의회 논쟁을 공개하는 일은 권리 위반으로 불법이었는데 런던의 인쇄업자 둘이 의회 보고서를 출간해 체포되어 법정에 섰지요. 그러나 이 법에 반대했던 크로스비는 둘을 풀어주었습니다. 이 때문에 크로스비는 반역죄로 감옥에 갇혔습니다. 그가 방면될 무렵 그는 과감한 저항을 한 유명인사가 되어 있었지요. 따라서 '브래스만큼 대담한'이라는 표현이 법까지 어길 만큼, 즉 '뻔뻔스러운, 과도하게 대담한'이라는 뜻으로 쓰이게 되었습니다.

의미 아주 대담한, 철면피의, 결과를 생각하지 않고 과도하게 자신하는

예문 Candace is as *bold as brass*. There were a lot of people at the beach, but she just stripped off naked and got in the water.

캔디스는 정말 대담해. 해변에 사람이 많은데 옷을 다 벗더니 바다로 들어갔거든.

Peeping Tom

Peeping Tom(몰래 엿보는 톰)이라는 말의 기원은 11세기, 레이디 고다이바(Lady Godiva)의 이야기에 있습니다. 고다이바는 머시아 백작 레오프릭과 결혼했습니다. 머시아 백작은 거대한 토지를 소유하고 있었지요. 그는 가난한 이들에게 무거운 세금을 부과했고 과도한 세금은 백성의 분노를 샀습니다. 고다이바는 세금 징수가 부당하다고 생각해 세금을 줄여달라고 남편에게 사정했습니다. 레오프릭은 고다이바가 절대로 하지 못하리라 생각한 일을 조건으로 내걸었습니다. 나체로 말을 탄 채 코번트리 거리를 돌아다니면 세금을 낮추겠다고 약속한 것입니다. 고다이바는 남편의 조건을 받아들였고, 영지의 주민은 고다이바를 존중하는 뜻으로 집 밖으로 나오지 않고 이 광경을 보지 않기로 합의했습니다. 주민 전체가 약속을 지켰는데 톰(Tom)이라는 양복장이만 이를 어겼다고 합니다. 톰은 고다이바를 덧문을 통해 엿보았던 것이지요.

의미 벗은 여자나 성행위를 몰래 훔쳐보는 사람, 관음증인 사람, 엿보기 좋아하는 사람, 몰래 캐기 좋아하는 사람

예문 There was a furor at the gym when a *peeping Tom* was caught outside the ladies' locker room window.

체육관에서 난리가 났어. 여자 탈의실 밖에서 창문으로 웬 관음증 환자가 엿보다 발각됐거든.

The Real McCoy

the real McCoy(진짜 맥코이)라는 말의 기원에 관해서는 논란이 분분합니다. 가장 설득력 있는 가설은 '키드 맥코이(Kid McCoy)'라는 이름에서 유래했다는 것입니다. '키드 맥코이'는 1890년대 미국 권투계를 주름잡았던 미국의 웰터급 권투 선수 노먼 셀비(Norman Selby)의 별명입니다. 당시에는 맥코이를 사칭해 그의 인기를 이용하려는 사람이 너무 많았습니다. 맥코이의 이름을 이용하는 사기꾼들이 전국 박람회나 축제의 권투 경기장에서 돈을 받으려 지역 선수에게 도전하는 일이 하도 많아서 맥코이라고 나서는 사람을 진짜 맥코이라고 믿는 사람이 거의 없었다네요. 진짜 맥코이는 은퇴 후 한 바에서 자신보다 덩치가 훨씬 큰 술주정뱅이의 도전을 받았습니다. 술꾼의 친구들은 맥코이와 싸우지 말라고 경고했지만, 그는 바에 있는 맥코이가 진짜라고 믿지 않았지요. 결국 참다못한 맥코이의 주먹 한 방에 주정뱅이 남자가 쓰러졌습니다. 정신을 차린 주정뱅이는 인정할 수밖에 없었지요. He is the real McCoy(진짜 맥코이가 맞군)라고 말입니다.

의미 진품, 진짜 가치가 있는 사람이나 물건

예문 The sculpture was not a reproduction. It was *the real McCoy*.
그 조각품은 가짜 모사품이 아니었어. 진품이었지.

264

A Place in the Sun

a place in the sun(햇볕 드는 양지)라는 표현은 놀랍게도 19세기 '원시 대륙'인 아프리카의 식민지화를 추진했던 유럽의 정책에서 유래했습니다. '아프리카 쟁탈(Scramble for Africa)'이라는 이름의 식민지 정책을 위해 유럽 각국은 제국 팽창을 도모했고 독일 역시 예외가 아니었지요. 독일 황제 빌헬름 2세의 외교정책을 '세계정책(welgpolitik)'이라 했는데요, 이 정책의 목적은 대규모 해군과 해외 식민지 개척을 통해 독일을 세계의 열강으로 변모시키는 일이었습니다. 세계정책은 1897년 12월 6일 제국 의사당에서 논쟁의 주요 쟁점이 되었습니다. 이 중대한 토론에서 독일 외무장관 베른하르트 폰 뷜로(Bernhard von Bülow)는 다음과 같은 말을 남겼습니다.

We wish to throw no one into the shade, but we demand our own place in the sun. » 우리는 아무도 음지로 밀어 넣고 싶지 않습니다. 우리가 요구하는 것은 양지 속 우리의 자리입니다.

의미 즐거운 휴가지, 휴양지, 상상 속 열반, 양지

예문 We had saved for years and could finally afford *a place in the sun*.
우리는 몇 년 동안이나 저축해서 마침내 좋은 휴양지에 갈 수 있게 되었다.

Cock and Bull Story

cock and bull story(콕 여관과 불 여관에서 오고 가는 이야기)라는 표현의 유래는 잉글랜드 버킹엄셔의 스토니 스트래트포드라는 고장에 있습니다. 18세기와 19세기 마차가 주요 교통수단이던 시대, 스토니 스트래트포드는 런던과 북부를 오가는 승합마차와 우편 마차가 쉬어가는 중요 거점이었습니다. 마차로 이동하는 사람들은 잉글랜드 각지의 새 소식을 전했고 이 이야기들은 고장의 주요 주막 겸 여관 두 곳인 The Cock과 The Bull에서 공유되었지요. 두 숙박업소는 여행자들의 가장 이국적인 이야기를 어디에서 더 많이 들을 수 있는지를 두고 곧 경쟁을 벌이게 됩니다. 과장과 엉터리 이야기가 난무해 결국 여기서 오가는 이야기들을 cock and bull stories라고 부르게 되었습니다.

의미 엉터리 해명, 황당무계한 이야기, 꾸며낸 이야기, 과장된 말

예문 Michelle told us she'd studied for thirty hours straight, but it was obviously a *cock and bull story*.

미셸은 쉬지 않고 30시간이나 공부했다고 말했지만 누가 봐도 과장된 이야기였다.

Spruce Up

spruce up(프로이센산 물건처럼 질 좋게 만들다)이라는 표현에는 진기한 기원이 있습니다. spruce라는 단어는 14세기에 생겼으며, pruce라는 단어의 변형이고, pruce는 프로이센(Prussia)을 축약한 단어입니다. 프로이센은 제2차 세계대전 직후 수명을 다한 북유럽 국가입니다. 프로이센에서 수입한 물건은 spruce라고 불렀습니다. 프로이센의 물건은 질이 높다는 평가를 받았지요. 특히 가죽이 최고의 품질을 자랑했기 때문에 '맵시가 좋다'고 소문이 났습니다. 16세기 무렵 이 말의 뜻이 바뀌어 '맵시 있게 꾸미다'라는 현재의 의미를 띠게 되었습니다.

[의미] 단정하게 하여 맵시 있게 가꾸다

[예문] He was having guests to his house so he decided to *spruce* it *up* a little.

그는 손님을 집에 초대할 예정이라 집 단장을 좀 하기로 했다.

Fifteen Minutes of Fame

fifteen minutes of fame(15분간의 유명세)이라는 말은 미국의 예술가 앤디 워홀이 처음 만들었습니다. 1968년 스웨덴 스톡홀름 현대미술관(Moderna Museet) 전시용으로 만든 카탈로그에 그는 다음과 같은 말을 넣었습니다. "In the future, everybody will be world famous for fifteen minutes(미래에는 누구나 15분간 세계적 명성을 누릴 것이다)." 워홀은 이 표현을 만든 사람으로 널리 알려졌지만 냇 핀켈스타인(Nat Finkelstein)이라는 사진작가는 1966년 워홀과 작업을 할 당시 자신이 그 말을 처음 했다고 주장합니다. 군중이 모여 워홀이 찍는 사진에 찍히려고 난리였을 때 워홀이 누구나 유명해지고 싶어 한다고 말했고 핀켈스타인은 이렇게 대꾸했다는 것입니다. "For about fifteen minutes, Andy(그래, 앤디. 15분 동안 말이지)."

의미 아주 짧은 유명세, 미디어의 스포트라이트

예문 Joelle made a bold announcement at the directors' meeting and got her *fifteen minutes of fame*.
조엘은 이사회 회의 자리에서 과감한 발표를 해서 잠깐 주목을 받았다.

Smart Alec

smart alec(똑똑한 알렉)의 기원은 1840년대 뉴욕의 알렉 호그(Alec Hoag)라는 사람에게 있습니다. 호그는 사기꾼이었지요. 아내인 미란다와 짜고 미란다를 매춘부로 변장시켜 조심성 없는 사람들을 유혹하게 했습니다. 그들이 아내와 낯 뜨거운 짓을 벌일 때 호그는 몰래 숨어들어 값비싼 물건을 훔치곤 했지요. 호그는 이런 짓을 여러 차례 벌이다 발각되었지만 경찰에게 뇌물을 주어 체포를 면했습니다. 하지만 자기 운을 지나치게 믿고 과욕을 부린 나머지 경찰 몫을 떼어주지 않은 일이 발생했고 결국 징역 선고를 받았습니다. 뉴욕 경찰은 '자기 운만 믿고 영악하게 구는 범죄자'를 smart alec이라고 부르기 시작했습니다.

의미 똑똑하다고 빼기는 (꼴 보기 싫은) 사람, 잘난 척하는 사람

예문 Sam thought he knew everything and he was always ready with a witty comment. He was a real *smart Alec*.

샘은 자기가 모르는 게 없으며 늘 재치있는 대답을 할 수 있다고 생각했어. 정말 난 척하는 놈이었지.

Run Amok

run amok(아목처럼 날뛰는)라는 말의 기원은 16세기 말레이시아에 있습니다. 아무코(Amuco)란 자바와 말레이 전사를 가리키는 말이었습니다. 이들은 전투에서 승리해 죽은 전사는 신의 총애를 받지만 패배한 전사는 망신을 당한다고 믿었습니다. 이 때문에 전사들은 극도로 광포하고 폭력적으로 싸웠습니다. 무차별적이고 난폭한 폭력에 대한 욕망은 18세기 유럽 탐험가들을 매료시켰습니다. 제임스 쿡(James Cook) 선장은 1772년에 작성한 여행 일지에 아무코에 관해 상세히 설명했습니다.

> To run amock is to get drunk with opium… to sally forth from the house, kill the person or persons supposed to have injured the Amock, and any other person that attempts to impede his passage. » 'run amock'란 아편에 취해… 집에서 뛰쳐나가 아무코를 해쳤을 사람들 그리고 그가 가는 길을 막으려는 사람은 누구든 마구 죽이는 것이다.

amok이라는 낱말은 1849년 공식적으로 정신없이 뛰어다니고 마구 소리를 지르며 타인이나 사물에 공격성을 보이는, 의학상의 정신질환을 가리키는 '아목 증후군(amok)'이라는 말이 되었고 오늘날에도 여전히 같은 뜻으로 쓰입니다.

의미 (공공장소에서) 미친 듯이 날뛰다, 난동을 피우다

예문 The men were drunk and they started smashing bottles and really *running amok*.

그 남자들은 술에 취해 병을 깨뜨리고 미친 듯 마구 날뛰었다.

Jack the Lad

Jack the lad(청년 잭)라는 말은 1702년 런던에서 태어난 22세 남성 잭 셰퍼드(Jack Sheppard)의 이야기에서 시작되었습니다. 셰퍼드는 위험천만한 도둑 행각으로 잉글랜드 전역에 이름을 떨친 무모하고 악명 높은 범죄자였습니다. 그는 다섯 번이나 붙잡혀 감금당했지만 기발한 수단으로 네 번이나 탈옥했지요. 한번은 감옥 지붕을 톱으로 뚫고 탈출했고 또 한 번은 손톱으로 족쇄에 달린 자물쇠를 열어 탈옥했습니다. 잭은 수많은 노래와 연극에 영감을 주었습니다. 1724년에 마지막으로 수감되어 있으면서 그는 밤낮으로 간수들의 감시를 받다 결국 런던의 사형 집행장이었던 타이번에서 20만 명이 넘는 군중이 보는 가운데 교수형을 당했습니다.

의미 자신만만하고 속 편한 젊은이, 물정 모르고 낙천적이기만 한 청년

예문 I don't want you going out with him. He's a bad influence, a real *Jack the lad.*

나는 네가 그 사람과 어울리지 않았으면 좋겠어. 그 사람은 나쁜 영향을 끼치니까. 세상 물정 모르고 속만 편한 젊은이라니까.

Air One's Dirty Laundry in Public

때로는 air 대신 wash, laundry 대신 linen이라는 단어를 쓰기도 하는 air one's dirty laundry in public(더러운 빨래를 공공장소에 널다)의 기원은 프랑스의 나폴레옹 보나파르트에게 있습니다. 나폴레옹은 퇴위된 후 1814년에 엘바섬으로 유배를 갔습니다. 그는 엘바섬의 영주로 강등되어 부하 700명만 거느릴 수 있었습니다. 섬이 영국 해군에게 둘러싸여 있었는데도 불구하고 나폴레옹은 1년이 지나지 않아 그곳에서 배를 타고 탈출했습니다. 프랑스로 돌아와서 유배 경험에 관한 질문을 받자 그는 이렇게 대답했습니다. "It is at home and not in public that one washes one's dirty linen(더러운 빨래는 남 앞이 아닌 집에서 빨아야 하는 법이네)." 유배 경험을 사적인 문제로 여기고 대답을 피한 셈이지요. 이 말이 훗날 사생활과 연관된 표현이 되었습니다.

의미 사적인 문제를 공개적으로 이야기하다

예문 I was taught not to *air* my *dirty laundry in public*, so I only discuss private things at home.

나는 남 앞에서 사적인 이야기를 해서는 안 된다고 배웠기 때문에 사생활은 집에서만 이야기한다.

John Hancock

존 행콕(John Hancock)은 1737년에 태어나 1793년에 사망한 미국 상인이자 정치가였습니다. 그는 매사추세츠주 총독이자 제2차 대륙회의의 의장이기도 했지요. 행콕은 1776년 미국 독립선언문에 서명한 인물인데, 그의 힘차고 화려한 필체는 서명 중 크기가 가장 커 길이만 거의 5인치(약 12.7센티미터) 가량이었답니다. 그 덕에 행콕의 이름은 서명을 통칭하는 표현이 되었습니다. 전해지는 바에 따르면 그는 서명을 하면서 이렇게 말했다는군요. "There—I guess King George or John Bull will be able to read that without his spectacles(자, 영국 왕 조지나 존 불(전형적인 잉글랜드인을 가리키는 말)이 안경 없이도 내 서명은 볼 수 있겠지)."

의미 서명

예문 If you put your *John Hancock* here, the deal will be formal.
여기 서명하면 거래가 정식으로 성사됩니다.

Barking Mad

barking mad(바킹의 정신병자 수용소에 갈 만큼 미친)라는 말은 미친 사람을 미쳐 날뛰는 개에 빗대는 빤한 연상과는 무관합니다. 논란은 분분하지만 가장 개연성 있는 기원은 런던 동부의 외곽의 바킹이라는 고장에 있는 듯합니다. 중세시대 바킹에는 정신병자 수용소가 있었습니다. 이 수용소는 특히 정신병이 심한 입소자들이 많기로 악명이 높았습니다. 머지않아 barking mad라는 표현은 바킹의 정신병자 수용소에 어울리는 사람을 가리키는 표현으로 잉글랜드 전역에서 쓰게 되었습니다.

의미 미친, 제정신이 아닌, 완전히 정신이 나간

예문 By the end of a weekend drinking in the sun, we had all gone *barking mad*.

우리는 주말 내내 낮술을 마시고 모조리 정신을 놓아버렸다.

Nosy Parker

nosy parker(간섭 좋아하는 파커)라는 말은 16세기에 생겨난 것으로 엘리자베스 1세 치하의 영국 교회 수장인 캔터베리 대주교로 봉직했던 매튜 파커(Matthew Parker)의 이름을 딴 것입니다. 파커는 교회 개혁의 선구자였으며 성직자의 자격과 활동을 상세하게 알고 싶어 했습니다. 이러한 목적으로 그는 수많은 취조와 심리를 명했고 그 때문에 취조에 응하는 사람들은 그를 조롱했습니다. 파커 대주교의 악명 덕에 그에게는 nosy라는 별명이 붙었습니다. 뭔가 냄새를 맡아낼까 해서 항상 코를 박듯 참견했기 때문이지요. nosy parker는 19세기 말에 대중화되었습니다.

의미 참견하기 좋아하는 사람, 꼬치꼬치 캐묻기 좋아하는 사람

예문 We tried to keep our voices down because Mrs. Archer next door was a real *nosy parker* and loved any form of gossip.

우리는 목소리를 낮추려 애썼다. 옆집의 아처 부인이 남 일에 사사건건 참견하기 좋아하는 사람이라 뒷담화를 즐겼기 때문이다.

Mickey Finn

---

slipping someone a Mickey(누군가의 술에 약을 타다)라고도 쓰는 mickey finn은 19세기 말 시카고 사우스 스테이트 스트리트에서 유래했습니다. 미키 핀(Mickey Finn)은 팜 가든 식당(Palm Garden Restaurant)과 론 스타 술집(Lone Star Saloon)의 매니저였습니다. 핀은 부도덕한 범죄자였고 손님들의 술에 클로랄수화물 같은 마취 성분의 약물을 타는 것으로 유명했습니다. 이 약 때문에 손님이 인사불성이 되면 핀은 손님의 돈을 훔쳤지요. 정부 당국은 핀의 불법 행위에 대한 소문을 듣게 되었습니다. 그는 옥살이는 면했지만 그의 술집은 1903년에 폐쇄되었습니다. 이 사건을 다룬 한 신문의 표제는 다음과 같았습니다. "Mickey Finn's alleged 'knock-out drops' put him out of business(미키 핀, 소위 '인사불성 약물' 탓에 폐업)."

의미 술에 몰래 탄 약물

예문 I'd only had two drinks but I was almost on the floor. Someone must have slipped me a *Mickey Finn*.
술 두 잔밖에 안 마셨는데 거의 뻗어버렸어. 누군가 내 술에 약을 탔나 봐.

9장

World is Your Oyster
원하는 일은 다 이루어질 거야

문학

World is Your Oyster

world is your oyster(세상은 너의 진주조개다)
라는 말도 셰익스피어가 만든 표현입니다. 그의
1602년 연극 〈윈저의 즐거운 아낙네들(The Merry
Wives of Windsor)〉에 나오는 말이지요. 팔스타프와 피
스톨이라는 두 등장인물 간의 대화에서 팔스타프는 이렇게 말합니
다. "I will not lend thee a penny(난 그대에게 한 푼도 빌려주지 않을
걸세)." 그러자 피스톨이 대꾸하지요. "Why then, the world's mine
oyster, which I with sword shall open(그렇다면 세상이 내 진주조개
이니, 내 칼로 껍질을 벌려야겠군)." 이 은유의 함축적 의미는 피스톨이
자기 칼로 진주조개를 벌려 안에 있는 진주를 갖겠다는, '세상만사 내
뜻대로 하겠다'라는 의미인 셈입니다.

의미 다 잘 될 거야, 원하는 일은 다 이루어질 거야, 세상만사 다 네
마음대로야

예문 If you can just finish your law degree, the *world is your oys-
ter*.
법학 학위만 딸 수만 있다면 다 잘 될 거야.

Add Insult to Injury

add insult to injury(상처에 굴욕까지 보태다)라는 말은 기원전 25년, 고대 로마의 작가 파이드로스(Phaedrus)의 우화에서 유래했습니다. 그는 파리가 대머리 남자의 머리 꼭대기에서 남자를 쏜 이야기를 합니다. 남자는 파리를 찰싹 쳐서 죽이려 하지만 파리가 달아나 남자는 자기 머리만 때린 꼴이 됩니다. 남자는 완전히 골탕먹은 셈이지요. 파리가 이렇게 말합니다.

> You wished to kill me for a touch. What will you do to yourself since you have added insult to injury? » 당신은 내가 좀 만졌다고 날 죽이려 했지요. 그렇다면 당신은 자기 자신에게는 어떻게 할 작정인가요? 상처를 내고 굴욕까지 겪었는데 말입니다.

이 표현은 1700년대 '엎친 데 덮친 격'이라는 의미의 영어 표현이 되었습니다.

의미 일을 더욱 꼬이게 만들다, 엎친 데 덮친 상황을 만들다

예문 After losing his job, Nick's severance pay was also cut, which *added insult to injury*.
닉은 실직한 후 퇴직금까지 삭감되었다. 완전히 엎친 데 덮친 꼴이었다.

Artful Dodger

artful doger(교묘히 발뺌하는 놈)라는 말은 영국의 소설가 찰스 디킨스가 1838년에 발표한 소설 『올리버 트위스트(Oliver Twist)』에서 유래했습니다. 소설은 출간 즉시 비평가와 대중 모두에게 큰 갈채를 받았습니다. 소설에는 페이긴의 도둑 무리에 속한 교활한 소매치기 잭 도킨스가 등장합니다. 디킨스는 도킨스에게 artful dodger(교활하게 발뺌하는 놈)라는 별명을 붙여주었습니다. artful dodger는 이때부터 교활한 악당을 가리키는 말로 사용되었지요.

의미 교묘히 발뺌하는 사람, 처세에 능한 사람

예문 Jake was responsible for the graffiti but he convinced the teacher he didn't do it. That boy is a real *artful dodger*.

제이크는 자신이 낙서를 하고서 선생님한테는 자기가 한 짓이 아니라고 발뺌했어. 정말 처세에 능한 녀석이야.

The Lion's Share

the lion's share(사자의 몫)이라는 표현은 『이솝우화』의 「사자의 몫」이라는 이야기에서 유래했습니다. 이야기에서 사자와 여우와 늑대와 당나귀가 수사슴을 사냥합니다. 네 동물이 똑같이 몫을 나누었지만 먹기 전에 사자가 자기가 가장 먼저 먹어야 한다고 우깁니다. 자기가 정글의 왕이기 때문이지요. 그런 다음 사자는 다시 두 번째 몫도 자기가 먹어야 한다고 우깁니다. 자신이 제일 강하기 때문이라는 것이지요. 세 번째 몫 역시 자신이 먹겠다고 주장하는데 이번에는 자기가 가장 용감하기 때문이라는 겁니다. 다른 동물들은 마지막 몫만 먹을 수 있게 되었는데, 사자가 옆에서는 너무 두려워서 자기 몫을 주장하지도 못했습니다. 그래서 이야기를 어떻게 해석하는지에 따라 사자의 몫이란 4분의 3일을 뜻할 수도 있고 전부를 뜻할 수도 있습니다. 어쨌거나 '가장 큰 몫'이라는 데는 변함이 없지요.

의미 가장 큰 몫

예문 We had done the same amount of work for the presentation, but Courtney took *the lion's share* of the credit because she is so outgoing.

우리는 발표를 위해 같은 양의 일을 했는데 코트니가 하도 사교적이라 칭찬을 가장 많이 받았지 뭐야.

Clutching at Straws

clutching 대신 grasping으로도 쓰는 clutching at straws(지푸라기를 움켜잡다)는 영국의 철학자 토머스 모어 경(Sir Thomas More)에게서 유래했습니다. 모어는 잉글랜드 국교의 수장으로 헨리 8세를 따르지 않았다는 이유로 참수형을 당했습니다. 처형을 기다리면서 모어는 『시련에 대비하는 위로의 대화(Dialogue of Comfort Against Tribulation)』라는 책을 썼습니다. 한편 1534년에 출간된, 모어의 생애를 그린 소설에서 그는 다음과 같은 말을 남기지요.

Man in peril of drowning catchest whatsoever cometh next to hand… be it never so simple a stick. » 익사 위험에 처한 사람은 손에 들어오는 건 뭐든 잡는다… 아주 보잘것없는 막대기라도.

19세기에 이 표현의 catch와 stick은 clutch와 straws로 바뀌었습니다.

의미 지푸라기라도 잡으려 애쓰다, 절망적인 상황에서 무엇이건 시도하다

예문 She's hoping the new herbal treatment will help her illness, but I think she's *clutching at straws*.

그 애는 새 약초 치료가 자기 병에 도움이 되기를 바라지만 내 생각에는 지푸라기 잡는 꼴인 것 같아.

Ivory Tower

to live in ivory tower(상아탑에 갇혀 살다)라는 표현의 기원은 문학에 있습니다. 수많은 다른 표현들이 문학에서 유래했듯, 이 표현도 프랑스의 시 「Pensées d'Août(8월의 상념들)」에서 유래했습니다. 비평가 샤를 생트 뵈브(Charles Sainte-Beuve)가 1837년에 쓴 이 시는 알프레드 드 비니(Alfred de Vigny)라는 남자에 관한 내용입니다. 드 비니는 세속의 거친 현실에서 멀리 떨어져 근심 없이 사는 시인이었지요. 생트 뵈브는 드 비니의 삶을 고립된 것으로 묘사하며, 그가 tour d'ivoire 즉 상아탑이라는 외딴곳에 살았다고 표현했습니다. 이 표현은 점차 실제 세계에서 동떨어져 지내는 지식인 및 학자들에게 적용되었습니다.

의미 상아탑, 세상사나 속세의 근심 걱정에서 벗어난 상황이나 장소

예문 Having been an academic for years and living in an *ivory tower*, Joe couldn't handle his practical role in the new company.

오랫동안 학자로 상아탑에서만 지내온 조는 새 회사의 실무적인 역할을 감당하지 못했다.

Go the Whole Hog

go the whole hog(돼지 한 마리를 다 먹다)는 1779년 영국인 윌리엄 쿠퍼(William Cowper)가 쓴 시 「속세의 사랑을 꾸짖음/혐오스러운 위선(The Love of the World Reproved; or Hypocrasy Detested)」에 처음 기록되었습니다. 돼지고기를 금하는 이슬람교를 조롱하는 시입니다. 쿠퍼는 이슬람교도들이 돼지의 어느 부위를 먹어도 되는지 부위별로 시식하느라 한 마리를 다 먹고 말았다고 조롱합니다. "But for one piece they thought it hard, from the whole hog to be debarred(하지만 이슬람교도들은 먹지 말아야 할 돼지 부위를 생각하느라 너무 애썼다)." 이 표현은 18세기 미국의 정육점 때문에 널리 사용되었습니다. 정육점 주인은 파운드 단위로 고기를 팔았는데 돼지 한 마리를 다 사면 할인해주었습니다. 1828년 앤드루 잭슨(Andrew Jackson)은 이 표현을 선거 슬로건으로 사용했습니다. 끝까지 간다(going all the way)는 뜻으로 말입니다. 결국 그는 선거에서 이겨 대통령 자리에 올랐지요.

의미 …를 완전히 하다, 끝장을 보다, 갈 데까지 가다

예문 If you can afford to build such an expensive house, you might as well *go the whole hog* and get a swimming pool as well.

그렇게 값나가는 집을 지을 경제적 여력이 있다면 아예 끝장을 봐서 수영장도 만들지 그래?

All Hell Broke Loose

all hell broke loose(온통 지옥이 되다)라
는 표현은 존 밀턴(John Milton)의 서사시
『실락원(Paradise Lost)』에서 유래했습니다.
1667년 열 권으로 출간된 이 대서사시는
『성서』에 나오는 에덴동산을 노래합니다.
가브리엘 천사는 사탄을 낙원에서 추방하기
전에 그에게 왜 지옥의 다른 사탄들과 함께 오
지 않고 혼자 왔느냐고 묻습니다. 이때 가브리

엘의 정확한 질문은 이랬지요. "Wherefore with thee came not all
hell broke loose(왜 다른 악마들과 함께 지옥을 벗어나 낙원으로 오지
않는 것인가)?"

의미   아수라장으로 변하다, 야단법석이 나다

예문   When the teacher left the classroom for ten minutes *all hell
broke loose.*

선생님이 교실을 10분 비운 동안 교실은 온통 아수라장이 되었다.

In the Doghouse

in the doghouse(개집에 있는)이라는 말 또한 문학에서 유래한 표현입니다. J.M. 배리가 1904년에 발표한 『피터 팬』에서 웬디, 존, 마이클의 아버지 달링 씨는 반려견 나나에게 못되게 굴지요. 아이들이 피터 팬과 함께 날아가버리고 달링 씨의 아내는 나나에 대한 남편의 행동을 책망합니다. 그래서 달링 씨는 아이들이 네버랜드에서 돌아올 때까지 개집에서 살게 되지요. 『피터 팬』은 인기가 많은 동화책이었기 때문에 이 표현까지 널리 쓰이게 된 것입니다.

의미 (대개 부부) 사이가 서먹해진, (배우자의) 눈 밖에 나 망신을 당한

예문 I was *in the doghouse* because I'd been out drinking until late the night before.

간밤에 늦게까지 술을 마신 탓에 나는 눈 밖에 났다.

Blowing Hot and Cold

blowing hot and cold(아주 추웠다가 더웠다가 변덕이 심하다)라는 표현 역시 기원전 570년경의 작가 이솝의 우화에 기원이 있습니다. 이야기에 따르면 한 남자가 어느 겨울날 사티로스(사람과 염소의 모습을 둘 다 가진 신화 속 괴물)를 만납니다. 남자가 두 손을 덥히려고 호호 입김을 불자 사티로스는 남자를 자기 집으로 초대해 죽을 대접합니다. 남자는 뜨거운 죽을 좀 식히려고 또 호호 입김을 불어넣었습니다. 사티로스는 소스라치게 놀라며 말했습니다.

Out you go. I will have naught to do with a man who can blow hot and cold with the same breath. » 내 집에서 나가라. 똑같은 숨으로 차가운 바람과 더운 바람을 불어대는 놈과는 볼일이 없다.

이 표현은 17세기 무렵부터 비유적으로 사용되었습니다. 논란이 분분한 영국의 신학자 윌리엄 칠링워스(William Chillingworth)가 1638년에 『프로테스탄트의 종교(The Religion of Prostestants)』라는 책에서 이 구절을 다음과 같이 사용했습니다.

These men can blow hot and cold out of the same mouth to serve several purposes. » 프로테스탄트는 여러 목적에 충족하려고 한 입으로 이 말 저 말을 한다.

변덕을 부리다, 일관성이 없다, 생각이 이랬다 저랬다 하다

예문 Mike keeps talking about building a new house but he's *blowing hot and cold* on the topic.

마이크는 새집을 짓는 이야기를 계속하지만 생각이 이랬다 저랬다 해.

Sour Grapes

sour grapes(신맛의 포도)라는 말은 고대 그리 스의 작가 이솝에게서 유래한 많은 표현 중 하나입니다. 그의 우화 「여우와 포도」에서 배고픈 여우는 덩굴나무가 타고 올라간 담 위에 높이 달린 잘 익은 포도를 봅니다. 여우 는 온갖 간계를 써서 포도를 따려 하지만 결 국 실패하고 말지요. 포도를 딸 수 없자 심 술이 난 여우는 사실은 포도가 별로 먹고 싶

지 않았다면서 단언합니다. "the grapes are sour and not ripe as I thought(저 포도는 어차피 신맛이 나고 익지도 않은 거라니까)."

의미 신맛이 나는 포도, 가질 수 없는 것을 가지지 못해 실망한 후 시기하다

예문 She was desperate to make the team, but when she didn't, she had *sour grapes* and pretended like she didn't care.

그녀는 팀에 들어가고 싶었지만 불가능해지자 신 포도라 치고 개의치 않은 척 했다.

Cold Feet

대개 결혼과 관련해서 쓰는 cold feet(차가운 발, 시린 발)도 문학작품에서 비롯되었습니다. 처음 쓰인 것은 독일의 소설가 프리츠 로이터(Fritz Reuter)의 1862년 소설 『파종기와 추수(Seed-Time and Harvest)』에서였습니다. 이 책에서 도박꾼인 한 인물이 게임에서 연속으로 지자 돈을 모두 잃을까 더럭 겁을 냅니다. 패배를 인정한 후 당당히 걸어 나가지 않고 발이 시려 집중이 안 된다면서 도망치지요. 이렇게 cold feet라는 표현은 겁이 나서 상황을 모면하려는 행동을 가리키는 말이 되었습니다.

의미 ▶ 겁이 나서 얼거나 움츠러들다

예문 ▶ They had been engaged for two years, but on the wedding day the groom got *cold feet* and didn't show up.

그들은 2년 동안 약혼한 사이였는데 결혼식 당일 신랑이 갑자기 겁이 나서 식장에 나타나지 않았다.

Dark Horse

dark horse(검은 말)라는 표현은 19세기에 두 번이나 영국의 수상을 지낸 정치가이자 저술가였던 벤저민 디즈레일리(Benjamin Disraeli)에게서 유래했습니다. 그는 1831년에 발표한 소설 『젊은 공작(The Young Duke)』에서 승률이 가장 높아 총애 받는 말 두 마리가 승산이 전혀 없던 말에게 지는 경주를 그립니다.

A dark horse, which had never been thought of, rushed past the grand stand in sweeping triumph. » 한 번도 우승하리라 예상조차 못했던 검은 말 한 마리가 그랜드스탠드를 쏜살같이 지나 완승을 거두었다.

당시 경마 업계에서는 말 소유주들이 경주 당일까지 가장 빠른 말을 숨기는 것이 흔한 관행이었고, 디즈레일리의 책 덕분이 이 말을 다크호스라 부르게 되었습니다. 곧 '예상치 못한 실력자'라는 비유적인 의미로 쓰게 되었지요.

의미 다크호스, 예상 밖의 실력자, 예상치 않게 승리하는 자

예문 I never thought Kenny had it in him to run a marathon. He's a real *dark horse*.

케니가 마라톤을 뛰리라고는 미처 생각하지 못했어. 진짜 다크호스라니까.

Between You, Me, and
the Lamppost

between you, me and the lamppost(너와 나 그리고 가로등 사이에서)라는 표현 또한 19세기 작가 찰스 디킨스가 만들어낸 말입니다. lamppost(가로등)이라는 단어는 영어에서 아예 들리지 않는 상태를 나타내는 전형적인 표현입니다. 따라서 이 말은 두 사람 말고는 다른 누구도 해당 정보를 몰라야 한다는 것을 나타내는 말이지요. 처음 이 말이 쓰인 것은 디킨스의 1838년 소설 『니콜라스 니클비(Nicholas Nickleby)』에서였습니다.

의미 두 사람만 아는 비밀, 우리끼리 이야기

예문 *Between you, me, and the lamppost*, Matt is going to get fired tomorrow.

우리끼리 말인데, 맷은 내일 해고당할 거야.

Leap of Faith

---

leap of faith(믿음의 도약)은 문학에서 유래했고 great leap in the dark(어둠 속의 거대한 도약)이라는 표현에서 출발했습니다. 영국의 철학자 맘스베리의 토머스 홉스(Thomas Hobbes of Malmesbury)는 1679년에 뇌졸중으로 사망했습니다. 그가 남긴 마지막 말은 "Now I am about to take my last voyage, a great leap in the dark(이제 나는 마지막 항해를 떠나려 한다. 어둠 속의 거대한 도약이다)"였습니다. 세월이 지나 1697년 존 밴그루 경(Sir John Vangrugh)은 〈약오른 아내(The Provoked Wife)〉라는 희극을 썼습니다. 이 희극에는 "Now I am for Hobbes' voyage, a great leap in the dark(이제 나는 홉스의 항해를 떠난다. 어둠 속의 거대한 항해를)"이라는 대사가 있었지요. 이 희극으로 great leap in the dark라는 말이 대중화되었고 다른 많은 작가가 사용했습니다. 그러다 a leap of faith라는 표현으로 바뀌어 '온갖 불확실성을 무릅쓴 믿음'을 가리키게 되었지요.

의미 커다란 믿음, 결과를 예상할 수 없는 것에 대한 믿음, 가능성이 낮은 일에 대한 믿음, 맹신

예문 I allowed the carpenter to build my house without having any plans. It required a *leap of faith* on my part.

나는 아무 계획도 없이 목수에게 집을 지으라고 허락했다. 내 편에서는 커다란 믿음이 필요한 일이었다.

Big Brother is Watching

Big brother is watching(빅브라더가 지켜보고 있다)이라는 말은 네덜란드의 〈빅브라더(Big Brother)〉라는 텔레비전 인기 리얼리티 쇼 때문에 최근 흔히 쓰는 말이 되었지요.

이 구절은 조지 오웰의 1949년 소설 『1984』덕분에 탄생했습니다. 빅브라더는 이 책에 등장하는 전체주의 국가의 지도자입니다. 여기서 국민은 정부의 지속적인 감시하에 놓여 있지요. 대형 텔레비전 화면으로 국민을 감시하며, 국민은 늘 볼 수 있는 Big Brother is watching you(빅브라더가 당신을 지켜보고 있다)라는 슬로건 때문에 항상 그의 존재를 되새깁니다.

의미 | 빅브라더가 지켜보고 있다, 정부 당국이 행동을 감시하고 있다

예문 | You have to be careful what you search for on the internet these days, as *Big Brother is* always *watching*.

요즘은 인터넷 검색할 때 주의해야 해. 당국이 늘 주시하니까 말이야.

Eat Someone Out of House and Home

Eat someone out of house and home(집을 탈탈 털어먹다)는 위대한 시인 윌리엄 셰익스피어가 만든 표현입니다. 그가 1599년 쓴 역사극 〈헨리 4세〉 제2부에서 주막 주모 퀴클리 부인은 뚱보 존 팔스타프 경을 법정으로 데려가 보상을 받으려 합니다. 퀴클리 부인은 주장을 펼칩니다.

It is more than for some, my lord; it is for all, all I have. He hath eaten me out of house and home; he hath put all my substance into that fat belly of his: but I will have some of it out again, or I will ride thee o'nights like the mare. » 나리, 그건 어떤 사람들에게는 그저 몇 푼에 불과하겠지만, 제겐 전 재산입니다. 저 자가 저의 집을 탈탈 털어먹었습니다. 제가 가진 모든 걸 저 뚱뚱한 배 속에 집어넣었습니다. 하지만 전 그중 얼마라도 다시 꺼낼 작정입니다. 아니면 오늘 밤 당나귀를 타듯 당신을 부려먹기라도 할 거라고요.

의미 집에 있는 것을 싹 다 먹어치우다

예문 That huge dog is *eating* me *out of house and home*.
저 커다란 개가 우리 집 먹을 걸 다 거덜내는 중이야.

As Sure As Eggs

as sure as eggs(달걀처럼 확실한)라는 표현은 as sure as eggs is eggs(계란이 계란인 것만큼이나 빤한)이라는 말을 축약한 것입니다. 'x는 x다'라는 논리수학 명제를 변형한 것인데, 고의로 틀린 문법을 썼습니다. 영어 문법상 원래 as sure as eggs *are* eggs라고 해야 맞는 표현이니까요. 어쩌다 'x는 x다'라는 표현이 eggs is eggs라는 표현으로 바뀌었는지는 모르지만 디킨스가 1837년에 쓴 장편소설 『픽윅 클럽 여행기』에 이 표현이 사용되었고 그때부터 유명해졌습니다.

의미 뻔할 뻔 자, 확실한, 절대적 확실성

예문 *As sure as eggs*, she'll be back here asking for more money tomorrow.

뻔할 뻔 자야, 그 여자 내일 다시 와서 돈을 더 달라고 할걸.

Catch-22

catch-22(문제점, 애로점)라는 표현은 조지프 헬러(Joseph Heller)의 1961년 소설 제목에서 유래했습니다. 제2차 세계대전의 미 공군기지를 배경으로 하는 이 소설에서 조종사들은 위험한 전투기 조종 임무를 피하고 싶어 난리입니다. 문제(catch)는 조종사들은 제정신이 아니어야만 다른 임무를 맡을 수 있었는데, 제정신이 아니라는 근거로 면제를 요청하면 그 조종사는 자신이 멀쩡하다는 것을 입증한 셈이었지요. 그야말로 딜레마 상황인 것입니다. 결국 어찌됐든 비행을 해야 할 판인 겁니다. 책의 첫 제목은 『Catch-18』이었다가 다양한 숫자를 거쳐 헬러는 결국 『캐치-22』로 제목을 정했습니다. catch-22는 해결 불가능한 딜레마나 역설적인 상황을 가리키는 말로 빠르게 자리 잡았습니다.

의미 승자가 없는 상황, 해결 불가능한 딜레마, 모순, 곤경

예문 Professional bull riding is a *catch-22*. You have to stay on for eight seconds, but the bull has to be so aggressive that it's almost impossible to ride for that long.

전문 로데오 경기는 말 그대로 딜레마다. 8초 동안 소의 등 위에서 버텨야 하는데 소가 하도 날뛰는 바람에 그렇게 긴 시간 동안 타고 있기가 거의 불가능하기 때문이다.

Dropping like Flies

dropping like flies(파리처럼 쓰러지다)라는 표현의 기원은 독일의 동화 작가 그림 형제의 「용감한 재단사(The Brave Littel Tailor)」에 있습니다. 1640년에 지어진 이 동화는 잼을 먹으려는 재단사의 이야기입니다. 파리가 잼에 내려앉자 재단사는 한 번의 손짓으로 일곱 마리의 파리를 죽입니다. 그는 자신의 성취를 기념하는 벨트를 만든 다음 거기에 Seven at One Blow(한 방에 일곱 마리)라는 문구를 새깁니다. 여기에서 영감을 받아 재단사는 큰돈을 벌 방안을 찾기 시작하지요. 이 표현이 동화에 실제로 나오지는 않지만 어쨌건 이 동화가 dropping like flies의 기원으로 여겨지고 있습니다. '무더기로 쓰러지다, 숫자가 급격히 감소하다'라는 뜻으로 흔히 쓰인 것은 1900년대 초부터였습니다.

의미 무더기로 쓰러지다, 숫자의 급격한 감소

예문 Five employees were off sick in the last week. They're really *dropping like flies.*

지난주에 직원 다섯 명이 아파서 못 나왔어. 사람들이 정말 무더기로 아프다니까.

Grinning Like a Cheshire Cat

grinning like a Cheshire cat(체셔 고양이처럼 히죽거리다)라는 말의 유래는 복잡합니다. 체셔라는 종의 고양이는 존재하지 않지만, 이 표현은 12세기 잉글랜드 체셔에서 생산되는 치즈에 웃는 고양이 얼굴이 찍혀 있어서 시작되었습니다('싱긋 웃는 웃음'을 뜻하는 cheesy grin이라는 말의 기원도 여기에 있지요). grinning like a Cheshire cat이라는 말이 처음 쓰인 것은 피터 핀다르(Peter Pindar)의 1795년 작 『두 통의 서정 서간(A Pair of Lyric Epistles)』이라는 작품이었지만, 전 세계적 인기를 얻은 것은 1865년이 되어서였습니다. 루이스 캐럴의 『이상한 나라의 앨리스』 때문이었지요. 이 작품에서는 불가사의한 체셔 고양이(Cheshire Cat)가 나왔다 사라졌다 하는데, 사라질 때는 점차 거대한 웃음만 남을 때까지 천천히 사라집니다.

의미 자기 자신에게 만족하여 히죽히죽 웃다, 싱긋 웃다

예문 Joel was so happy after winning the award that he couldn't stop *grinning like a Cheshire cat.*

조엘은 상을 받고 기분이 하도 좋아 계속 히죽히죽 웃지 않을 수 없었다.

Curry Favor

curry favor(쓰다듬어주는 친절/행위)라는 표현은 음식 카레(curry)와는 아무런 상관 없습니다. curry favor는 1310년 프랑스의 제르베 뒤 뷔(Gervais du Bus)가 쓴 「포벨의 로망스(Le Roman de Fauvel)」이라는 제목의 시에서 유래했습니다. 말의 털을 솔질하고 다듬는 일을 currying이라고 합니다. 시에서 포벨은 나라의 지도자들을 속이는 야심만만하고 허영심 많은 반인반마입니다. 사람들은 포벨의 총애를 받기 위해 그에게 절을 하고 그의 털을 쓰다듬어 손질해주었지요. curry favor(포벨을 쓰다듬어 주는 것)이었습니다. 결국 이 말이 '아첨하다'라는 뜻이 되었습니다.

의미 아첨하다, 비위를 맞추다

예문 An election was looming so the government lowered taxes in an attempt to *curry favor* with the voters.

선거가 다가오자 정부는 유권자들의 비위를 맞추려고 세금을 내렸다.

Ignorance is Bliss

ignorance is bliss(무지가 축복)이라는 말은 시에서 유래했습니다. 토머스 그레이(Thomas Gray)는 18세기 영국의 시인이자 케임브리지 대학교 교수였습니다. 그는 1742년에 쓴 시 「멀리 이튼 칼리지를 바라보는 노래(Ode on a Distant Prospect of Eton Collge)」에 이런 어구를 썼습니다.

Thought would destroy their paradise. No more where ignorance is bliss, tis folly to be wise. » 생각은 그들의 낙원을 파괴한다. 무지가 축복인 곳에서 지혜는 아둔함이다.

이 시에서 오늘날 그토록 흔하게 쓰는 '모르는 게 약'이라는 표현이 나온 것이지요.

의미 모르는 게 약이다

예문 I never knew eating too much salt was bad for you. *Ignorance is bliss*, I suppose.

소금을 지나치게 섭취하는 게 안 좋다는 걸 전혀 몰랐어. 차라리 모르는 게 약인 것 같다.

Go See a Man about a Dog

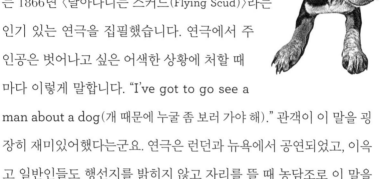

go see a man about a dog(개 때문에 누굴 좀 보러 가다)라는 말의 기원은 연극에 있습니다. 아일랜드의 성공한 극작가 디온 부시코(Dion Boucicault)는 1866년 〈날아다니는 스커드(Flying Scud)〉라는 인기 있는 연극을 집필했습니다. 연극에서 주인공은 벗어나고 싶은 어색한 상황에 처할 때마다 이렇게 말합니다. "I've got to go see a man about a dog(개 때문에 누굴 좀 보러 가야 해)." 관객이 이 말을 굉장히 재미있어했다는군요. 연극은 런던과 뉴욕에서 공연되었고, 이윽고 일반인들도 행선지를 밝히지 않고 자리를 뜰 때 농담조로 이 말을 흉내 내게 되었답니다.

의미 볼일을 보러 가다, (대개 화장실을 가기 위해) 행선지를 말하지 않고 자리를 뜨다

예문 Uncle Pete didn't want Tim to know where he was going, so he told Tim that he was *going to see a man about a dog*.

피트 삼촌은 팀에게 어디 가는지 알리고 싶지 않아서 볼일을 보러 간다고만 말했다.

Goody-Two-Shoes

goody-two-shoes(신발 두 짝이 있는 착한 소녀)라는 말은 1765년에 올리버 골드스미스(Oliver Goldsmith)의 아동용 도서『착한 신발 두 짝 소녀의 이야기(The History of Little Goody-Two-Shoes)』에서 유래했습니다. 이야기에 나오는 마저리 민웰이라는 고아는 가난해서 신발이 한 짝밖에 없습니다. 마저리는 어떤 부자에게 신발 한 켤레를 받고 너무 기뻐 "Two shoes, two shoes(신발 두 짝, 신발 두 짝)!"라고 외칩니다. 마저리는 만나는 사람 모두에게 이 말을 외쳐대서 Goody-Two-Shoes라는 별명을 얻게 됩니다. 마저리는 훗날 부유한 홀아비와 결혼해 큰 부자가 됩니다. 이 표현은 20세기 초 '도덕군자'를 뜻하는 말이 되었습니다.

의미 모든 면에서 미덕을 갖추고 의기양양해하는 사람, 도덕군자

예문 Jane never did anything wrong at school and she always smiled when we got into trouble. She was such a *goody-two-shoes*.

제인은 학교에서 잘못한 적이 한 번도 없고 우리가 문제를 일으켜도 늘 웃기만 했어. 그 애는 정말 대단한 도덕군자였지.

10장

Hair of the Dog
해장술

음식의 즐거움

Best Thing since Sliced Bread

best thing since sliced bread(잘라서 나오
는 빵 이후 최고의 물건)라는 표현은 당연히
빵 산업이 시작되고부터 사용되었겠지요. 아이
오와주에 사는 오토 프레드릭 로흐웨더(Otto
Frederick Rohwedder)는 1928년에 식빵을 써
는 기계를 고안했습니다. 이 기계를 상품으로 처음 쓴 것은 미주리주
에 있는 치리코시 제과 회사(Chillicothe Baking Company)였습니다.
이들의 제품명은 클린 메이드 슬라이스드 브레드(Kleen Maid Sliced
Bread)였고 지역 신문에 "the greatest forward step in the baking
industry since bread was wrapped(포장된 빵 이후 제빵 업계의 가장
거대한 진보)"라고 광고가 나갔지요. 슬라이스한 빵은 즉시 성공을 거
두었고 다른 제과점도 빵 써는 기계를 쓰기 시작하면서 대대적으로
광고를 했습니다. 썰어놓은 빵은 전국적으로 화젯거리가 되었고, 곧
원래 마케팅 슬로건이었던 슬라이스드 브레드(sliced bread)라는 표현
이 오늘날에도 인기 있는 표현으로 굳어졌지요.

의미 탁월한 새 아이디어나 발명품

예문 This new computer software is the *best thing since sliced
bread.*

이번 새 소프트웨어 정말 탁월한 발명품이야.

Take the Piss

take the piss(오줌을 먹다)라는 표현의 기원은 좀 특이합니다. 고대 시베리아의 무당은 영적 의식에 환각을 유발하는 무스카리아 버섯을 사용했습니다. 이 신성한 버섯은 효력이 세서 인체가 독성을 견디지 못했습니다. 문제를 피하기 위해 무당들은 이 버섯을 대량으로 순록 에게 먹인 다음 순록이 눈 위에 오줌을 싸기를 기다렸습니다. 그런 다 음 오줌에 젖은, 독성이 없는 눈을 먹고 환각 상태에서 터무니없는 짓 을 벌이곤 했지요.

의미 …를 놀리다, …에 관해 농을 던지다, …를 바보로 만들다

예문 They're always *taking the piss* out of him because he's an ABBA fan.

그들은 그가 아바 팬이라는 이유로 늘 그를 놀려댄다.

Put Through the Mill

put through the mill(방앗간의 제분기를 거치다, 곡물이 가루가 되도록 으깨지다)이라는 표현의 기원은 중세 잉글랜드의 곡물 가루 제조 공정에 있습니다. 전기가 발명되기 전 옛 제분소는 대개 거대한 물레방 아로 돌아갔지요. 물레방아 바퀴로 서로 맞대어 놓은 거대한 원형 돌두 개를 돌리는 방법이었습니다. 곡물 낱알을 돌 사이로 밀어 넣고 아주 가늘게 빻은 가루를 만들었지요. 1800년대에 being put through the mill이라는 표현은 '혹독한 시련을 겪는다'라는 뜻이 되었습니다. 마치 방앗간에서 곡물이 빻아지듯 고생을 한다는 말이지요.

의미 시련을 겪다, 혹독한 대접을 받다

예문 He worked eighty hours in the first week of his new job. They really *put* him *through the mill*.

그는 새 직장에 들어간 첫 주에 80시간을 일했어. 회사에서 그를 정말 혹독하게 대했다니까.

Broach a Subject

to broach a subject(새 화제를 꺼내다)라는 말은 런던의 맥줏집에서 유래했습니다. broach는 '뾰족한 무기나 도구'를 뜻하는 고프랑스어 단어 broche에서 유래했습니다. 통에서 맥주를 꺼내려면 맥줏집 주인은 맥주 통 바닥에 망치로 나무못을 두드려 넣어야 했습니다. 그러면 통에 박힌 꼭지에서 맥주가 흘러나오기 시작했지요. 이 나무못을 broach라 했고 바닥을 뚫어 맥주를 따르는 기술을 broaching the barrel이라고 했습니다. 훗날 이 표현이 broach a subject라는 말로 진화하여 '화제를 꺼내는 행위'를 가리키는 말이 되었지요.

의미 (대개 어색한 상황에서) …에게 말을 꺼내다, 하기 힘든 이야기를 꺼내다

예문 I hate to be the one to *broach this* with you, but you have lettuce in your teeth.

내가 이 말을 꺼내는 사람이 되기는 싫은데 말이야, 너 이에 상추 끼었어.

Take the Cake

때로 반어적인 의미로 쓰이는 take the cake(케이크를 가져라)라는 표현은 19세기 미국의 노예제 시절에서 유래했습니다. 부유한 백인 지주들이 벌이는 파티에서 결혼한 노예들은 행렬을 이루어 케이크 주변을 돌아야 했습니다. 가장 우아하게 움직이는 커플이 상으로 케이크를 탔습니다. 그다지 어렵지는 않은 경합이었지요. '아주 쉽게 이룰 수 있는 일, 누워서 떡먹기'를 가리키는 cake walk와 piece of cake도 이 관습에 기원을 둡니다. 이런 일은 불쾌하고 모욕적이긴 하지만 큰 노력이 들지는 않았으니까요.

의미 최고 또는 최악이야, 참 대단해

예문 I worked hard all day then my boss questioned what I'd been doing. That really *takes the cake.*

계속 열심히 일만 했는데 사장이 온종일 뭘 했느냐는 거야. 정말 대단하지.

Hair of the Dog

---

hair of the dog(개의 털)라는 말은 the hair of the dog that bit you(너를 문 개의 털)을 축약한 표현입니다. 기원은 중세 잉글랜드의 의약과 관련이 있는데요. 당시 사람들은 광견병에 걸린 개에게 물리면 그 개의 털을 감염된 상처에 문질러 나쁜 병을 치유할 수 있다고 믿었습니다. 털을 얻으려면 당연히 다시 물릴 위험이 있었지만, 관행은 수년 동안 지속되었고 결국 숙취를 해소하려고 사람들이 두어 잔 정도 먹는 해장술을 가리키는 표현이 되었지요. 해장술 두어 잔은 때로 일시적인 효과가 있었습니다.

의미 해장술, 숙취를 가라앉히려 마시는 술

예문 Phil felt so bad the day after the party that his only hope was to have a *hair of the dog*.

필은 파티 다음 날 컨디션이 너무 나빠 해장술 마시는 게 유일한 희망이었다.

312

Doesn't Cut the Mustard

doesn't cut the mustard(겨자를 자를 수 없다)라는 표현에는 유래가 여럿 있습니다. 일부는 이 표현이 군대에서 점검을 통과했을 때 쓰는 pass muster이라는 말에서 유래했다고 생각합니다. 그러나 더 그럴 듯한 가설은 실제로 겨자와 관련이 있습니다. 겨자는 땅에 아주 가까이 붙어서 자라는 데다 줄기가 아주 질기고 섬유질이 많습니다. 서로 빽빽이 붙어서 자라서 수확하기 아주 어려운 식물이지요. 기계가 나오기 전 농부들은 온종일 몸을 굽히거나 무릎을 꿇고 앉아 겨자를 잘라내야 했답니다. 일꾼이 너무 늙거나 약해져 이 고된 일을 할 수 없어지면 '그는 겨자를 못 자른다(he doesn't cut the mustar)'라고 했지요. 19세기 말 미국에서 이 말이 '기준에 미치지 못하다'라는 비유적인 뜻으로 쓰였습니다.

의미   기대에 미치지 못하다, 표준에 부합하지 못하다

예문   We need a better pitcher. This one just *doesn't cut the mustard*.

더 좋은 투수가 필요해. 이번 투수는 기대에 미치지 못해.

Piping Hot

일부 사람들은 piping hot(파이프 오르간 소리를 낼 정도로 뜨거운)이라는 말의 기원이 스코틀랜드의 정찬에 있다고 생각합니다. 스코틀랜드에서는 백파이프를 연주하는 동안 식사를 내놓았다는 것입니다. 음악이 나오는 동안 음식이 나온(pipe in) 것이지요. 그러나 사실은 다릅니다. 이 말은 아주 뜨거운 음식이나 물이 끓는 주전자의 주둥이에서 김이 나올 때 나는 '치직' 소리에서 유래했습니다. 이 소리가 대형 교회에 설치된 파이프 오르간의 높은음 소리와 비슷하니까요. 이 표현은 영국 작가 제프리 초서(Geoffrey Chaucer)의 1386년 작품 『캔터베리 이야기』에 처음 등장합니다. wafers piping hot out of the gleed(불에서 막 나온 아주 뜨거운 과자)라는 구절이며 여기서 gleed는 불을 뜻합니다.

의미 [주로 음식을 가리켜] 몹시 뜨거운

예문 Don't touch the pie yet. It's just come out of the oven and is *piping hot.*

아직 그 파이 만지지 마. 오븐에서 바로 나와서 아주 뜨겁거든.

Go Cold Turkey

go cold turkey(차가운 칠면조 살처럼 퍼레지다)라는 표현은 약물을 끊어 금단 증상을 보이는 모습을 가리키는 말로 시작했습니다. 마약을 갑자기 끊으면 중독자의 혈액은 생존 전략의 일환으로 내부 장기로 흘러들어 갑니다. 따라서 중독자의 피부는 단단하고 창백해져 전신에 소름이 돋은 것처럼 변합니다. 이 모습이 털을 뽑은 차가운 칠면조 살과 비슷하지요. 이 구절은 이미 1920년대부터 의학적인 의미로 쓰였고, 1950년 무렵부터는 무엇이건 갑자기 끊는다는 비유적인 의미로 쓰였습니다.

의미 갑자기 끊다, 중단하다

예문 David found it difficult to stop drinking gradually, so he decided to *go cold turkey*.

데이비드는 술을 차차 끊기 어려워 아예 딱 끊기로 작정했다.

Propose a Toast

propose a toast(토스트 조각이 든 와인으로 건배
를 제안하다)라는 표현은 12세기에 시작되었습니
다. 당시 포도주는 질이 별로 좋지 않았고 종류가 상
당히 다양했습니다. 신맛을 좀 빨아들이고 풍미를
돋우려고 향신료를 넣어 구운 토스트 조각을 와인
병이나 와인잔에 넣었지요. 17세기 잉글랜드에서
는 누군가를 기념해 건배를 제안(propose a toast to
someone)하는 관행이 생겼습니다. 오늘날처럼 잔을
높이 들었는데, 대개 건배 대상은 귀부인이었지요. 귀부인은 와인에
풍미를 돋구어주는 토스트 한 조각 같은 존재를 뜻하기도 했답니다.

의미 …를 기념하여 건배를 하다, 축배를 제안하다

예문 The father of the bride *proposed a toast* to the new couple.
신부의 아버지가 신혼부부에게 축배를 제안했다.

Gone to Pot

gone to pot(냄비로 가다)라는 표현은 16세기 식문화에서 유래했습니다. 당시에는 냉장고가 없어 고기가 오늘날처럼 오래 가지 못했습니다. 고기는 이틀가량 지나면 굳어져 먹을 수 없게 되었습니다. 상하기 직전인 고기는 잘게 썰어 냄비에 넣고 스튜를 만들었습니다. 이렇게 처리한 고기를 having gone to pot(냄비로 직행했다)라고 했습니다. 이 표현을 처음 기록한 인물은 영국의 학자 윌리엄 틴들입니다. 1530년에 쓴 『토머스 모어 경의 대화에 대한 대답(An Answer Unto Sir Thomas More's Dialogue)』에 틴들은 다음과 같은 말을 남겼습니다. "then goeth a part of ye little flocke to pot, and the rest scatter(그런 다음 작은 덩어리는 냄비에 넣고 나머지는 버린다)."

의미 폐허가 되다, 망가지다, 완전히 망하다, 더는 쓸 수 없게 되다

예문 This beer is five years old and it can't be drunk. It's all *gone to pot*.
이 맥주는 5년이나 묵어서 마실 수 없어. 완전히 맛이 갔거든.

Don't Teach Your Grandmother to Suck Eggs

Don't teach your grandmother to suck eggs(할머니에게 달걀을 빨아 먹는 법을 가르치다)라는 표현은 수백 년 전 치의학 기술이 발전하기 전에 등장했습니다. 그 당시 치위생은 그다지 좋지 못해 틀니 값이 비쌌지요. 가난한 사람은 늙어서 이가 빠지면 잇몸으로 음식을 씹어야 했습니다. 치아 없이 음식을 먹는 가장 쉬운 방법 중 하나는 달걀을 완숙으로 삶아 빨아 먹는 것이었어요. 노인들이 대개 이런 식으로 음식을 먹었기 때문에 그렇게 달걀을 먹는 데 아주 익숙했을 겁니다. 이 표현이 처음 기록된 것은 1707년에 존 스티븐스(John Stevens)가 스페인의 극작가 프란치스코 데 쿠에베도(Francisco de Quevedo)의 희곡집을 번역한 책에서입니다. 그의 희극에는 이런 대사가 나옵니다. "You would have me teach my Grandame to suck eggs(넌 내가 할머니에게 달걀 빨아 먹는 법을 가르치게 할 셈이구나)."

의미 공자 앞에서 문자 쓰지 마라, 노련한 사람에게 조언하는 짓은 삼가라

예문 I've been fixing cars since before you were born. *Don't teach your grandmother to suck eggs.*

난 네가 태어나기도 전부터 차 수리를 했어. 그러니 공자 앞에서 문자 쓰지 마라.

Bring Home the Bacon

bring home the bacon(집으로 베이컨을 가져오다)이라는 말의 기원은 잉글랜드 에섹스 지방의 던모우라는 고장에 있습니다. 1104년, 주가(Juga)라  는 귀족 여성은 1년 동안 짜증이나 화를 내지 않고 결혼 생활을 해낸 부부에게 상으로 돼지 반 마리 크기의 커다란 베이컨 덩어리(flitch)를 주었습니다. 이 전통은 던모우 베이컨 경연 대회(Dunmow Flitch Trials)로 유명해졌지요. 오늘날에도 4년에 한 번씩 이 대회가 열립니다. 후보자들은 12명의 판관 앞에서 결혼 생활을 잘했음을 증명해야 하지요. 성공하면 집으로 베이컨을 가져갑니다. 500년 넘는 세월 동안 승자는 여덟 쌍에 불과했다고 합니다. 결혼 생활을 잘해내 베이컨을 탄다는 말은 훗날 성공이나 생계비를 버는 일을 가리키게 되었습니다.

의미 집으로 돈을 벌어 오다, 생계비를 벌다, 성공하다, 우승하다

예문 I had been at my job for ten years, but after my promotion I finally started *bringing home the bacon.*

직장 생활을 10년이나 했는데 승진을 하고 나서야 돈을 벌게 됐어.

Eat Humble Pie

eat humble pie(보잘것없는 파이를 먹다)라는 표현은 다소 혐오스러운 식문화에서 유래했습니다. 중세 잔치에서는 음식에 엄격한 서열이 있었습니다. 영지의 영주와 상류층 손님들에게는 가장 좋은 고기, 대개는 사슴고기를 대접했습니다. 당시 잡고기와 내장들을 umble이라 불렀는데, 이런 부위들은 파이에 넣고 구워서 내놓았지요. 눈 밖에 났거나 계급이 낮은 손님들에게는 umble pie를 내놓았습니다. 이들은 자신의 음식이 이 내장이나 잡고기 파이이면 굴욕감을 느꼈지요. umble pie에 대한 언급을 한 작가는 17세기의 새뮤얼 피프스(Samuel Pepys)와 19세기의 찰스 디킨스입니다. 결국 이 표현은 umble pie에서 humble pie로 바뀌었습니다. umble과 humble이 발음이 비슷하고 둘 다 굴욕감이나 모욕의 느낌과도 관련이 있으니까요.

의미 (대개 굴욕적인 상황에서) 어쩔 수 없이 잘못이나 실수를 인정하다

예문 I had been so adamant, but when I was proven to be wrong I had to *eat humble pie* and admit my mistake.

요지부동이었던 나는 잘못이 입증되는 바람에 실수를 인정할 수밖에 없었다.

Give a Cold Shoulder

give a cold shoulder(차가운 어깨 고기를 주다)라는 표현의 기원은 중세 잉글랜드의 귀족들의 잔치에 있습니다. 당시에는 귀족 가문 하나가 수백 명의 사람을 초대해 잔치를 여는 일이 심심치 않게 있었습니다. 잔치는 대개 여러 날 지속되었고 주인은 따뜻한 고기를 손님들에게 대접했지요. 모임의 끝을 알리기 위해 주인은 부엌에서 양의 차가운 어깨 고기를 내놓게 했습니다. 잔치가 끝났다는 사실을 모두에게 알리는 방법이었지요. 사람들 사이로 돌아다니며 일일이 이야기하는 것이 무례하다고 생각했기 때문입니다. 오늘날에는 찬 고기를 주는 것을 무례하다고 여기지만, 중세 때는 오히려 점잖은 조치였다니 아이러니지요.

의미 쌀쌀맞게 대하다, 냉대하다, 관심을 보이지 않다

예문 Pamela was late to the party yet again, so we all *gave* her *the cold shoulder*.

퍼멜라가 또 파티에 늦게 나타나서 우리는 다 그 애를 쌀쌀맞게 대했지.

Mind One's P's and Q's

mind one's p's and q's(파인트인지 쿼트인지 유의하다)라는 표현의 유래에 대한 의견은 분분합니다. 그중 가장 설득력 있는 가설은 술과 관련된 것입니다. 17세기 영국의 선술집 주인은 손님이 마신 술의 양을 파인트(pint)나 쿼트(quart)로 달아놓았다고 합니다. 분필로 점판암에 써두는 방식을 사용했죠. 밤이 깊어지면 손님들은 점판암에 써 놓은 술의 종류와 양에 따라 술값을 지불했습니다. 쿼트 단위가 파인트보다 양이 많아 값이 비쌌기 때문에 손님들은 바텐더에게 술 양을 잘 써서 덤터기를 쓰는 일이 없도록 mind your p's and q's(술 양을 잘 보고 적으라)고 했답니다. '사기 치지 말고 술의 양을 잘 적으라'는 표현이 발전하여 '점잖게 행동하다'라는 뜻이 된 것이지요.

의미 점잖게 행동하다, 예의범절을 지키다

예문 Simon was meeting his in-laws for the first time so he knew he had better *mind his p's and q's*.

사이먼은 장인 장모가 될 사람들을 처음 만날 예정이었기 때문에 행동거지를 점잖게 해야 한다는 것을 알았다.

Flavor of the Month

flavor of the month(이달의 맛)라는 표현은 대개 업신여기거나 조롱하는 의미로 쓰이는데요, 처음 사용된 곳은 1930년대 미국의 아이스크림 기업 광고였습니다. 고객에게 아이스크림을 팔기 위해 아이스크림 회사들은 인기가 없는 맛의 아이스크림을 할인해주는 방법으로 홍보했습니다. 가격 할인은 판매량 증가를 위해 한 달 동안 진행되었지요. 가격을 할인한 아이스크림은 '이달의 맛(flavor of the month)'이라고 불렀습니다. 이 홍보 전략이 큰 성공을 거두어 아이스크림 판매량이 크게 늘어서 1950년 무렵 미국의 주요 아이스크림 기업들은 모조리 '이달의 맛'이라는 슬로건을 썼습니다. 이것이 나중에 '최신 유행'이라는 비유적인 의미로도 쓰이게 되었습니다.

의미 유행하는 것, 최신 것, 일시적으로 인기 있는 것이나 사람

예문 She was the *flavor of the month* at her new school until Gloria enrolled.

그 애는 새로 전학 간 학교에서 인기가 제일 많았어. 글로리아가 전학 오기 전까지는 말이야.

11장

In Seventh Heaven
그지없이 행복한

성서시대

The Eleventh Hour

the eleventh hour(열한 번째 시간)는 「마태오복음」 20장 1절부터 16절에 나오는 일꾼의 우화에서 탄생했습니다.

> And about the eleventh hour he went out, and found others standing idle, and saith unto them, Why stand ye here all the day idle? » 열한 번째 시간이 되자 그는 밖으로 나가 게으름을 피우는 일꾼들을 보고 말했다. "왜 종일 여기 서서 게으름을 피우는가?"

당시 품삯 노동자는 하루 열두 시간을 일했습니다. 그날 정해진 일을 꼭 제 시간에 마쳐야 해서 열한 시간째에는 새로 노동자를 고용하기도 했지요. 일을 끝내는 것이 시급했으니 한 시간 남기고 고용한 일꾼들에게도 열두 시간 노동을 한 사람과 같은 품삯을 주었답니다. 그래서 하루 열두 시간을 꼬박 일한 사람들이 화를 냈습니다.

의미 막판, 최후의 일각

예문 I handed in my report at *the eleventh hour* and just made the deadline.

나는 막판에 리포트를 제출해 마감 기한을 간신히 맞추었다.

Wolf in Sheep's Clothing

wolf in sheep's clothing(양의 탈을 쓴 늑대)이라는 표현도 『성서』에서 나왔습니다. 「마태오복음」 7장 15절 〈산상설교〉의 일부인데요, 예수가 이렇게 말합니다.

> Beware of false prophets, which come to you in sheep's clothing, but inwardly they are ravening wolves. » 양의 탈을 쓰고 너희에게 다가오는 거짓 예언자를 경계하라. 그들은 탐욕스러운 늑대다.

이 구절은 이솝의 우화로도 유명해졌습니다. 이야기에서는 실제로 늑대가 양의 가죽을 쓰고 양치기를 속인 다음 양의 무리 속으로 들어가지요. 양의 무리로 들어간 늑대는 즉시 양을 먹어치웁니다.

의미 양의 탈을 쓴 늑대, 악한 의도를 감추고 친절하게 구는 사람

예문 Rob appeared to have good intentions, but Beatrice suspected he might be a *wolf in sheep's clothing.*

롭은 선한 의도를 갖고 있는 듯했지만, 비어트리스는 그가 양의 탈을 쓴 늑대일지도 모른다고 의심했다.

Doubting Thomas

doubting Thomas(의심 많은 토마)라는 말의 기원은 『성서』의 「요한복음」 20장 27절에 있습니다. 성 토마는 그리스도의 열두 사도 중 하나였는데 증거를 직접 만져볼 때까지 예수가 부활했다는 사실을 믿지 않았다고 합니다. 예수가 직접 나타나서 말을 했는데도 말이지요. 예수는 자신의 부활을 증명하기 위해 토마에게 십자가에 못 박혀 있을 때 로마 병사가 창으로 찌른 상처를 만져보게 하고 이렇게 말합니다. '의심을 거두고 믿어라.' 그때야 비로소 토마는 그의 부활을 믿었지요.

의미 의심 많은 사람, 증거가 없으면 믿지 않는 사람

예문 The house sale was agreed, but Sean was such a *doubting Thomas* that he wouldn't accept it until the money changed hands.

집을 팔기로 합의했는데도 션은 의심이 많아 돈을 받고 집 주인이 바뀔 때까지도 집이 팔렸다는 사실을 받아들이려 하지 않았다.

Baptism of Fire

baptism of fire(불의 세례)라는 말은 16세기의 프로테스탄트 순교자에게서 유래했습니다. 당시 구교인 가톨릭교도들은 신교도들을 기둥에 묶어 화형시켰습니다. 가톨릭교도들은 화형을 해야 순교자들이 신의 심판을 받기 전에 세례를 받는다고 믿었습니다. 이 표현을 처음 사용한 인물은 나폴레옹입니다. 물론 그가 쓴 정확한 표현은 '철의 세례(baptism of iron)'라는 뜻의 le baptême du fer였습니다. 이 말은 오늘날 군대에서 군인의 첫 전투 경험을 가리킬 때 사용합니다.

의미 호된 신고식, 고된 첫 경험

예문 His first swimming final was against the world champion in front of 40,000 people. It was a real *baptism of fire*.

그는 4만 명의 관중 앞에서 세계 챔피언을 상대로 첫 수영 결승전을 치렀어. 정말 호된 신고식이었지.

Fly in the Ointment

fly in the ointment(향유에 파리가 빠져 죽다)라는 표현은 『성서』에서 유래했습니다. 「전도서」10장 1절에는 다음과 같은 구절이 나옵니다.

> Dead flies cause the ointment of the apothecary to send forth a stinking savor. » 죽은 파리 때문에 약제상의 향유에서 썩은 내가 풍긴다.

약제상은 현대 화학자들의 선구자였고 의료 목적으로 다양한 향유를 조제했지요. 향유는 대개 대형 통에서 만들었습니다. 대체로 위생을 매우 꼼꼼히 챙겼던 약제상들은 파리 한 마리라도 향유에 떠 있다면 기름 전체를 못 쓴다고 생각했답니다.

의미 옥에 티, 중요한 것을 망치는 사소한 결함이나 단점

예문 We had spent weeks preparing for the road trip, but at the time of departure there was a slight *fly in the ointment*: there was no gas in the car.

우리는 몇 주 동안 장거리 자동차 여행을 준비했는데 출발 당일 사소한 문제가 발생했다. 자동차에 휘발유가 하나도 없었던 것이다.

A Little Bird Told Me

a little bird told me(작은 새가 말해주
었다)라는 표현은 『성서』에서 유래했습
니다. 『성서』에 글자 그대로 나오는 것은
아니지만 「전도서」 10장 20절에 다음과 같은
구절이 나옵니다.

> for a bird of the air shall carry the voice, and that which hath
> wings shall tell the matter. » 공중의 새가 그 말을 전하고 날짐승이
> 그 일을 전할 것이니.

『성서』의 「열왕기(Book of Kings)」에는 새를 전령으로 쓰는 이야기도
나옵니다. 솔로몬 왕은 자기 앞에 새들을 모조리 불러들였습니다. 모
든 새가 왔지만 댕기물떼새 한 마리만 나타나지 않았지요. 나중에 이
새는 자신이 시바의 여왕과 함께 있었다고 해명합니다. 여왕이 솔로
몬 왕을 방문할 채비를 하고 있었다는 것입니다. 이 소식이 흥분한 솔
로몬 왕은 여왕을 맞이할 준비를 했고 이 소식은 다시 댕기물떼새에
의해 여왕에게 전해졌지요. 이 작은 새의 전령사 노릇으로 왕과 여왕
은 마침내 만나게 됩니다. '작은 새가 말해주었다'라는 표현은 16세기
부터 문학에서 쓰였고 출처를 밝히지 않는 이야기를 전할 때 쓰게 되
었습니다.

누가 그러는데 말이지, (밝히고 싶지 않은) 제삼자에게 들은 비밀이나
이야기를 전할 때 쓰는 표현

예문 *A little bird told me* that Jake is planning on leaving the
company soon.

누가 그러는데 제이크가 회사를 곧 그만둔대.

The Writing is on the Wall

the writing is on the wall(글씨는 벽에 쓰여 있다)이라는 표현은 『성서』 「다니엘서」 5장에 나오는 구절입니다. 바빌론의 전승에 따르면 벨사살 왕은 한바탕 술잔치를 벌이면서 예루살렘 성전에서 가져온 성배에 포도주를 따라 마셨습니다. 그러자 불가사의한 손 하나가 나타나 궁전 벽에 네 개의 단어를 써놓았지요. '메네 메네 테켈 우파르신(mene mene tekel upharsin).' 이 말의 의미를 알지 못한 왕은 히브리 예언자 다니엘을 부릅니다. 다니엘은 왕이 성배의 술을 마셔 하느님을 모독했기 때문에 하느님께서 손을 보내 글자를 쓴 거라고 말해줍니다. 그런 다음 메시지의 내용을 왕에게 설명합니다. '신은 벨사살 왕이 살날을 정해두었으니 그의 왕국은 멸망하리라.' 그 후 얼마 지나지 않아 왕은 전쟁에서 패해 살해되었고 다니엘의 이야기는 벽에 쓰인 글귀에 관한 이야기로 유명해졌습니다.

의미 불길한 조짐

예문 Neil thought he'd gotten away with the robbery, but when the police knocked on his door, he knew *the writing was on the wall*.

닐은 도둑질을 하고 무사하리라 생각했지만 경찰이 자기 집 문을 두드리자 불길한 조짐을 느꼈다.

Take under One's Wing

take under one's wing(날개 아래 품어주다)이라는 말 역시 『성서』에 기원이 있습니다. 어미 닭이 병아리를 자기 날개 아래 품어 길러주는 일에서 유래했지요. 이 구절은 「마태오복음」 23장 37절에 나오는 이야기로, 예루살렘의 백성들을 보호해주려는 예수의 바람을 담고 있습니다. 예수는 이렇게 말합니다.

Oh Jerusalem, Jerusalem, you that kill the prophets and stone them which are sent to you. How often I have wanted to gather your children together as a hen protects her chicks beneath her wings, but you wouldn't let me. » 오, 예루살렘, 예루살렘, 너희에게 보낸 예언자들을 죽이고 돌로 치는 자들아. 내가 암탉이 병아리를 날개에 품듯 너희들을 모아놓고 싶어 했던 것이 몇 번이냐? 하지만 너희는 허락해주지 않았다.

의미 돌보다, 보살피다, 도움을 주다, 멘토가 되어주다

예문 When I was new to the company, Geoff *took* me *under* his *wing* and showed me the ropes.

내가 처음 입사했을 때 제프가 내 멘토 노릇을 하면서 이런 저런 요령을 알려주었어.

Stumbling Block

stumbling block(방해물)도 『성서』에서 유래했습니다. 「로마서」 14장 13절과 「레위기」 19장 14절에 다음과 같이 나옵니다.

Therefore let us stop passing judgment on one another. Instead, make up your mind not to put any stumbling block or obstacle in the way of a brother or sister. » 그러므로 서로를 판단하지 말고 오히려 형제나 자매가 가는 길에 방해물을 놓지 않도록 마음을 먹으라.

You shall not curse the deaf nor place a stumbling block before the blind; you shall fear your God—I am your Lord. » 청각장애인을 저주하거나 시각장애인 앞에 걸림돌을 놓지 말라. 너희의 하느님을 두려워하라. 내가 너의 주님이다.

이 표현은 1500년대 초부터 비유적으로 쓰였습니다.

의미 방해물, 걸림돌

예문 The yacht was perfect for us, but the exorbitant price was too big a *stumbling block*.

그 요트는 우리한테 완벽했지만 비싼 가격이 너무 큰 걸림돌이었다.

By the Skin of One's Teeth

재난이나 위험을 피할 때 주로 쓰는 by the skin of one's teeth(이에 붙은 잇몸으로)는『성서』「욥기」19장 20절에서 나오는 표현입니다. 사탄은 하느님과 내기를 합니다. 자신이 욥으로 하여금 하느님의 이름을 저주하도록 만들겠다고 장담한 것이지요. 신은 내기를 받아들이고 사탄은 온갖 짓으로 욥을 괴롭히며 극심하게 고통스러운 종기로 온몸을 뒤덮지요. 고통으로 몸부림치던 욥은 어느 순간 외칩니다.

I am nothing but skin and bone. I have escaped with only the skin of my teeth. » 나는 이제 뼈와 살밖에 없구나. 남은 것이라고는 이에 붙은 잇몸뿐.

skin of teeth란 욥의 잇몸을 가리키는 듯합니다. 치아를 제자리에 붙들어두는, 가까스로 버티게 해주는 피부 말입니다.

의미 **간신히, 가까스로**

예문 My car skidded across the road in the wet conditions and I missed the lamppost *by the skin of my teeth.*

내가 몰던 차가 젖은 도로를 가로질러 미끄러져 하마터면 가로을 들이박을 뻔했다.

Play the Fool

play the fool(바보짓 하다)은 『성서』의 「사무엘서」 26장 12절에서 유래했습니다. 사울 왕은 다윗을 죽일 심산으로 그를 뒤쫓다가 자신이 한 짓을 인정하며 말하지요.

> I have sinned. Return, my son David, for I will not harm you again because my life is precious in your eyes this day. Behold, I have played the fool and have committed a serious error. » 나는 죄를 지었다, 내 아들 다윗아, 돌아오너라. 네가 오늘 내 목숨을 소중히 보아주었으니 내가 다시는 너에게 해를 끼치지 않겠다. 내가 정말 어리석은 짓을 하여 매우 큰 실수를 저질렀구나.

이 원래 문구에서 play the fool은 사악한 의도를 담고 있었지만 훗날 이 말은 뜻이 변해 '멍청한 짓(tomfoolery)'을 의미하게 되었습니다.

의미 바보짓을 하다, 대개 남들을 즐겁게 하려고 광대 노릇을 하다

예문 The teacher told Jed to sit down and stop *playing the fool.*
그 선생님은 제드에게 이제 광대 노릇을 그만하고 앉으라고 말씀하셨다.

Devil's Advocate

Devil's advocate(악마의 옹호자)라는 말의 기원은 로마 가톨릭교회에 있습니다. 1587년부터 성인이 되려는 시성 후보자에게는 거쳐야 할 절차가 있었습니다. 교회가 성인의 지위를 줄지 결정하기 전에 두 명의 대표를 지정해 시성(canonization) 여부를 놓고 논쟁을 벌였습니다. 시성에 찬성하는 쪽을
advocatus dei, 즉 신의 옹호자라고 했고, 시성을 반대하는 주장을 펼치는 쪽을 advocatus diaboli, 즉 악마의 옹호자라고 했지요. 이 구절이 '반대를 위한 반대'라는 뜻으로 확대되어 쓰기 시작한 것은 18세기 중반 무렵부터였습니다.

의미 의도적으로 반대를 위한 반대를 하는 사람

예문 Ben is a really annoying person to have a discussion with as he's always playing the *devil's advocate*.

벤은 같이 대화하기 정말 짜증나는 사람이야. 늘 반대를 위한 반대만 하니까.

Makes One's Hair Stand on End

makes one's hair stand on end(머리카락이 쭈뼛 서게 만들다)는 실제로 추위나 흥분이나 공포에 대한 반응으로 발생하는 생리현상입니다. 보통은 소름(goosebumps, horripilation)이라고 알려진 현상으로 공포스러운 상황을 마주하면 피부가 수축하고 머리카락이 쭈뼛 서게 되거든요. 표현 자체의 기원은 『구약성서』「욥기」 4장 15절에 있습니다. "A spirit glided past my face, and the hair on my body stood on end(어떤 영이 내 얼굴을 스치자 내 몸의 털이 곤두섰다네)." 이 구절은 1603년 셰익스피어의 연극 〈햄릿〉을 통해 널리 알려졌습니다. 이 연극에서 화자는 끔찍한 이야기를 가리켜 이렇게 말합니다. "each particular hair to stand on end, like the quills upon the fretful porcupine(모든 털이 마치 겁먹은 고슴도치 위에 솟은 가시처럼 쭈뼛 서 버렸다)."

의미 (머리카락을 쭈뼛 서게 할 만큼) 공포에 질리게 하다

예문 Whenever I see sharks on TV, they *make* my *hair stand on end*.

텔레비전에서 상어를 볼 때마다 무서워 머리카락이 쭈뼛 서는 것 같아.

Bless You

God bless you(신의 가호가 깃들기를)라고도 하는 bless you의 기원 역시 종교에 있습니다. 중세인들은 재채기를 하면 영혼이 몸에서 빠져나간다고 믿었습니다. '신이 축복하길'이라는 말은 몸으로 다시 영혼이 들어갈 때까지 보호막이 없는 영혼을 악마에게서 보호하려고 하는 말이었지요. 당시 또 다른 유파의 생각은 재채기가 오히려 악령을 몸에서 쫓아낸다는 것이었습니다. 그럼 악령이 축복받은 몸에 다시 돌아올 수 없도록 '신이 축복하길'이라고 말을 하는 것이었지요. 이 표현이 널리 퍼진 것은 1665년 런던 대역병 시기였습니다. 재채기를 흑사병(Black Death)의 증상이라 여겼기 때문에 '신의 가호가 있기를'이라는 말은 흑사병을 몰아내는 말로 사용했죠.

의미 (재채기를 하는 사람에게) 행운을 빌어요

예문 I sneezed on the bus and the lady next to me said "*bless you.*"
버스에서 재채기를 하자 옆에 있던 아주머니가 "행운을 빌어요"라고 말해주었다.

Drop in the Ocean

drop in the bucket(양동이의 물 한 방울)이었던 drop in the ocean(망망대해에 물 한 방울)은 『성서』 「이사야서」 40장 15절에서 유래된 표현입니다.

Behold, the nations are like a drop from a bucket, and are regarded as a speck of dust on the scales; Behold, He lifts up the islands like fine dust. » 보라, 민족은 두레박에서 떨어지는 물 한 방울 같고 천칭 위의 티끌같다. 진정 그분께서는 섬들도 먼지처럼 들어 올리신다.

1800년대 초에 '망망대해의 물 한 방울'로 바뀐 표현은 찰스 디킨스의 1843년 소설 『크리스마스 캐럴』로 대중화되었지요.

The dealings of my trade were but a drop of water in the comprehensive ocean of my business! » 장사는 내 사업이라는 넓은 망망대해의 물 한 방울에 불과했다고!

의미 새 발의 피, 망망대해의 물 한 방울, 전체 중 아주 작은 부분

예문 The media room was expensive, but it was a *drop in the ocean* compared to the cost of the whole house.
미디어 룸은 비쌌지만, 집 전체의 가격에 비하면 새 발의 피였다.

Apple of One's Eye

apple of one's eye(눈 안의 사과)라는 말은 수백 년
전에 만들어진 표현입니다. 고영어에서는 눈동자를
apple이라고 불렀습니다. 아마 눈동자의 둥근 모양
이 사과와 많이 닮았기 때문인 듯합니다. 예전부터
시각을 감각 중 가장 본질적이고 중요하다고 여겨 눈동자
는 소중히 보호해야 할 것으로 간주되었지요. 눈동자에 조금이라도
손상이 가는 것은 혐오스러운 일로 여겼습니다. 885년에 이 말을 웨
섹스의 알프레드 대제(King Alfred the Great of Wessex)가 비유적으로
썼고, 1605년 셰익스피어 또한 〈한여름 밤의 꿈〉이라는 연극에서 이
표현을 썼습니다. 하지만 처음 이 구절을 언급한 기록은 『성서』「신명
기」 32장 10절입니다.

He led him about, he instructed him, he kept him as the apple
of his eye. » 주님께서는 그를 이끌어주시고 가르침을 주셨으며 당신의
눈동자처럼 지켜주셨다.

의미 가장 사랑하는 존재, 눈에 넣어도 안 아플 만큼 아끼는 사람

예문 Her grandson is the *apple of* her *eye*.
할머니에게 손자는 눈에 넣어도 안 아플 만큼 소중하다.

Wash One's Hands of It

직접적으로 언급되어 있지는 않지만 wash one's hands of it (일에서 손을 떼다)라는 표현의 유래는 『신약성서』의 「마태오복음」 27장 24절에 있습니다. 예수의 재판에서 본시오 빌라도(Pontius Pilate)는 형을 선고하는 일을 맡았습니다. 그러나 빌라도는 예수에게 유죄판결을 내리기를 거절하고 그의 무죄를 선언합니다. 하지만 빌라도는 자신의 선언이 무시당하고 있으며 군중이 소란을 벌이고 있다는 사실을 알게 됩니다. 군중은 예수의 사형을 원했고, 빌라도는 원인 제공자가 되고 싶지 않아 물이 담긴 대야에 손을 씻으며 이렇게 말합니다. "I am innocent of this man's blood. It is your responsibility(나는 이 사람이 피를 흘리는 데 책임이 없다. 그의 피는 당신들 책임이다)." 예수의 사형에 연루되고 싶지 않다는 말과 함께 '손을 씻은' 행동이 훗날 '일에서 손을 떼다'라는 의미로 쓰이게 된 셈입니다.

의미 …에서 손을 떼다, …에 더 이상 연루되지 않다, 개입을 중단하다

예문 The project had dragged on for six years and Kerry couldn't wait to *wash* her *hands of it.*

그 프로젝트는 6년 동안이나 질질 끌었기 때문에 케리는 얼른 손을 떼고 싶어 했다.

Straight and Narrow

straight and narrow(좁게 몸을 옭아매는)라는 표현 역시 『성서』에서 비롯되었습니다. 원래는 strait and narrow가 정식 표기법입니다. 여기서 strait란 구속복(straitjacket)을 입었을 때처럼 좁고 몸을 옭아맨다(narrow and confining)는 뜻입니다. 『신약성서』 「마태오복음」 7장 14절에 다음과 같은 구절이 나옵니다.

Broad is the way that is the path of destruction but strait is the gate, and narrow is the way, which leadeth to the house of God. » 멸망으로 이어지는 문은 넓고 길도 널찍하여 그리로 들어가는 자들은 많다. 하느님의 집으로 이어지는 문은 얼마나 좁고 또 비좁은지, 그리로 찾아드는 이들은 적다.

좁은 문에 당도해 들어가려면 조심스레 발걸음을 내디뎌야 한다는 뜻이지요. 이것이 '정도(正道), 바른길'을 의미하게 된 것입니다.

의미 바르게 사는 법, 정도

예문 Ever since getting out of jail, Carl had been on the *straight and narrow*.

감옥에서 나온 후로 칼은 바르게만 살았다.

Enter the Lion's Den

enter the lions' den(사자 굴로 들어가다)라는 말의 기원은 『구약성서』의 「다니엘서」 6장 16절에 나오는 〈사자 굴에 들어간 다니엘(Daniel in the Lions' Den)〉에서 유래했습니다. 이 이야기에서 다니엘은 자기가 모시는 신에게 공개적으로 기도했다는 모함을 당해 사형 선고를 받습니다. 왕은 다니엘의 친구였지만 다니엘을 사형하는 수밖에 없었습니다. 그가 다니엘에게 말하지요. '네가 늘 모시는 너의 하느님이 너를 구해주기를!' 동이 트자마자 왕은 서둘러 사자 굴로 갑니다. 신이 정말 자기 친구를 구했는지 보려고요. 다니엘은 상처 하나 없이 살아 있었고, 신이 천사를 보내어 사자의 입을 열지 못하게 닫아두셨다는 말을 전합니다. 왕은 다니엘을 모함한 자들을 사자 굴 속으로 던져넣었습니다.

의미 ┃ 사자 굴로 들어가다, 위기일발의 상황으로 들어가다

예문 ┃ My work interview was with three of the top professionals in the city. I felt like I was walking *into the lions' den*.

내 면접관으로 시 최고 전문가 세 사람이 들어왔다. 사자 굴에 들어가는 느낌이었다.

The Powers that Be

the powers that be(현존하는 권력자들)라는 말 또한 『성서』에서 유래했습니다. 『신약성서』의 「로마서」 13장 1절입니다.

Let every soul submit himself unto the authority of the higher powers. For there is no power but of God. The powers that be are ordained of God. Whosoever therefore resists power, resists the ordinance of God. » 사람은 누구나 위에서 다스리는 권위에 복종해야 한다. 하느님에게서 나오지 않는 권위란 있을 수 없기 때문이다. 현존하는 권력자들도 하느님께서 세우신 것이다. 그러므로 권위에 맞서는 자는 하느님의 질서를 거스르는 것이다.

의미 실세, 권위나 힘이 있는 자들

예문 I have put my application in and am just waiting for *the powers that be* to make a decision.

나는 막 지원서를 냈고 실세들의 결정을 기다리는 중이야.

Blind Leading the Blind

blind leading the blind(눈먼 자가 눈먼 자를 인도하다)라는 말의 기원은 『성서』에 있지만 아마 더 오래전부터 있었을 수도 있습니다. 『신약성서』 「마태오복음」 15장 14절에 나오는 예수의 가르침 중 하나가 다음과 같습니다.

Let them alone: They be blind leaders of blind. And if the blind lead the blind, both shall fall into the ditch. » 그들을 내버려 두어라. 눈먼 자들을 인도하는 눈먼 자들이다. 눈먼 자가 눈먼 자를 인도하면 둘 다 구덩이에 빠질 것이다.

『성서』의 이 구절은 무려 기원전 800년에 쓰인 힌두교의 경전 『우파니샤드』에서 가져온 듯합니다. 『카타 우파니샤드』라는 고대의 경전에도 비슷한 구절이 나오니까요.

Abiding in the midst of ignorance, thinking themselves wise and learned, fools go aimlessly hither and thither, like blind led by the blind. » 무지 한가운데 살면서 자신이 지혜롭고 학식이 풍부하다 생각하는 바보는 눈먼 자가 눈먼 자를 인도하듯 정처 없이 헤맨다.

무능한 사람이 똑같이 무능한 사람에게 조언을 해주거나 인도해주다

예문 Gary was never any good at tennis, but now he's coaching his young son. That's a case of the *blind leading the blind.*

개리는 테니스를 전혀 못 치는데 지금 어린 아들에게 테니스 코치 노릇을 하고 있어. 눈먼 사람이 눈먼 사람을 인도하는 격이지.

Kiss of Death

kiss of death(죽음을 부르는 입맞춤)라는 표현은 『신약성서』에 나오는 예수의 제자 유다가 예수를 배신한 이야기에서 유래했습니다. 「마태오복음」 26장 47-49절에서 이스가리옷 유다는 로마 병사들에게 예수가 누구인지 알리는 신호로 예수의 뺨에 입을 맞춥니다. 그 탓에 예수가 체포되어 십자가에 못 박혔지요. 이러한 행동은 시실리의 마피아 두목들에게 전해져 내려왔습니다. 마피아 두목의 입맞춤을 당한 자가 곧 죽는다는 뜻으로 말입니다. 원래 '유다의 입맞춤(Judas kiss)'라고 쓰다가 1940년대에 들어 kiss of death로 표현이 바뀌었답니다.

의미 파멸이나 실패를 부르는 행동

예문 When the major banks all hinted that they might raise interest rates, it was like a *kiss of death* to the stock market.

주요 은행들이 모두 이율을 올릴 것이라 암시했을 때 주식 시장에는 마치 파국이 들이닥친 것 같았다.

In Seventh Heaven

in seventh heaven(일곱 번째 천국에 있는)이라는 표현의 기원은 이슬람교와 유대교에 있습니다. 이슬람교도의 신앙에 따르면 천국은 일곱 개가 있다고 합니다. 각각의 천국은 서로 다른 물질로 이루어져 있고 다른 선지자들(예언자들)이 각 천국에 살고 있다고 하지요. 첫 번째 천국은 은으로 만들어졌으며 아담과 이브가 살고 있습니다. 두 번째 천국은 금으로 만들어져 있고 세례자 요한과 예수가 삽니다. 이렇게 천국은 계속 등급이 높아지다가 여섯 번째 천국에 이르면 모세가 살고 있습니다. 마지막 일곱 번째 천국에는 아브라함이 살고 있지요. 아브라함은 모든 것을 주재하는 선지자이기 때문입니다. 유대인들의 신비주의 역시 이러한 일곱 천국 개념을 수용합니다. 단, 유대교에서 일곱 번째 천국은 가장 높은 신의 집이며, 신의 성스러운 천사들이 사는 곳으로 완전하고 영원한 축복이 깃든 장소입니다.

의미 그지없이 행복한, 아주 기쁜

예문 It had been a long flight to Mexico, but as I lazed on the beach with a cold drink I was truly *in seventh heaven.*

멕시코까지 가는 비행은 길었지만 시원한 음료를 마시며 해변에서 실컷 게으름을 떨고 있자니 더없이 행복했다.

12장

Caught Red-Handed

현장에서 발각되다

법률과 치안

Short Shrift

대개 shift라고 잘못 쓰는 경우가 많은  short shrift(아주 짧은 참회 기회)라는 말은 17세기의 형법에서 유래했습니다. shrift란 용서를 받기 위해 성직자에게 하는 고해를 뜻합니다. 동사 shrive에서 왔고 과거형은 shrove인데요, Shrove Tuesday는 기독교 사순절 전의 참회의 화요일을 뜻하는 말입니다. 17세기, 사형 선고를 받은 범죄자들은 교수형을 당했습니다. 대개 형장에는 성직자가 사형 집행자와 함께 대기 중이었고 사형수는 아주 짧은 생애 최후의 순간에 죄를 참회할 수 있는 시간을 받았지요. 죽기 전에 아주 짧은 참회 시간을 번 셈입니다. 그렇다고 사형을 면해주지는 않으니까 이를 용서라고 할 수는 없겠지요. 이렇게 해서 short shrift는 '여지를 주지 않다, 고려하지 않다'라는 뜻이 되었던 것입니다.

의미 가차 없는 대우, 여지를 주지 않는 것

예문 He took a whole week to apologize, so when he did I gave him *short shrift* and didn't even respond.

그 인간 사과하는 데 일주일이 꼬박 걸렸어. 그래서 사과를 해도 봐주지 않았어. 대답조차 안 했지.

To Double Cross

to double cross(성호 두 번 긋기)의 기원에 대한 설이 몇 가지 있습니다. 일부는 이 표현이 경마에서 지기로 약속하고 돈을 받은 뒤 막상 대회에서는 이기는 기수에게서 유래했다고 합니다. 이들은 결승점을 지날 때 가슴에 성호를 두 번 그었다고 합니다. 지겠다고 약속하고 이겨버리는 배신을 용서해달라는 의미에서 말입니다. 더 개연성 있는 설은 18세기 런던의 현상금 사냥꾼 조너선 와일드(Jonathan Wild)의 이야기입니다. 와일드는 범죄자와 경찰 양쪽에서 일하는 것으로 유명했다고 합니다. '도둑잡이 장군'으로 명성이 자자했던 와일드는 자신이 거래하는 범죄자 정보를 꼼꼼히 기록했고 인맥을 확장하기 위해 돈도 지불했습니다. 목록에 있는 범죄자가 마음에 들지 않으면 도둑 명부에 적힌 해당 범죄자 이름 옆에 십자가 표시를 했습니다. 십자가 표시가 두 개 생긴 자는 더는 효용가치가 없다고 판단해 당국에 넘겨 현상금을 챙겼지요. 결국 와일드도 배신을 당해 1725년 교수형에 처했습니다. double cross가 최초로 기록된 문서는 1768년 데이비드 개릭(David Garrick)의 연극 〈아일랜드 과부(The Irish Widow)〉입니다.

의미 [대개 이전의 협력자, 파트너가] 일부러 배신하다, 약속을 어기다

예문 The two thieves planned to split the money, but one *double crossed* the other and fled with it all.

도둑 둘이 훔친 돈을 나누기로 했지만 한 사람이 배신을 해 돈을 다 들고 달아났다.

Hung, Drawn, and Quartered

hung, drawn, and quartered(매달리고, 내장이 적출되고, 사지를 절단당하다)는 13세기부터 1870년까지 잉글랜드에서 행해졌던 형벌입니다. 반역죄를 저지른 사람에게만 적용하던 이 형벌은 공개적인 구경거리였습니다. 거의 죽을 때까지 범인을 매단 다음, 내장을 적출하는 것입니다(이것을 drawing이라고 하지요). 그런 다음 목을 자르고 몸통을 네 부분으로 자릅니다. 남은 부위들은 대개 전국의 유명한 장소에 경고의 의미로 전시했지요. 여러 유명한 인물이 이 가혹한 형벌을 받았습니다. 유명한 반역자 가이 포크스(Guy Fawkes), 스코틀랜드의 애국자 윌리엄 윌리스(William Wallace) 등입니다. 이 끔찍한 형벌을 나타내는 표현은 17세기경 '끝장나는'이라는 오늘날의 비유적인 뜻으로 변했습니다.

의미 끝장나는, 죽음으로 끝나는 끔찍한 고문의 형태

예문 I'll be *hung, drawn, and quartered* if I don't submit my work on time again.

이번에도 제시간에 과제를 제출하지 못하면 난 끝장이야.

By Hook or By Crook

by hook or by crook(낫을 쓰건 지팡이를 쓰건)
이라는 표현은 중세 잉글랜드에서 유래했습니
다. hook과 crook은 긴 손잡이가 달린 도구로 밭
에서 일하는 하층민들이 쓰던 것입니다. hook은 추수꾼
이 곡물을 잡거나 당길 때 쓰던 낫 모양의 뭉툭한 도구였고
crook은 끝을 구부려 양치기가 양을 밀고 당길 때 쓰던 도구
입니다. 당시 법에 따르면 누구도 왕의 숲에서 나무나 가지를 베
어서는 안 되었습니다. 그러나 죽은 나뭇가지는 낫(billhook)이나 양
치기의 지팡이(crook)로 모아들일 수 있었지요. 무엇이건 hook이
crook으로 거두는 것은 허용되었다는 뜻입니다.

의미 기어코, (공정하건 말건) 어떤 방법을 써서라도

예문 I'm going to get to the train station on time, *by hook or by crook*.

나는 무슨 수를 쓰든 제시간에 기차역에 도착할 거야.

To be Screwed

---

to be screwed(나사 조임을 당하다)라는 말의 기원은 19세기 형태의 형벌에 있습니다. 당시 영국의 감옥 상태는 악명 높을 정도로 가혹했습니다. hard labor, 말 그대로 중노동을 형벌로 수행했지요. 당시 죄수들을 벌주는 흔한 관행은 이들에게 한 번에 몇 시간씩 기계의 크랭크 손잡이를 돌리도록 하는 일이었습니다. 그 자체로도 충분히 고된 노동을 더 힘들게 만드는 방법은 간수가 나사(screw)를 조여서 크랭크의 저항력을 높여 돌리기 훨씬 더 어렵게 만드는 것이었습니다. 간수의 미움을 받거나 특별히 죄질이 나쁜 죄수는 대개 이렇게 '나사 조임(screwed)'을 당했지요. '위협하다'라는 뜻인 to tighten the screw의 뜻도 여기서 유래했습니다.

의미 속다, 바가지 쓰다

예문 That car is only worth $10,000. You really *got screwed* on that deal.

저 차는 1만 달러밖에 안 해. 넌 바가지 쓴 거야.

Take for a Ride

take for a ride(차에 태워 가서 죽이다)라는 말의 기원은 미국의 금주법 시대에 있습니다. 1920년대 금주법이 시행되던 당시 범죄율이 아주 높았지요. 조직폭력배들이 밀주를 일삼았고 다른 범죄도 많이 저질렀거든요. 시장 점유율을 놓고 경쟁이 심했고 조폭들 간의 전쟁도 만연했습니다. 경쟁 조폭이 다른 갱단 두목의 심기를 건드리면 대개 그쪽 심복에게 차를 타고 어디론가 가자는 초청을 받았습니다. 조용한 장소로 차를 타고 가서 둘이 이야기를 나누고 의견 차이를 조율하자는 것이었지요. 하지만 그건 그저 허울 좋은 구실에 불과했고, 차를 타고 간 사람은 살해당해 돌아오지 못하는 일이 다반사였답니다.

의미 속이다, 기만하다

예문 I trusted my accountant to invest the money for me, but he *took me for a ride* and I lost the lot.

회계사가 내게 유리하도록 투자해주리라 믿었는데 사기를 쳐서 나는 그 돈을 잃었어.

Laughing Stock

laughing stock(웃음거리가 되는 형벌)이라는 표현은 잉글랜드의 중세 형벌의 형태에서 유래했습니다. 마을 대부분의 공공 광장에 stock 라는 차꼬형의 형틀이 있었습니다. 이 형틀은 널빤지 두 개에 구멍을 뚫어 나무틀에 고정한 장치였는데, 범인의 두 손과 발을 형틀의 구멍에 넣고 빠져나가거나 움직이지 못하게 고정했습니다. 잡범들은 형틀에 이렇게 묶여 지나가는 고을 사람들의 비웃음과 조롱을 당했습니다. 심지어 썩은 채소를 맞기도 했지요. laughing stock이라는 말은 1500년대 초 오늘날의 '웃음거리'라는 뜻으로 변했습니다. 필립 시드니 경(Sir Philip Sidney)은 1533년 「시를 위한 변론(An Apology for Poetry)」이라는 비평에 다음과 같은 구절을 남겼습니다. "Poetry is fallen to be the laughing stock of children(시는 이제 아이들의 웃음거리로 전락했다)."

의미 　웃음거리, 조롱거리

예문 　Her constant mistakes at work had made her the *laughing stock* of the company.

그 사람은 직무에서 끊임없이 실수해 결국 직장 내 웃음거리가 되었다.

Pull the Wool over Someone's Eyes

pull the wool over someone's eyes (가발을 밑으로 당겨 눈을 가리다) 의 기원은 17세기 사람들이 썼던 정교한 가발에 있습니다. 가발은 두껍고 숱이 많았습니다. 가발 크기를 보고 사회적 지위를 판단하기도 했지요. 가발이 클수록 부유하다고 여겼습니다. 큰 가발을 쓴 사람들은 자기 자신이 부자라고 광고하는 꼴이 되어 잡범들의 표적이 되었습니다. 큰 가발은 아래로 당기기도 쉬웠지요. 일부 잡범들이 쓰는 술책은 가발 쓴 사람 뒤로 몰래 다가가 가발을 당겨 두 눈을 가리는 것이었습니다. 그러면 돈을 훔치기 더 쉬워졌으니까요.

의미 속이다, 기만하다

예문 My lawyer said he'd charge a flat fee, but he *pulled the wool over* my *eyes* and ended up charging me for a lot of extras.

변호사는 수임료를 고정요금으로 받겠다고 말해 놓고 날 속였어. 추가 비용을 엄청 물렸거든.

There but for the Grace of God Go I

there but for the grace of God go I(신의 은총이 없다면 나도 그랬겠지) 는 프로테스탄트 설교자이자 순교자인 존 브래드포드(John Bradford) 에게서 유래했습니다. 메리 1세 치하의 잉글랜드에서는 가톨릭교 부흥 정책으로 브래드포드를 포함한 수많은 신교도들이 박해를 받았지요. 런던탑에 감금당한 브래드포드는 다른 죄수들이 처형당하러 끌려나가는 것을 볼 때마다 "there but for the grace of God goes John Bradford(신의 은총이 없다면 존 브래드포드도 마찬가지 신세가 되겠지)"라고 말했다고 합니다. 그는 신의 은총을 그리 오래 누리지 못하고 1555년 7월 1일 런던의 스미스필드 시장 말뚝에 묶여 화형당했습니다. 아서 코난 도일 경은 1891년 셜록 홈즈 시리즈 중 『보스컴 계곡의 수수께끼(The Boscombe Valley Mystery)』에 이 구절을 사용했습니다. 그때부터 대중화되어 남의 불행을 보고 자신의 상황을 다시 돌아볼 때 쓰이게 되었습니다.

의미 남의 불행이 나한테도 일어날 수 있었을 텐데

예문 So many people went bankrupt during the financial crisis that I couldn't help but think that *there but for the grace of God go I*.

금융 위기 때 많은 사람이 파산을 했기에 나 역시 신의 가호가 없었다면 같은 신세가 되었으리라 생각하지 않을 수 없었다.

Read the Riot Act

18세기에는 reading the riot act(폭동법을 읽어주기)가 존재했습니다. 1715년 도입된 잉글랜드의 폭동법(Riot Act)은 치안 판사에게 12명 넘는 사람들이 모인 집단은 평화를 위협한다는 꼬리표를 붙일 권한을 주었어요. 공식적으로 말해 '소요와 폭동 집회를 미연에 방지하고 더 신속하고 효과적인 폭도 처벌을 위한 행위'의 일환으로 치안판사는 폭동법 조문을 크게 읽어주며 사람들에게 '즉시 해산하고 평화롭게 집으로 가거나 종사하던 합법적인 일터로 가라고' 요구했던 것입니다. 그 후 한 시간이 지나도 모임에 남아 있는 사람은 체포해 자리를 떠나게 했지요. 폭동법을 무시하는 경우 처벌은 가혹했습니다. 3년 복역하거나 최대 2년 수감되어 고된 노동을 해야 했으니까요. 이 법은 1819년 악명 높은 피털루 학살 동안 시험대에 올랐습니다. 당시 기병대는 폭동법을 읽어주었고 자리를 뜨지 않는 시위자들을 체포했습니다. 그러나 역사상 흔히들 그랬듯 재판을 받는 시위자들은 시위 현장이 시끌벅적해 법조문 읽는 소리를 듣지 못했다고 주장했습니다. 이 폭동법은 1973년까지 효력을 발휘했습니다.

의미 엄하게 질책하다, 크게 문책하다, 호되게 꾸짖다

예문 It was the third time in a week that Lee had been late for work so I really *read the riot act* to him.

리가 이번 주만 벌써 지각을 세 번째 했기 때문에 나는 그를 크게 꾸짖었다.

Pay Through the Nose

pay through the nose(세금을 코로 내다)라는 말의 기원은 9세기까지 거슬러 올라갑니다. 바이킹들이 아일랜드를 침략했던 시절입니다. 덴마크인의 조상 바이킹은 세법이 아주 가혹해 침략한 땅마다 세금을 부과했습니다. 아일랜드를 침공한 이들은 콧세(Nose Tax)라는 유난히 높은 세금을 매기고는 이 세금을 회피하는 경우 괴팍하고 가혹한 처벌을 실행했습니다. 코를 눈썹 있는 부위에서 코끝까지 죄다 베어 버렸거든요. 아일랜드인들의 선택은 둘 중 하나였습니다. 세금을 내든지 코를 세금으로 내든지(pay through the nose). '코로 세금을 내는' 어처구니없는 형벌은 훗날 '바가지 쓰다'라는 뜻으로 변했습니다.

의미 바가지 쓰다, 터무니없는 값을 지불하다

예문 It was peak season at the hotel so we *paid through the nose* for our room.

휴가철 성수기여서 우리는 호텔 방값에 바가지를 썼다.

Paint the Town Red

paint the town red(마을을 붉게 칠하다)
의 기원은 밤새 흥청망청 놀고 마신 전
설적 인물입니다. 1837년 기행을 벌여

'미친 후작(Mad Marquess)'이라는 별명이 붙은 영국의 워터포드 후작
(Marquess of Waterford)은 멜턴 모브레이라는 도시에서 친구들과 거
의 광란 상태에서 기물을 마구 부수며 돌아다녔습니다. 창문을 깨고,
문 손잡이를 뽑아버리고, 꽃 화분을 부수었지요. 성이 차지 않은 이들
은 빨간 페인트를 얻어다가 백조 조각상과 수많은 집의 문, 심지어 징
수소 문까지 빨갛게 칠해놓았습니다. 나중에 후작은 배상을 했지만
온 도시를 붉게 칠해놓은 과오는 만회하지 못했다네요. '온 도시를 붉
게 칠하다'라는 말은 이렇게 해서 '술집을 전전하며 흥청망청 놀다'라
는 뜻으로 쓰이게 되었습니다.

의미 술집을 전전하며 흥청망청 놀다

예문 Ed finished his exams today so he's gone out to *paint the town red.*

에드는 오늘 시험이 끝나 술집에 놀러 갔어.

Rule of Thumb

rule of thumb(엄지 판결)의 유래에 관해서는 설명이 분분합니다. 엄지를 사용해 뭔가를 측정하는 관행은 수백 년 동안 존재해왔지요. 로마인들은 엄지손가락 끝 관절부터 손가락 끝까지를 1인치의 기준으로 삼았고, 온도계가 등장하기 전에 맥주를 제조하던 양조기술자들은 발효 맥주의 온도를 엄지손가락으로 쟀다고 합니다. 엄지는 이런 식으로 고대부터 쓰였지만 rule of thumb이라는 말이 처음 생긴 것은 1782년이었습니다. 그해에 영국 고등법원의 왕좌부(King's Bench)의 프랜시스 불러(Francis Buller) 판사는 영국 법의 오랜 금언을 공식화한 판결을 내렸습니다. 남편은 자기 엄지손가락보다 두껍지 않은 막대기로 아내를 때릴 수 있다는 판결이었지요. 불러는 차별주의자라며 비난을 받았고 훗날 풍자만화의 조롱거리가 되었습니다. 만화에서 그는 '엄지 판사(Judge Thumb)'로 그려졌습니다. rule of thumb(엄지 판결)이라는 표현은 이때부터 널리 알려지게 되었습니다.

의미 어림 감정, 대략의 법칙, 주먹구구, 엄밀한 계산이 아닌 경험에 의거한 대략적인 방법이나 원칙

예문 As a *rule of thumb*, new plants should be watered daily for the first two weeks.
어림짐작으로 새로 심은 식물은 첫 두 주 동안은 매일 물을 주어야 해.

Haul Someone over the Coals

to haul someone over the coals(석탄 위에 끌어다 놓다)라는 표현은 중세 이단 처단법에서 유래했습니다. 이단은 기존 교회의 교리에 대한 도전이나 비정통 종교 관행을 뜻하지요. 중세 시대에는 이단을 교회를 거스르는 범죄로 간주해 사형에 처했습니다. 그러나 자신이 이단이라고 인정하는 사람은 극히 드물었기 때문에 유죄를 입증하기가 쉽지 않았습니다. 이 어려움을 해결하기 위해, 누구든 이단으로 의심을 받는 사람은 일단 꽁꽁 묶여 빨갛게 타는 석탄대로 끌려갔습니다. 죽는다는 건 곧 이단이라는 증거이므로 죽음으로 대가를 치렀다고 판결이 났지만 만일 그 고문에서 살아남으면 신이 그를 보호한 것으로 보아 풀려났습니다.

의미 …를 엄하게 질책하다

예문 He was late for training three days in a row, so the coach really *hauled* him *over the coals*.

그가 사흘 연속 훈련에 지각하자 코치는 그를 엄하게 질책했다.

Pipe Dreams

---

pipe dreams(파이프로 아편을 피우면서 꾸는 꿈)라는 표현은 아편 파이프를 쓰는 사람들이 꾸는 꿈을 가리키는 말입니다. 아편은 진통 및 최면 효과를 내는 마약입니다. 파이프는 아편을 넣고 태워서 그 연기를 흡입하게 만든 장치고요. 아편을 피우는 사람들은 대개 생생하고 환상적인 환각을 보곤 합니다. 이 표현은 1800년대 말부터 미국에서 쓰이기 시작했습니다. 당시 아편 흡입은 합법이었거든요. 이 표현이 비유적인 의미로 처음 쓰인 지면은 1890년 12월 자《시카고 데일리 트리뷴(The Chicago Daily Tribune)》이었습니다. 당시 이 일간지는 인간이 만든 비행기를 가리켜 이렇게 평했지요. "It has been regarded as a pipe dream for a good many years(비행기는 오랜 세월 동안 한낱 몽상으로 치부되어왔다)."

의미 비현실적인 희망이나 계획, 백일몽, 몽상, 판타지

예문 I'd always wanted a house in the Bahamas, but deep down I knew it was just a *pipe dream*.

나는 늘 바하마에 집을 갖고 싶었지만, 마음속 깊은 곳에서는 그 꿈이 현실성 없는 몽상임을 알고 있었다.

Give Someone a Break

to give someone a break(…에게 쉴 시간을 주다, 쓸 돈을 주다)라는
말은 중세 거리 공연자들에게서 유래했습니다. 에너지가 충만한 이들
공연의 중간 쉬는 시간에 공연자들은 모자를 들고 관중 사이를 누비
면서 공연비를 받아 챙겼습니다. 이 표현은 그 후 1800년대 범죄 세계
에서 쓰입니다. 중죄인이 감옥에서 풀려나기 전 친구들이 십시일반으
로 돈을 모아 주어 땡전 한 푼 없이 지내는 일이 없도록 한 것이지요.
이런 행동을 give a break라고 했답니다. 이것이 훗날 '너그럽게 봐주
다, 특별히 고려해주다'라는 뜻이 되었습니다.

의미 …에게 기회를 주다, 너그럽게 봐주다, 특별히 고려해주다

예문 I was two marks under the grade but the teacher *gave* me *a
break* and let me pass anyway.

나는 2점이 모자랐는데 선생님이 봐주셔서 어쨌든 통과했어.

Baker's Dozen

baker's dozen(빵집의 12개, 빵집에서 12개에 하나 더 주는 빵)이라는 표현의 유래는 먼 옛날 13세기로 거슬러 올라갑니다. 1266년 잉글랜드의 국왕 헨리 8세는 빵값을 밀값에 연동시키는 법을 도입했습니다. 빵 장수들이 표준 중량에 못 미치는 빵을 못 팔게 하려는 것이었지요. 당시 빵집들은 표준에 미달하는 양의 빵을 파는 것으로 악명이 높았거든요. 법을 어기면 형벌이 무거웠기 때문에 빵집 주인은 벌금을 내거나, 태형에 처해지거나 아니면 길거리에서 형틀에 손발을 넣은 채 사람들의 웃음거리가 되어야 했습니다. 이런 가혹한 처벌을 피하려는 방편으로 빵집 주인은 12개들이 빵에 하나를 더 얹어주곤 했지요. 열세 번째 빵을 '덤으로 주는 빵(vantage loaf)'이라고 했답니다.

의미 13개, 13개짜리 묶음, 한 개 더 주는 덤

예문 I like that new bread shop. It always gives you a *baker's dozen*.
새로 생긴 그 빵집 좋아. 늘 빵을 덤으로 하나 더 주거든.

In Cold Blood

대개 살인과 관련해서 쓰이는 in cold blood(차가운 피로)라는 표현은 18세기 초에 처음 생겨났습니다. 감정적으로 격하거나 정열적인 행동을 하면 혈액의 온도가 높아진다는 믿음에서 시작되었지요. 얼굴이 붉어지거나 열감이 생기는 모습을 보고 그렇게 생각했던 모양입니다. 흥분이나 감정의 동요 없이 폭력 범죄를 저지르는 사람을 가리켜서는 뜨거운 피도 없이 냉혹하게(in cold blood) 행동한다고 표현했습니다. 이 구절이 처음 기록된 것은 1711년에 조지프 애디슨(Joseph Addison)이 영국 일간지 《스펙테이터(The Spectator)》에 쓴 글입니다. '침착하고 냉정한'이라는 뜻을 지닌 sangfroid라는 단어 역시 프랑스어로 피를 뜻하는 sang과 차가움을 뜻하는 froid에서 유래했습니다.

의미 냉혈한처럼, 피도 눈물도 없이, 냉혹하게

예문 The murderer just walked up and shot the man *in cold blood*.
살인자는 걸어오더니 남자를 피도 눈물도 없이 쏘아버렸다.

Red Tape

red tape(문서 봉인용 빨간 테이프)라는 말은 영국에서 16세기부터 존재해온 표현입니다. 그때부터 법 관련 문서나 공식 행정 문서는 모두 붉은 리본으로 묶었거든요. 기록을 둘둘 만 다음 빨간 테이프로 꽉 묶어 봉인했습니다. 기록을 건드리지 못하도록 하기 위한 조치였습니다. 고대 밀랍으로 문서를 봉인했던 것과 비슷한 원리지요. 바티칸 공식 문서도 붉은 천으로 묶었습니다. 오늘날까지도 흔히 법률 문서를 분홍색이나 빨간색 띠로 묶습니다. 이 구절을 현재 형태로 변형한 것은 찰스 디킨스입니다. 그는 정부의 불필요한 관료적 행정을 비꼬기 위해 1849년 작『데이비드 코퍼필드』, 1853년 작『황폐한 집』, 1857년 작『작은 도릿』을 비롯하여 많은 작품에서 이 표현을 사용했습니다.

의미 무의미한 관료 절차, 관공서의 과도하고 불필요한 요식이나 행정, 과도한 규제

예문 I wanted to get a truck license, but with all the *red tape* involved it took months.

나는 트럭 면허를 따고 싶었지만 행정 절차가 지나치게 복잡해 면허를 따는 데 수개월이 걸렸다.

Cat and Mouse

cat and mouse(고양이와 쥐, 고양이 앞의 생
쥐)라는 표현은 20세기 초 여성의 투표권
을 위해 싸웠던 영국의 여성 참정권 운
동가들(suffragettes)에게서 유래했습니다. 이들은
투옥되면 운동의 명분을 알리고 관심을 끌고자 단식 농성을 벌이곤
했습니다. 당황한 정부 당국은 더 나은 해결책을 마련할 때까지 재소
자들에게 섭식을 강제하려 했지요. 1913년 건강 문제가 있는 죄수를
임시 석방하는 재소자법이 통과된 후 당국은 이들이 병에 걸릴 때까
지만 억류했습니다. 병에 걸리면 회복을 위해 석방은 되었지만 저항
하기에는 몸이 너무 허약한 상태였죠. 이런 식으로 당국은 단식으로
인한 피해는 전적으로 여성 참정권 운동가들의 책임이라고 주장하는
한편, 몸을 회복해 시위를 다시 시작한 운동가는 즉시 재수감했습니
다. 이 법이 '고양이와 쥐 법(Cat and Mouse Act)'이라고 비판받으면서
cat and mouse(고양이 앞의 쥐)라는 표현이 쓰이기 시작했습니다. 고
양이가 쥐를 생각해주는 듯하다 죽이듯이 강자가 약자를 농락하는 행
태를 가리키는 뜻으로 말입니다.

의미 …를 데리고 놀다(가지고 놀다), 포식자가 먹이를 놓아줄 듯하다가 결국 죽이는 상황

예문 Julie loved to play *cat and mouse* with an admirer, drawing him in and then being indifferent.

줄리는 자기를 흠모하는 남자를 데리고 놀기 좋아했어. 마음을 주다가도 곧 무심하게 대하곤 했지.

Kangaroo Court

kangaroo court(캥거루 법정)라는 말은 1849년 미국 캘리포니아의 골드러시에서 유래했습니다. 당시에는 범죄가 흔해서, 금광을 캐러 나선 불법 채굴자 중에는 남이 발견한 광구를 빼앗는 사람들(mining claims)도 있었습니다. 이들을 '광구 약탈자(claim jumpers)'라고 했습니다. 금광은 이렇게 무법 지대였지만 비공식적인 법정이 설치되어 궁색하나마 이들을 심판하는 사법 서비스를 제공했습니다. 캘리포니아에는 일확천금을 벌기 위해 멀리 오스트레일리아에서 금광을 찾아온 채굴꾼도 많았는데요, 이를 '광구 약탈'과 연결해서 캥거루 법정이라는 이름이 생겼습니다. 그 후 '캥거루 법정'이라는 표현이 영국으로도 퍼져나가 엉터리 법정을 가리키게 되었습니다.

의미 합당한 법 절차를 무시하는 엉터리 법정, 가짜 법정

예문 Instead of being given a fair trial, the foreign drug smuggler was tried in a *kangaroo court*.

외국 마약 밀매상은 적법한 재판 대신 엉터리 법정에서 재판을 받았다.

Buying Time

buying time(돈 주고 시간 사들이기)이라는 표현의 기원은 1797년 잉글랜드입니다. 당시 시계 보유 세금법(Duties on Clocks and Watches Act)이라는 법률이 통과되었거든요. '시계세(Clock Tax)'라고도 했는데, 영국제도에 있는 모든 시계에 대해 5실링씩 세금을 부과한 법이었습니다. 시계를 소유한 사람은 시계를 숨기거나 없애서 이 말도 안 되는 고약한 세금을 피하려 했지요. 선술집 주인은 이를 기회로 삼아 커다란 시계를 벽에 걸어놓고 시간을 알고 싶은 사람들이 술집으로 들어오도록 만들었습니다. 술집 주인은 세금 내는 것쯤은 별로 개의치 않았답니다. 시간을 보러 들어오는 사람들은 결국 나가지 않고 술을 사 마실 수밖에 없었으니까요. 그러고 나면 사람들은 생각했던 것보다 더 오래 머물면서 말 그대로 '시간을 샀던' 것입니다. 훗날 이 말은 '시간을 벌기 위해 지연 작전을 쓰다'라는 뜻으로 쓰이게 되었습니다.

의미 지연작전을 쓰다, 시간을 벌려고 꾸물거리거나 일을 회피하다

예문 We intentionally prolonged the negotiations to *buy some time* while the exchange rate dropped further.

우리는 일부러 협상 시간을 연장했다. 환율이 더 떨어지는 동안 시간을 벌기 위해서였다.

Skeleton in the Closet

skeleton in the closet(벽장 속 해골)이라는 표현은 잉글랜드의 의료 법에서 유래했습니다. 1832년 해부법(Anatomy Act)이 도입될 때까지 인간의 시신을 의료 연구용으로 해부하는 것은 불법이었습니다. 그러나 일부 의사들은 법을 어기고 연구와 교육을 위해 시신을 사용했습니다. 의사들은 발각되지 않으려고 쓰고 남은 해골을 자물쇠가 있는 벽장에 숨겨두었다고 합니다. 이 표현은 윌리엄 새커리(William Thackeray)가 1845년 《편치(Punch)》라는 잡지의 기사와 1855년 소설 『뉴컴 가(The Newcomes)』에서 사용했고, 이후 널리 퍼져 '부끄러운 비밀'이라는 뜻이 되었습니다.

의미 부끄러운 비밀, 남이 몰랐으면 하는 집안의 수치

예문 Their uncle had once been in jail, which was the family's only *skeleton in the closet.*

그들의 삼촌은 감옥에 간 적이 있어. 그 집안의 유일한 남 부끄러운 비밀이지.

Have a Beef

have a beef(비프라는 경고의 외침을 듣다)의 기원은 18세기 런던의 범죄 세계에 있습니다. 도둑들은 예로부터 사람들이 '도둑 잡아랏!'이라는 경고의 외침인 stop thief!를 들으면 동료 도둑을 도우려고 hot beef, hot beef라고 외치곤 했습니다. 런던 악센트로는 두 말이 서로 운율이 맞아 원래 도둑 잡으라는 외침을 가려버리는 효과가 있어 도둑을 추격하는 사람들을 교란에 빠뜨릴 수 있었거든요. 그동안 도둑은 달아날 수 있었지요. 'beef라고 외치다'를 1811년 『비속어 사전(Dictionary of the Vulgar Tongue)』에서는 '경고하다'라고 정의했습니다. 이것이 나중에 오늘날 우리가 쓰는 표현인 have a beef, 즉 '경고를 받다, 미움이나 불만을 받다'라는 뜻으로 발전했습니다.

의미 …에게 불만이 있다, 악감정이 있다

예문 It was twenty years ago at high school that I stole Graham's girlfriend, but he still *has a beef* with me about it.

그레이엄의 여자 친구를 빼앗은 게 20년 전 고등학교 시절인데 그레이엄은 그 일로 아직 내게 앙금이 남아 있어.

Put One's Thinking Cap On

put one's thinking cap on(생각 모자를 쓰다)이라는 말은 잉글랜드의 초창기 법원 판사들에게서 유래했습니다. 당시에는 판사들이 검정 모자를 쓰고 자신이 형사재판의 모든 증거를 들었다는 표시를 하는 것이 관례였습니다. 모자는 판사가 선고를 내리기 전 판결을 숙고할 준비가 되었음을 보여주는 신호였지요. 판사는 박식하고 존경받는 지식인이기 때문에 그들의 모자를 가리켜 thinking cap(생각 모자)라 불렀습니다. 이 표현은 19세기 중반 들어 '집중해 생각하기'라는 더 넓은 함의를 띠게 되었습니다.

의미) 문제 해결을 위해 곰곰이 생각하다, 심사숙고하다, 집중하다

예문) We will all need to *put* our *thinking caps on* if we're going to find a way out of this situation.

이 상황을 벗어날 방안을 찾아내려면 우리 모두 집중해야 해.

Pillar to Post

from pillar to post라는 말의 기원은 중세 잉글랜드의 가혹한 형벌입니다. 당시는 고을마다 태형 기둥(whipping post)과 죄인에게 씌우는 칼(pillory)로 죄인을 다스렸습니다. '차꼬(stocks)'라고도 불리는 칼은 구멍이 세 개 달린 나무틀이었습니다. 죄인의 머리와 두 팔을 구멍 사이로 끼워놓고 군중이 주위에 모여 죄인을 향해 썩은 달걀과 채소를 던지곤 했지요. 이 형벌은 수일 동안 지속되기도 했습니다. 그런 다음 죄인은 태형 기둥으로 끌려가 사람들 앞에서 매질을 당했습니다. 원래는 pillory to post(칼에서 태형 기둥으로)라고 쓰이다가 점차 오늘날 쓰이는 pillar to post라는 형태로 바뀌어 '이리저리, 여기저기'라는 뜻으로 쓰이게 되었습니다.

의미 여기저기, 이리저리

예문 After he joined the army, Joel's family was moved around the country from *pillar to post*.
조엘의 가족은 조엘이 입대한 다음 전국 곳곳으로 이사를 다녔다.

Caught Red-Handed

때로 flagrante delicto라는 라틴어 표현으로도 쓰이는 caught red-handed(손에 피가 묻은 채 잡히다)라는 표현은 15세기 스코틀랜드에서 유래했습니다. 당시 존재했던 법은 범죄자가 현행범으로 잡히는 범죄를 가리켜 '피 묻은 손(red-hand)'이라고 했습니다. 불법 침입으로 기소당한 사람의 손에서 실제로 피가 발견되어야 증거로 인정해주었기에 나온 말입니다. 1674년에 나온 스코틀랜드 법률 해설에는 다음과 같은 문구가 있습니다. "If he be not taken red-hand, the sheriff cannot proceed against him(용의자가 손에 피를 묻힌 채로 잡히지 않으면 판사는 그에게 불리한 법적 절차를 진행하지 못한다)." 이 표현은 1819년 월터 스콧 경의 역사소설 『아이반호』에서 caught red-handed라는 표현으로 변형되었고 소설을 통해 대중화되어 '현행범으로 잡히다'라는 뜻으로 쓰게 되었습니다.

의미 : 현행범으로 잡히다, 현장에서 발각되다

예문 : The criminal was *caught red-handed* coming out of the store with the diamonds in his pocket.

범인은 다이아몬드를 주머니에 넣고 상점에서 나오다 현장에서 붙잡혔다.

Rings True

‘진실성’을 뜻하는 ring of truth로 흔히 쓰이는 rings true(소리가 진짜처럼 울리다)라는 표현은 중세의 화폐제조업자에게서 유래했습니다. 당시 주화는 실제 금이나 은 혹은 보석에 준하는 다른 금속으로 만들었습니다. 함유된 금속의 무게에 따라 가치가 달라졌지요. 장비가 형편없고 귀금속도 드물어서 일정한 중량이 함유된 똑같은 주화를 제조하기가 어려웠습니다. 범죄자들은 이러한 약점을 좋은 기회로 삼았지요. 이들은 싸구려 금속에 금이나 은을 약간만 섞어서 위조화폐를 찍어냈습니다. 그러나 돌로 된 판에 주화를 떨어뜨릴 때 순수한 귀금속은 낭랑한 소리를 내는 반면 가짜 주화는 둔탁한 소리를 냈지요. 주화가 진품인지 아닌지 시험하고 싶을 때는 떨어뜨려서 낭랑한 소리가 울리는지(ring true) 여부만 확인하면 간단했습니다.

의미 진짜처럼 들리다, 진짜인 듯 느껴지다

예문 Adam said he'd been at the beach, and he did have sand on his feet, so his story *rang true*.

애덤이 해변에 갔다 왔다고 말했는데, 발에 모래가 묻어 있는 걸 보니 사실을 이야기한 것 같았다.

13장

Swan Song

마지막 업적

동물과 자연

Fair Game

fair game(사냥해도 되는 동물)이라는 표현은 18세기 잉글랜드에서 유래했습니다. 조지 3세는 열렬한 사냥 애호가였고 상류층 지주의 가축을 보호하고 밀렵용 침입을 줄일 목적으로 새 법안을 도입했습니다. 왕은 사냥을 귀족의 특권으로 유지하고 싶었기 때문에, 누구든 지주와 그의 장자가 아닌 사람이 꿩이나 사슴을 잡는 것을 불법화했습니다. 이 법을 어기면 처벌은 가혹했습니다. 특정 동물만, 즉 지주의 농작물에 해를 끼치는 야생동물이나 일부 조류만 면제 대상이라 사냥할 수 있었습니다. 이러한 동물을 법으로 fair game이라고 칭했습니다. 이 말이 훗날 '만만한 대상, 표적'이라는 뜻으로 쓰이게 되었지요.

의미 (농담이나 비판 등의) 만만한 대상, 표적, (공격이나 조소 등의) 좋은 목표

예문 Anyone who is brave enough to go on that talk show is *fair game*.

그 토크쇼에 나갈 배짱이 있는 사람이면 딱이야.

Get Someone's Back Up

get someone's back up(등을 위로 바짝 들게 만들다)이라는 말의 기원은 고양이의 습성에 있습니다. 고양이는 위협을 받거나 화가 나면 등을 둥그렇게 말지요. 그러면 고양이의 털은 빳빳하게 서고 그 때문에 덩치가 실제보다 더 커 보이게 됩니다. 이 표현은 18세기 이후 영국에서 일상적으로 쓰였고 프랜시스 그로스(Francis Grose)의 1788년 저작『고전 비속어 사전(A Classical Dictionary of the Vulgar Tongue)』에 정의도 나와 있습니다.

His back is up, i.e. he is offended or angry: an expression or idea taken from a cat; that animal, when angry, always raising its back. » 그의 등이 올라갔다: 그는 불쾌하거나 화가 났다. 고양이에게서 유래된 표현 혹은 관념. 고양이는 화가 나면 항상 등을 바짝 올린다.

의미 …를 성나게 하다, 화나게 하다, 불쾌하고 짜증나게 만들다.

예문 He kept interrupting everything I said and it really *got* my *back up*.

그 애는 내가 말하는 사사건건 방해를 해서 날 정말 짜증나게 했어.

Get into a Scrape

get into a scrape(도랑이나 구덩이에 빠지다)라는 표현은 19세기 초 잉글랜드에서 유래했습니다. 당시 시골에는 들사슴이 많았고 사냥도 활발했지요. 사슴은 사냥꾼과 포식자를 피하기 위해 날카로운 앞발굽으로 땅에 도랑을 파서 몸을 숨겼습니다. 이 도랑을 scrape라고 했는데, 잘 보이지 않았습니다. 특히 잎사귀들이 무성히 자라 구덩이를 덮을 때는 더더욱 보이지 않았지요. 걸어가거나 말을 타고 길을 가는 사냥꾼은 이 구덩이에 빠지기가 쉬웠고 그렇게 되면 큰 부상을 입었습니다. '사슴이 파놓은 위험한 구멍에 빠지다'라는 말이 '궁지나 어색한 상황에 빠지다'라는 뜻으로 쓰이게 된 것입니다.

의미 (부주의로) 궁지나 어색한 상황에 빠지다, 곤혹스러운 상황에 처하다

예문 I *got into* a bit of *a scrape* at the grocery store when I went to pay and had no money in my wallet.

장을 보고 돈을 내려고 하는데 지갑에 돈이 없어서 곤혹스러웠지.

Knock on Wood

때로는 touch wood라는 표현으로도 쓰이는 knock on wood(나무를 두드리다)라는 표현은 고대 드루이드족에게서 유래했습니다. 이들은 로마인 이전에 잉글랜드에 살았던 부족으로, 떡갈나무를 숭배했고, 나무 속에 인간을 보호하는 영혼이 산다고 굳게 믿었습니다. 나무는 행운의 원천이므로 악령을 몰아내준다고요. 행운이 필요한 사람들은 떡갈나무를 만졌습니다. 이 믿음은 근대까지도 관습으로 이어져 실제로 떡갈나무 조각을 작게 잘라 목걸이로 만들어 걸고 항상 피부에 닿게끔 하는 사람들도 있었습니다. 이 표현은 특히 1850년대에 흔하게 사용되었고, 잉글랜드의 정치가 윈스턴 처칠도 자신은 늘 나무 조각과 팔 뻗으면 닿을 정도로 가까이 있는 것을 좋아했다고 말한 적이 있습니다.

의미 부정 타지 않기를 바라며

예문 I've not yet lost on the stock market, *knock on wood.*

아직은 주식 시장에서 손해를 보진 않았어. 부정만 타지 않았으면 좋겠는데 말이야.

White Elephant

white elephant(하얀 코끼리)라는 표현은 17세기 태국에서 유래했습니다. 당시 태국은 시암 왕국이었습니다. 코끼리 중에는 가끔 백색증으로 온몸이 흰 코끼리가 있는데요. 매우 희귀하기 때문에 시암에서 태어나는 모든 백색증 코끼리는 왕의 소유물이었습니다. 이런 코끼리는 신성시되어서 올라타서도, 죽여서도, 일을 시켜서도 안 되었지요. 먹이고 집을 제공하는 데도 비용이 상당히 많이 들었습니다. 왕은 마음에 들지 않는 귀족이 생기면 악의적으로 그에게 하얀 코끼리를 하사했다고 합니다. 왕의 선물을 감히 거절하지 못한 귀족은 무용지물 코끼리를 평생 돌볼 수밖에 없기 때문에 결국 파산을 하기도 했다네요. 이렇게 해서 '하얀 코끼리'는 '애물단지'라는 비유적인 뜻을 지니게 되었고요.

의미 애물단지, 처치 곤란한 물건, 비싸기만 하고 쓸모없는 물건

예문 My uncle left me a boat in his will, but it turned out to be a *white elephant* as the maintenance costs were huge.

삼촌이 유산으로 나한테 배 한 척을 남겼는데 유지비가 굉장해서 애물단지가 되어버렸어.

Pecking Order

pecking order(쪼는 순서)라는 말은 닭 농장에서 시작된 표현입니다. 집에서 기르는 닭(domestic poultry)은 엄격한 서열을 유지해서 대장 암탉이 보복의 두려움 없이 그냥 다른 암탉을 쪼아댈 수 있습니다. 그 암탉 밑에는 각자 서열이 또 있고, 어떤 암탉이 서열이 낮아 쪼아도 되는지 다 알고 있습니다. 이 관계는 아래로 내려가 서열이 가장 낮은 암탉에 이르게 되고, 서열이 가장 낮은 암탉은 암탉 전체에게 쪼임을 당하지요. 이런 행동은 수백 년 동안 관찰되어왔지만, pecking order라는 말을 처음 만든 사람은 1920년대 독일 생물학자들이었습니다. 인간과 기업에서의 서열 행동이 닭들 간의 서열 관계와 유사하다는 이유로 1950년대에 이 말은 '서열, 위계'라는 일반적인 의미를 띠게 됩니다.

의미 서열, 집단 내의 위계

예문 Kris had only been at the firm a week, but he kept contradicting the senior partners. He clearly didn't know the *pecking order.*

크리스는 회사에 온 지 일주일밖에 안 되었는데 간부들 말에 계속 반대했지 뭐야. 회사 내 서열을 몰랐던 게 확실해.

Once in a Blue Moon

once in a blue moon(푸른 보름달이 뜰 때 한 번)이라는 표현은 달과 관련이 있지만, 파란색은 별로 중요하지 않습니다. 달은 날씨에 따라 푸르게 보일 수 있는데,『메인 주 농부 책력(The Maine Farmers' Almanac)』에 이 표현에 대한 설명이 나와 있습니다. 이 책력에는 1818년 이후 추수 달(Harvest Moon)과 사냥꾼의 달(Hunter's Moon)처럼 다양한 달의 날짜를 기록해놓았습니다. 대개 계절마다 세 번의 보름달이 뜹니다. 달과 책력의 달이 정확히 일치하지는 않아서 일부 해에는 보름달이 12개가 아니라 13개가 있는데 보름달이 네 번 있는 계절의 세 번째 보름달을 (별 뚜렷한 이유 없이) blue moon, 즉 푸른 달이라고 불렀습니다. 미국의 아마추어 천문학자 제임스 프루엇(James Pruett)이 이 책력을 오독해서 1946년 판『스카이 앤드 텔레스코프 매거진(Sky & Telescope Magazine)』에 blue moon을 '한 달 중 두 번째 보름달'이라고 해놓았고 이 정의가 자리를 잡아버렸습니다. 사실 blue moon은 3년에 한 번씩 일어나는 현상인데 말이지요. 이 말이 왜 '아주 드물게'라는 뜻인지는 짐작하시겠지요?

의미 어쩌다 한 번, 아주 드물게

예문 Our daughter lives abroad so we only see her *once in a blue moon.*

우리는 딸이 외국에 살아서 딸을 어쩌다 한 번 만난다.

Swan Song

swan song(백조의 노래)라는 말은 백조가 평생 울지 않다 죽기 직전 처음으로 아름답게 노래한다는 옛 믿음에서 유래했습니다. 고대 그리스인과 로마인 모두 이것을 사실로 여겼습니다(소크라테스는 플라톤에게 백조의 노래가 기쁨의 표현이라 말했다고 합니다). 물론 서기 77년에 이르러 철학자 대(大)플리니우스는 『박물지』라는 책에 '관찰에 따르면 죽어가는 백조가 노래한다는 이야기는 거짓이다'라고 써 놓았습니다. 그럼에도 초서와 셰익스피어를 비롯한 후대의 많은 예술가들도 백조의 노래라는 시적 이미지를 많은 작품에 사용했죠. 이 영어 표현 자체는 1836년이 되어서야 나타났습니다. 토머스 칼라일(Thomas Carlyle)이 『의상철학』이라는 소설에서 이 표현을 쓴 것이 최초입니다. 독일어의 schwanengesang이라는 단어를 번역한 것이었다고 하네요. '백조가 죽기 전에 부르는 단 한 번의 노래'라는 속설이 '마지막 업적'이라는 뜻으로 쓰인 내력입니다.

의미 **백조의 노래, 마지막 업적이나 공연(예술가의 마지막 작품. 연기자나 선수의 마지막 기량 발휘)**

예문 Sam is retiring in two months. This rail project will be his *swan song*.
샘은 두 달 후면 은퇴해. 이 철도 프로젝트는 그의 마지막 업적이 될 거야.

As Bald as a Badger

as bald as a badger(오소리같이 머리가 벗겨진)라는 표현의 유래가 오소리의 정수리가 하얘서 대머리 같다는 인상을 준 데 있다고 생각하는 사람이 많습니다. 하지만 실제로 이 말은 빅토리아 시대에 등장했고 원래 표현은 as bald as a badger's bum(오소리의 궁둥이처럼 털이 다 벗겨진)입니다. 당시 남자들이 쓰는 면도용 솔은 오소리 털로 만들었는데 그 털을 오소리 궁둥이에서 뽑았습니다. 오소리를 덫으로 잡아 털을 뽑은 다음 놓아주었던 것이지요. 털은 다시 자랐지만, 잉글랜드의 시골에서는 이렇게 궁둥이 털이 뽑힌 오소리가 여기저기 뛰어다니는 모습을 흔히 볼 수 있었답니다.

의미 대머리의, 머리가 훌랑 벗겨진

예문 Lou is only thirty, but he's *as bald as a badger* already.
루는 서른 살밖에 안 되었는데 벌써 대머리야.

To Fly in the Face

to fly in the face(얼굴로 날아들다)는 수백 년 동안 쓰인 단순한 표현입니다. 닭이 사용하는 방어 메커니즘에서 나온 말이지요. 닭은 여우의 공격을 받으면 여우의 얼굴을 향해 날아들거나 그 주변에서 퍼드덕 날아다닙니다. 공격하는 적에게 달려들다니 터무니없고 위험한 전략처럼 보이지만 여우를 교란해 혼란을 주는 행동이라네요.

의미 통념이나 관행에 역행하다, 예상된 행동과 반대로 행동하다

예문 Her decision to quit her job and start a new career *flies in the face* of sound judgment.

직장을 그만두고 새로운 경력을 시작하겠다는 그녀의 결정은 올바른 판단에 역행하는 거야.

Make a Beeline for

make a beeline for(벌처럼 일직선으로 곧장 가다)라는 말은 물론 벌에서 유래했습니다. 벌은 꿀을 발견하면 벌집으로 돌아가 특이한 춤을 추어 다른 벌들에게 그 위치를 알립니다. 지그재그  모양의 움직임을 포함하는 이 원형 춤을 본 다른 벌들은 꿀이 있는 곳으로 곧장 날아갑니다. 전문가들은 벌이 태양을 이용해서 길을 찾으며, 꿀을 찾아온 벌이 추는 춤은 벌이 따라야 하는 태양의 각도뿐 아니라 이들이 최단 거리로(in a beeline) 가야 하는 거리를 알려준다고 여깁니다. 이 표현이 '직행'이라는 비유적인 뜻으로 쓰인 것은 1800년대 초부터입니다.

의미 직행하다, 가장 빠른 경로를 통해 곧장 가다

예문 As soon as Andrew got home from school, he *made a beeline for* the refrigerator.
앤드루는 학교에서 집으로 돌아오자마자 냉장고로 직행했다.

Wet behind the Ears

wet behind the ears(귀 뒤쪽이 아직 마르지 않은)라는 말은 기원이 아주 단순한 아주 드문 사례입니다. 말 그대로 가축이 태어난 직후의 상태를 가리키는 말에서 나온 표현이거든요. 갓 태어난 망아지나 송아지, 새끼 양의 귀 뒤쪽에는 작게 옴폭 들어간 부위가 있습니다. 이 부위는 햇볕과 바람이 잘 스치지 않아 태어난 다음 가장 늦게 마르는 부위지요. 미국에서 처음 사용된 이 말은 20세기 초에 유명해져 '미숙한'이라는 의미로 쓰이게 되었습니다.

의미 머리에 피도 안 마른, 미숙한, 아직 어린

예문 Greg is far too young for a job like this. He's still *wet behind the ears.*

그레그는 이런 일을 하기엔 너무 어려. 머리에 피도 안 마른 아이라니까.

A Cat Has Nine Lives

a cat has nine lives(고양이는 목숨이 아홉 개다)라는 표현은 고대 이집트에서 유래했습니다. 고양이는 이집트에서 숭앙받던 동물입니다. 생존력이 뛰어나고 민첩하며 꽤 높은 곳에서 땅으로 착지하는 능력 덕분인 듯합니다. 고양이는 신성한 힘을 갖춘 동물로 간주되어 신으로 숭배받았습니다. 이집트의 태양신 아툼 - 라는 다른 여덟 신에게 각각 아홉 개의 목숨을 주었습니다. 지하 세계에 방문한 아툼 - 라는 고양이의 형태를 취했고 바로 여기서 아홉 개 목숨의 신화가 시작된 것 같습니다. 9라는 숫자는 때로는 '삼위일체의 삼위일체'라 불리면서 역시 신비의 숫자로 간주됩니다. 이 또한 신성하고 숭앙받는 고양이를 연상시켰지요. 셰익스피어는 1595년 희곡『로미오와 줄리엣』에 '고양이의 아홉 개 목숨'이라는 표현을 써서 이 말을 서양으로 들여왔습니다.

의미 고양이는 쉽사리 죽지 않는다, 고양이는 운이 아주 좋아 죽을 만큼 심한 일을 당해도 좀처럼 죽지 않는다

예문 My cat fell off the roof for the fourth time this month. He really does *have nine lives*.

우리 고양이는 이번 달에만 벌써 지붕에서 네 번 떨어졌어. 목숨이 정말 아홉 개인가 봐.

Beat around the Bush

beat around the bush(덤불 주위를 막대기로 치다)라는 표현은 중세 시대 사냥에서 시작된 말입니다. 부유한 귀족들은 재미로 사냥을 했지만 위험에 빠지고 싶지는 않았지요. 이들은 사냥을 도와줄 사람들을 고용했습니다. 이들이 하는 일은 덤불에서 동물을 몰아내 귀족들이 쏠 수 있게 해주는 것이었습니다. 대개 이들을 덤불 속으로 보내서 동물을 겁주어 내쫓게 했지만, 멧돼지처럼 위험한 동물이 숨어 있을 경우에 이들은 큰 소리를 내며 덤불 주위를 막대기로 쳐서 큰 소리를 내어 숨은 동물을 덤불 밖으로 유도하고 내쫓아 사냥하는 사람의 위험을 방지해주었답니다.

의미 돌려서 말하다, 요점을 피하다, 변죽만 울리다, 빙빙 돌려 말하다

예문 Just tell me what you really want and stop *beating around the bush*.

빙빙 돌려 말하지 말고 네가 진짜 원하는 걸 말해봐.

Red Herring

18세기부터 쓰인 red herring(붉은 청어)
이라는 표현은 청어라는 생선과 관련된 기
원을 갖고 있습니다. 당시 청어는 엄청나게
많이 잡히는 데 반해 냉장 시설이 없었기 때문에 훈제하여 저장했습니다. 훈제한 청어는 적갈색을 띠고 톡 쏘는 냄새를 풍기게 되지요. 이 당시 여우 사냥을 반대하던 이들은 사냥을 방해하기 위해 냄새가 강한 이 훈제 청어를 길에 놓아두었습니다. 그 강한 냄새가 사냥개들을 교란해 사냥감 냄새를 맡지 못하게요. 개들은 여우 냄새가 아니라 청어 냄새를 뒤쫓았습니다. 이런 이유로 '붉은 청어'를 '교란 요인'이라는 뜻으로 사용하게 되었습니다.

의미 관심을 딴 데로 돌리는 것, 엉뚱한 단서, 주의를 딴 데로 환기하는 단서, 교란 수단

예문 The police were following a *red herring*, but they're on the right track now.

경찰은 엉뚱한 단서를 뒤쫓다 이제서야 수사를 제대로 하고 있다.

Birds and the Bees

the birds and the bees(새와 벌)라는 표현은 수백 년 동안 자연을 묘사할 때 쓰여온 표현입니다. 19세기 무렵 고상한 척 내숭을 떠는 교육자들이 새와 벌의 습성을 성교육용 비유로 사용하기 시작했습니다. 벌이 꽃가루를 가져다 꽃에게 놓아주면 그것이 남성의 생식이고, 새들이 알을 낳으면 그것이 여성의 배란이라는 식으로 설명한 것입니다. 자연에 관한 비유를 통해 성교육을 하는 관념은 새뮤얼 테일러 콜리지(Samuel Taylor Coleridge)라는 잉글랜드의 낭만주의 시인이 1825년에 쓴 시 「희망 없는 일(Work Without Hope)」의 영향을 받았습니다.

All nature seems at work. ⋯
The bees are stirring—birds are on the wing. ⋯
And I, the while, the sole unbusy thing,
not honey make, nor pair, nor build, nor sing.

» 자연은 모조리 일을 하는 것 같다. (⋯)
벌들은 윙윙 몸을 흔들고 새들은 날아다닌다. (⋯)
그런데 나는 그 사이에서 홀로 한가로운 존재,
꿀을 만들지도, 짝을 짓지도, 집을 짓지도, 노래를 하지도 않는다.

이러한 발상과 용법을 더욱 공고히 한 것은 미국의 자연연구가 존 버로스(John Burroughs)가 1875년에 쓴 『새와 벌, 날카로운 두 눈, 그리고 다른 글(Birds and Bees, Sharp Eyes, and other Papers)』입니다. 어린이가 쉽게 이해할 수 있도록 자연을 설명한 책입니다.

의미 아이에게 성교육을 시킬 때 쓰는 완곡어법

예문 My boy is about to turn ten, so it's about time I taught him about the *birds and the bees*.

아들이 곧 열 살이 되니 이제 성교육을 할 때가 된 것 같아.

I'll Be a Monkey's Uncle

I'll be a monkey's uncle(내가 원숭이 삼촌이다)이라는 표현은 찰스 다윈이 제기한 진화론과 관련이 있습니다. 그야말로 혁신적인 저작이었던 『종의 기원』의 후속작으로 다윈은 1871년 『인간의 유래』를 출간했습니다. 이 책에서 다윈은 인간이 유인원에서 유래했고 둘의 관계가 가깝다고 시사했지요. 당시에는 창조론이 널리 퍼져 있었기 때문에 다윈의 이론은 거의 모든 이들에게 조롱과 의심의 대상이 되었습니다. 그의 주장은 하도 터무니없다고 생각되어 사람들은 그의 이론을 비웃기 위해 냉소의 표현으로 well, I'll be a monkey's uncle(흥, 다윈의 주장이 진실이면 내가 원숭이 삼촌이다)라고 말하기 시작했다고 합니다. 그 후로 이 말은 어떤 것이건 사실 같지 않은 상황을 향해 의구심을 보이는 데 사용되었습니다.

의미 그게 진짜면 내 손에 장을 지진다(놀라움과 의심, 불신의 표현)

예문 If the President stays in power at the next election, then *I'll be a monkey's uncle.*

대통령이 다음번 선거에도 재선되면 내 손에 장을 지질게.

Nest Egg

nest egg(둥지에 둔 가짜 알)라는 표현은 14세
기부터 잉글랜드에서 썼던 표현입니다. 공
장식 양계가 시작되기 전이었으므로 닭은
닭장의 둥지에 알을 낳았습니다. 인간이 달걀
을 가져가더라도 닭에게 희망을 주고 더 많은 알을
낳으라고 독려하는 수단으로 농부들은 둥지나 닭장에 도자
기로 구운 알을 놓아두었습니다. 이 모조품 달걀(dummy egg)을 nest
egg라고 했는데, 정말 닭들이 알을 더 많이 낳게 독려하는 효과가 있
었습니다. 1600년대 말이 되면서 이 표현에 비상금이라는 뜻이 덧붙
었습니다.

의미 비상금, 종잣돈, 훗날 쓰기 위해 따로 비축해 늘려가는 돈

예문 He lost his entire *nest egg* when the stock market crashed.
그는 주식 시장 폭락으로 비상금을 홀랑 다 날렸다.

Barking up the Wrong Tree

barking up the wrong tree(엉뚱한 나무
에다 대고 짖다)라는 표현은 미국의 사냥
문화에서 유래했습니다. 19세기 초 미국인들
은 미국너구리(raccoon) 사냥을 했습니다. 이 너
구리는 야행성 동물이라 추적할 때 개를 이용했
지요. 공포에 질린 너구리는 개가 닿지 않는 곳으

로 가려고 나무를 기어올라 가지 사이로 도망쳤습니다. 너구리의 냄
새를 맡은 개들은 나무 아래쪽에 서서 사냥꾼을 부르며 마구 짖어댔
지요. 그러나 너구리는 영리하기에 속임수를 쓰기도 했습니다. 사냥
꾼이 나무에 기어 올라가고 나서야 개가 엉뚱한 나무 밑에서 짖었다
는 것을 알아차리게 하는 식으로 말입니다. '엉뚱한 나무에 대고 짖다'
라는 표현이 이렇게 해서 '잘못 짚다'라는 뜻으로 확대된 것이지요.

의미 잘못 짚다, 엉뚱한 추정을 하다, 엉뚱한 행동 경로를 따라가다

예문 She had been trying to solve the math problem for an hour,
but with the formula she was using she had been *barking up
the wrong tree.*

그 애는 한 시간 동안 수학 문제를 풀려 애썼는데 쓰던 공식부터 잘못되었던 거야.

Booby Prize

booby prize(부비 새처럼 멍청한 자에게 주는 상)라는 말은 푸른발부비새(blue-footed booby)에게서 유래했습니다. 남미에 사는, 멍청해서 쉽게 잡히는 새로 유명하지요. 17세기 선원들은 이 새가 사람이 다가가도 도망치지 않는다는 사실을 발견했습니다. 간단한 올가미와 미끼용 음식만 있으면 갑판에서도 쉽게 잡을 수 있었지요. 이것이 바로 부비트랩(booby trap)의 어원이기도 합니다. 그 때문에 머리가 둔한 선원들은 곧 '부비'라 불리게 되었고 경연에서 꼴등을 한 사람 모두에게 장난삼아 주는 상을 booby prize라고 부르게 되었답니다.

의미 꼴등 상, (장난삼아) 꼴등에게 주는 상

예문 Jan has come last yet again so we should give her a *booby prize*.
잰이 또 꼴찌로 왔으니 우리는 잰에게 꼴등 상을 줘야 해.

Final Straw

final straw(마지막 지푸라기)라는 말은 '낙타의 등을 무너뜨리는 것은 마지막 지푸라기'라는 아랍 속담을 줄인 표현입니다. 낙타가 등에 짐을 너무 많이 실어 지푸라기 하나만 더 얹어도 쓰러지게 생긴 상황을 빗댄 표현이지요. the last feather that breaks the horse's back(말 등을 무너뜨리는 마지막 깃털)도 17세기 잉글랜드에서 쓰던 비슷한 표현입니다. '마지막 지푸라기'라는 말을 대중화한 인물은 1848년 『돔비와 아들(Dombey and Son)』이라는 소설에서 이 표현을 쓴 찰스 디킨스입니다.

의미 결정타(전체 상황을 무너뜨리는 작고 사소한 사건)

예문 I had hated my job for years, but when my boss berated me for taking a day off sick, it was the *final straw* and I quit.

나는 여러 해 동안 직장이 싫었는데, 병가를 하루 낸 일로 사장이 화낸 일이 결정타가 되어 직장을 그만두었다.

Bee's Knees

---

bee's knees(벌의 무릎)라는 표현은 벌들이 자기 벌집에 꽃가루를 운반하는 방식에서 온 말입니다. 벌은 꽃에서 꽃가루를 채취한 후 다리 뒤쪽에 있는 주머니에 세심하게 넣습니다. 많은 이들은 이 표현이 벌의 무릎 주변에서 발견되는 풍부한 꽃가루에서 유래되었다고 생각합니다. 그 말이 맞건 틀리건 이 구절이 처음 쓰인 것은 1920년대 미국이었습니다. 당시에는 동물에게서 영감을 받아 무의미한 표현을 사용해 '탁월함'을 표현하는 것이 유행이었거든요. 이런 표현은 상당히 많았습니다. 고양이의 파자마(cat's pajamas), 뱀의 궁둥이(snake's hips), 원숭이의 눈썹(monkey's eyebrows), 장어의 발목(eel's ankles), 벌의 무릎이 대표적인 사례입니다.

의미 탁월한, 우수한, 질이 가장 좋은

예문 Have you tried that new Chinese restaurant in town? It's the *bee's knees.*

시내에 들어온 새 중식당 가봤니? 정말 최고라니까.

14장

Saved by the Bell
최후의 순간에 구출되다

사랑과 죽음

Kick the Bucket

kick the bucket(양동이를 차버리다, 가축 도살장에서
몸부림 치다)라는 표현은 사람들이 목을 맬 때 양
동이 위에 서서 목에 올가미를 맨 다음 양동이를 차
버리는 행동에서 유래한다는 주장이 있습니다. 그러
나 더 설득력 있는 설명은 동물을 잡는 일과 관련이 있
습니다. 18세기, 동물을 도축하기 위해 발을 매다는 도
구를 bucket이라 불렀습니다. 동물이 죽을 때 살려고 몸부림을 치고
발작해서 발이 bucket을 차는 것이지요. kick the bucket이 '죽다'라
는 뜻이 된 것은 이 때문이라는 것이 더 유력한 설입니다.

의미 죽다

예문 Someone put poison in the dam and all the fish *kicked the
bucket.*
누군가 댐에 독을 푼 탓에 물고기가 전부 죽었다.

Saved by the Bell

saved by the bell(종이 울려 죽다 살아나다)이라는 표현
의 유래에는 두 가지 설명이 상충합니다. 하나는 권투
경기 중에 라운드 끝을 알리는 종이 울려 녹다운을
당한 선수가 열까지 세기 전에 다시 일어나는 상황
에서 비롯되었다는 설명입니다. 그러면 쓰러졌던 선수는 다
음 라운드에서 다시 경기를 펼칠 수 있게 됩니다. 다른 설은
이 말이 19세기 원저 성의 보초 하나가 근무 중에 잠이 들었
던 일에서 유래했다는 것입니다. 그는 잠들었다는 혐의를 부인
했고 자정에 빅벤의 종이 열세 번이나 치는 소리를 들었다고 말했지
요. 시계를 점검했더니 정말 톱니가 미끄러져 종이 열세 번 울렸다는
것이 밝혀졌습니다. 그의 말이 맞았던 거죠. 종 덕분에 살아난(saved
by the bell) 셈입니다. 하지만 더 그럴듯한 기원이 있으니, 이 두 가지
설명보다 이전 시기 이야기입니다. 이 책에도 나오는 dead ringer(똑
같이 생긴 사람)(409쪽 참고)라는 말의 유래와 같지요. 중세 시대 혼수
상태를 의학적으로 온전히 이해하기 전, 생명 징후가 없는 사람들은
죽었다고 여겨 매장했습니다. 이따금씩 혼수상태인 사람이 산 채로
매장되었다는 사실이 나중에 발견되었지요. 그래서 당시 사람들은 죽
은 사람의 손목에 끈을 매달아 땅 위에 설치한 종과 연결해놓았습니
다. 땅속에 매장된 사람이 깨어나면 종을 울려 알릴 수 있게 한 것이
지요. 이렇게 종과 연결된 소위 '안전관(safety coffins)'의 설계가 많아
지면서 19세기에는 특허로 등록되기도 했습니다. saved by the bell

이라는 표현도 이 사실과 연관이 있다는 게 더 그럴듯하게 들리지 않나요?

의미 막판에 곤경에서 벗어난, 최후의 순간에 구출된

예문 It was my turn to clean the house, but I got called away at the last minute to meet a friend so I was *saved by the bell*.

내가 청소할 차례였는데, 막판에 친구한테 전화가 와서 만나러 나간 덕에 청소를 면했지.

Tie the Knot

tie the knot(매듭을 묶다)라는 표현
은 영원한 결합을 상징합니다. 결혼
식에서 매듭(knots)을 쓰는 관습은 수백 년
동안 수많은 문화권에 존재해왔습니다. 고대 로마
시절 신부는 매듭을 묶은 거들을 입었습니다. 결혼식이 끝나기 전에
신랑이 신부의 매듭을 풀어주었지요. 이 전통은 훗날 결혼식에서 부
부의 손을 한데 묶는 것으로 발전했습니다. handfasting이라고 알려
진 이 관습은 켈트족에게서 비롯했는데 신랑과 신부의 손을 한데 묶
은 다음 1년 하고도 하루 동안 매듭을 유지했습니다. 결혼이 합법성을
띠기 위해 필요한 절차였지요. 부부는 결혼 계약의 일환으로 이 기간
에 함께하겠다고 약속했습니다. 매듭을 묶지(tying the knot) 않으면
결혼이 성립되지 않았습니다.

의미 결혼하다

예문 They'd been a couple for ten years so they finally decided to
tie the knot.

그들은 10년째 연애를 하고 마침내 결혼하기로 결정했다.

Dead Ringer

---

dead ringer(종을 울리는 죽은 자)라는 말의 유래는 논란이 있습니다. 경마가 기원이라는 설도 있지만 실제로는 좀 고약한 이야기에 기원이 있습니다. 중세 잉글랜드에서 혼수상태는 당시 의학 수준에서 제대로 파악된 현상이 아니었습니다. 그래서 생명 징후가 보이지 않는 사람은 누구나 죽은 것으로 추정했지요. 나중에 가끔 검시를 위해 시신을 파보면 사망자가 산 채로 매장되었다는 증거(닳아서 빠진 손톱과 관 위쪽 긁힌 자국)가 발견되었습니다. 이 무시무시한 생각을 물리치기 위해 사람들은 땅에 장대를 꽂아 넣고 장대 꼭대기에 종을 매단 다음 종에 실을 묶어 사망자의 손목에 연결해놓았습니다. 이런 식으로 묻힌 사람이 '다시 살아나면' 종을 울려 주의를 끌도록 한 것이지요. 그런 일이 실제로 일어나는 경우가 없지 않았기 때문에 훗날 이렇게 관에서 살아난 사람이 눈에 띄면 사람들은 그가 '자신이 알던 죽은 사람과 똑같다'고 말했고 dead ringer라는 말이 등장한 것입니다. 19세기 말이 표현은 뭐든 '똑같이 생긴 것'을 의미하기에 이르렀답니다.

의미 똑같이 닮은 사람이나 물건, 판박이, 진짜와 똑같은 가짜

예문 Luke is a *dead ringer* for his father.
루크는 아빠와 판박이다.

Head over Heels

사랑에 빠진 사람들을 가리킬 때 주로 쓰는 head over heels(머리가 발뒤꿈치 위에 있는)라는 표현은 실제로는 14세기에 heels over head(발뒤꿈치가 머리 위로 올라간, 물구나무선)라는 말로 시작되었습니다. heels over head가 더 이치에 맞는 말이긴 하지요. 거꾸로 물구나무를 선, 혹은 재주넘기나 공중제비(cartwheel, somersault)를 한다는 거니까요. 그런데 이 표현이 18세기 말에 head over heels라는 말로 와전되었습니다. 허버트 로렌스(Herbert Lawrence)가 1771년에 쓴 소설 『사색하는 인간(The Contemplative Man)』에서 이 표현을 잘못 쓰고부터 말입니다. 그는 이렇게 적었습니다.

He gave him such a violent involuntary kick in the face, as drove him head over heels. » 얼굴을 부지불식간에 아주 난폭하게 치는 바람에 그는 거꾸로 넘어갔다.

head over heels라는 이 틀린 표현을 오늘날 우리가 쓰는 의미로 고정하고 거기다 낭만적인 함의까지 부여한 것은 데이비 크로켓(Davy Crockett)입니다. 1834년에 그는 이런 말을 남겼거든요. "I soon found myself head over heels in love with this girl(나는 곧 이 여자와 홀랑 사랑에 빠져버렸다)."

의미 사랑에 폭 빠진, 연애하느라 맥을 못 추는

예문 Within a week of meeting they had fallen *head over heels* in love.

두 사람은 만난 지 일주일 만에 사랑에 폭 빠져버렸다.

Sleep Tight

sleep tight(침대 매트리스의 밧줄을 탄
탄히 조이고 자다)라는 표현은 스프링
매트리스가 발명되기 전 잉글랜드에
서 유래했습니다. 초창기 대량 생산
된 침대는 짚으로 된 매트리스를 십

자 형태의 밧줄로 침대 틀에 묶는 형태였습니다. 시간이 흐르
면 밧줄이 느슨해져 다시 조여야 했지요. 이때 밧줄을 탄탄히 조이는
도구는 끝이 두 갈래로 갈라진 쇠나 나무 막대기였습니다. 방금 조여
놓은 매트리스는 훨씬 편안해서 사람들은 잠을 푹 잘 수 있었습니다.
밧줄을 조인 매트리스는 더 강하고 터질 확률도 낮아서 사람들은 신
혼부부에게 침대를 더 조여놓으라고 조언하곤 했지요.

의미 잘 자다, 푹 자다

예문 I was exhausted after a hard day's work, so I knew I was
going to *sleep tight*.
나는 고된 하루 일을 마치고 하도 지쳐 푹 자리라 생각했다.

Lead up the Garden Path

down the garden path라고도 쓰이는 lead up the garden path(정원의 낭만적인 길로 끌어들이다)라는 표현은 1900년대 초 영국에서 유래했습니다. 당시 시골의 대규모 사유지에는 드넓은 정원이 있어 나무와 울타리와 이리저리 구불구불 뻗은 길(garden path)이 나 있었습니다. 예로부터 신사가 연인에게 청혼을 하던 낭만적인 길이었지요. 여자도 그걸 알고 있었기 때문에 구혼자가 정원에 난 길로 산책하러 나가자고 하면 좋은 징조로 받아들였습니다. 청혼을 받고 이를 승낙하겠노라 기대했지요. 그러나 남자가 여자를 초대해놓고 청혼 없이 유혹만 하는 경우도 드물지 않았습니다. 여기서 실속 없이 유혹만 하면서 속인다는 의미가 파생된 것이지요.

의미 …를 속이다

예문 We were *led up the garden path* about the cost of the car hire. When they added all the extras on, the price was twice what the company advertised.

렌터카 가격이 우리가 생각했던 게 아니었어. 속은 거지. 특별 서비스를 계속 추가했더니 원래 광고했던 값의 두 배가 되더라니까.

15장

In a Nutshell

요약해 말하자면

다양한 주제

Gone 'round the Bend

gone 'round the bend(굽은 길을 돌아 간)라는 말은 정신병원의 위치에서 유래했습니다. 19세기 빅토리아 여왕 시대에 영국은 정신질환자를 수용할 병원을 많이 지었습니다. 병원 입구까지 길고 곧게 뻗은 도로는 웅장한 병원 건축의 특징이어서 앞쪽에서는 선망의 대상으로 보였습니다. 그러나 정신병동은 도로에서 보이지 않도록 해야 했기 때문에 길게 굽은 길 끝에 지었습니다. 정신병동으로 들어간 이들은 말 그대로 굽은 길을 돌아서 간(gone around the bend) 셈이 되었던 것이지요. 그런 이유로 '굽은 길을 돌아서 간'이라는 말이 '미친, 정신이 나간'이라는 뜻으로 쓰이게 되었지요.

의미 완전히 돌아버린, 제정신이 아닌, 미쳐버린

예문 The flies at the lake have been so bad that we've all *gone 'round the bend.*

호숫가에 파리가 하도 극성이라 우린 죄다 미칠 지경이었다.

Pidgin English

pidgin English(피진 영어)라는 표현은 17세기 말에 생겨났습니다. 공통 언어가 없는 상황에서 거래를 하기 위해 영국 상인들이 중국에서 개발한 언어입니다. 실제로 pidgin English라는 말은 '비즈니스 영어(business English)'라는 뜻으로, 중국인들이 business를 '비진'으로 잘못 발음해 '피진(pidgin)'이라는 단어로 정착하게 된 것이지요. 영어와 광둥어를 결합한 이 언어는 일대에서 제2의 언어로 사용되었습니다. pidgin English라는 말은 효과적인 소통을 돕기 위해 두 가지 언어를 결합한 언어를 통칭하는 말로 발전했습니다.

의미 피진 영어, 공통의 언어가 없는 사람들 사이의 소통에 쓰이는 단순화한 언어

예문 I was buying a wooden carving in Africa and managed to get the deal done by speaking *pidgin English* with the locals.
나는 아프리카에서 나무 조각상을 사면서 피진 영어로 지역민들과의 거래에 성공했다.

Down in the Dumps

down in the dumps(실의에 빠진)라는 표현은 16세기부터 쓰였습니다. 가장 초창기에 이 말이 언급된 곳은 토머스 모어가 1553년에 쓴 『시련에 대비하는 위로의 대화(A Dialogue of Comfort against Tribulation)』입니다. 그 후 1596년 셰익스피어가 연극 〈말괄량이 길들이기〉에 "Why, how now, daughter Katharina in your dumps(아니 카타리나, 왜 실의에 빠져 있느냐)?"라는 대사를 쓰면서 널리 퍼져나갔습니다. 정확한 유래는 불분명하지만 dumps라는 단어는 중세 때부터 '실의(dejection)'나 '낙담, 우울(depression)'을 뜻하는 흔한 단어였습니다. 아마 유럽에서 들여온 모양입니다. 유럽에서는 다양한 언어에 유사한 단어들이 있었거든요. 가령 독일어 dumpf는 '암울한(gloomy)'이라는 뜻이 있고, 스웨덴의 dumpin은 '우울한(melancholic)'이라는 뜻이, 네덜란드의 dompig은 '눅눅한(damp)' 혹은 '흐릿한(hazy)'이라는 뜻이 있습니다.

의미 우울한, 암울한, 실의에 빠진, 비참한

예문 Going back to work after such a good holiday made me feel *down in the dumps.*

휴일을 신나게 보낸 후 다시 일할 생각을 하니 우울했다.

On Skid Row

on skid row(미끄러지는 길 위)라는 말은 19세기 미국의 벌목 산업에서 유래한 말입니다. 큰 나무를 베어서 옮기려면 트랙을 따라 굴려야 했습니다. 트랙은 기름을 칠한 통나무를 나란히 바닥에 깔아서 만들었고, 그 위로 나무를 굴려 운반했습니다. 이 길을 skid road라 불렀습니다. 이 통나무 길에 미끄러뜨려(skid) 나무를 운반했기 때문이지요. 당시 벌목업은 번창 중이었고 많은 사람이 일자리를 찾으러 벌목촌으로 밀려들었습니다. 미혼 남성들을 위한 술집과 사창가가 마을 특정 지역에 우후죽순 생겨났습니다. 이런 구역에 skid road라는 이름이 붙여졌습니다. 이런 술과 성매매의 세계에 굴복하는 이미지와 사회 밑바닥으로 미끄러지는 이미지가 상통하기 때문인가 봅니다. 1930년대 무렵 skid road는 skid row로 바뀌었고 '사회 밑바닥, 빈민가'라는 의미로도 확장되었습니다.

의미 부랑자와 떠돌이들이 사는 누추한 지역, 빈민굴, 사회 밑바닥

예문 John started drinking so regularly that we thought he was headed for *skid row*.

존은 술을 하도 자주 마셔서 우리는 그가 이제 밑바닥으로 가고 있다 생각했다.

In a Nutshell

in a nutshell(호두 껍데기 안에 넣은)이라는 표현은
로마의 학자 대(大)플리니우스가 77년에 기술한
이야기에서 유래했다고 전해집니다. 이야기에
따르면 양피지에 써서 호두 껍데기 속에 넣은 호메
로스의 서사시 『일리아드』 사본을 학자 키케로가 발견했다고 합니다.
좀 불가능하게 느껴지긴 하는데요, 아무튼 중요한 문서는 접어서 호
두 껍데기 속에 넣고 꽁꽁 잘 묶으면 방수가 되어 장거리를 운반해도
손상되지 않았다나요. 셰익스피어가 1603년에 발표한 비극 〈햄릿〉에
활용한 이래로 이 표현은 '축약해서 말하자면'이라는 뜻으로 꾸준히
사용되었습니다.

의미 요컨대, 간단히 말해, 몇 마디로 줄여 말하자면

예문 Chris was always long-winded so I told him to give me the
facts *in a nutshell*.

크리스는 늘 말이 장황해서 내가 필요한 사실만 요약해달라고 말했어.

Play Hooky

때로는 hooky 대신 hookey라고 쓰기도 하는 play hooky라는 표현은 19세기 중반 미국에서 학교 출석이 의무였던 시절에 탄생했습니다. 기원에 대한 설명이 다양합니다. '피해, 달아나'를 의미하는 옛 구절 hook it이 변형된 것이라는 설도 있고, '훔치다'라는 뜻의 속어 hook에서 유래했다는 설도 있습니다. 여기서 '학교 가는 날 하루를 훔치다(stealing a day off school)'라는 의미가 나온 것이지요. 다른 설명은 낚시와 연관이 있습니다. 학교를 하루 빼먹는 것은 물고기가 낚싯바늘에서 빠져나와 달아나듯 '곤경을 벗어나는(getting off the hook)' 것과 유사했으니까요. 게다가 19세기에 학교를 빼먹은 학생은 흔히 낚시로 시간을 보냈다는군요.

의미 허락 없이 학교를 빠지다, 해야 할 일을 빼먹다

예문 It was a sunny day so Jeb decided to *play hooky* from work and go the beach.

날씨가 하도 화창해서 젭은 맘대로 결근하고 해변에 가기로 했다.

Wait for the Other Shoe to Drop

wait for the other shoe to drop(나머지 신발 한 짝이 떨어지기를 기다리다)이라는 표현은 19세기 말 미국의 제조업 호황 때 탄생한 말입니다. 이 시기 뉴욕 같은 대도시에서는 아파트 형태의 주택이 흔해졌습니다. 아파트는 설계가 다 비슷비슷했고, 대개 침실 위치도 층마다 같았습니다. 한밤중 아파트 위층에서 신발을 벗는 소리에 아래층 사람이 잠을 깨는 일이 흔했습니다. 위층에서 신발 한 짝이 바닥에 떨어져 쿵 소리를 내면 아래층 사람이 잠에서 깨곤 했지요. 이미 방해받은 상태에서 아래층 사람은 나머지 신발 한 짝이 바닥에 떨어지기를 하릴없이 기다려야만 했습니다(어차피 일어날 일이니까요). 여기서 '일어날 일을 기다리다'라는 뜻이 파생된 것입니다.

의미 결국 올 것이 오기를 기다리다, 결국 닥치고야 말 일을 기다리다

예문 Oscar knew his wife had saved enough money to leave him, so he was *waiting for the other shoe to drop*.

오스카는 아내가 자신을 떠날 만큼 돈을 저축했다는 사실을 알았기에 결국 올 것이 오기를 기다렸다.

The Third Degree

the third degree(최고 등급을 받기 위한 엄격한 질문)라는 표현은 수백 년 된 영국의 박애단체 프리메이슨(Freemasons)에서 시작되었습니다. 프리메이슨 지부에는 세 등급의 회원자격이 있습니다. 첫 번째 등급은 신입 견습공(Entered Apprentice), 두 번째 등급은 숙련공(Fellow Craft), 최고 등급인 세 번째 등급은 장인(Master Mason)입니다. 앞의 두 등급보다 세 번째 등급이 훨씬 더 받기 어려운 자격이기 때문에 후보자는 이 회원자격을 얻기 전에 엄격한 심문과 검사를 받아야 했습니다. 19세기 무렵 third degree라는 말은 모든 종류의 엄격한 심문을 의미하게 되었습니다.

의미 엄한 심문, 집중적인 질문, 끈질긴 추궁

예문 When I met my wife's parents, they really gave me *the third degree.*

아내의 부모님을 만났을 때 두 분은 내게 질문을 퍼부어대셨다.

Chop and Change

chop and change(바꾸고 또 바꾸다)라는 표현은 15세기에 생겨났습니다. 생겨난 이후부터 오늘날까지 같은 의미로 계속 사용되고 있습니다. 고영어에서 chop이란 '교환하다' 혹은 '갑자기 바꾸다'라는 뜻입니다. chop and change는 갑자기 바꾼 다음 또다시 바꾸는 것을 뜻하는 말이었지요. 최초로 기록된 사례는 1485년 『딕비 수수께끼(Digby Mysteries)』라는 책에 나오는 "I choppe and chaunge with symonye, and take large yiftes(나는 성직자 자리를 돈과 교환해 큰 선물을 챙긴다)"라는 문장입니다.

의미 (대개 별 이유나 논리적 근거 없이) 하던 일이나 계획을 계속 이리저리 바꾸다

예문 After months of *chopping and changing*, the company decided to go back to the original accounting system.

회사는 여러 달 동안 이리저리 회계 시스템을 바꾸다가 결국 원래 시스템으로 복귀했다.

Round Robin

round robin(둥근 리본)이라는 말은 17세기 프랑스에서 유래했습니다. 당시에는 소작농의 봉기가 수없이 일어났습니다. 소작농 여럿이 개혁을 촉구하며 서명한 탄원서를 받을 때마다 왕은 탄원서 최상단에 이름을 적은 몇 명을 주모자로 여겨 참수했답니다. 왕에게 탄원은 하고 싶지만 죽고 싶지 않았던 소작농들은 rond ruban(프랑스어로 '둥근 리본')이라는 개념을 고안했지요. 긴 리본을 둥그렇게 이어 두르고 거기에 서명을 한 것입니다. 원형으로 서명을 하면 누가 제일 먼저 서명을 했는지 드러나지 않아 서명을 한 전원을 보호할 수 있었지요. 18세기 선원들도 이러한 관행을 채택했습니다. 선상 폭동은 중죄였지만, 선장이 선원 전원을 교수형에 처할 수는 없는 노릇이니 선원들은 늘 탄원서에 원형으로 서명해 불만을 제기했습니다. round ribbon이라는 말이 round robin으로 바뀌어 1739년《위클리 저널(The Weekly Journal)》이라는 주간지에 처음 기록되었습니다.

A Round Robin is a name given by seamen to an instrument on which they sign their names round a circle, to prevent the ringleader being discovered by it. » Round Robin이란 주모자가 누구인지 밝혀지지 않도록 원형으로 서명하는 뱃사람들의 기명 방식이다.

의미 여러 사람이 쓴 탄원서나 항의서, 사발통문, 스포츠 경기에서 한
선수가 다른 모든 선수와 겨루는 리그전

예문 The organizers decided to change the tennis tournament to a
round robin instead of sudden death.

테니스 경기 주최 측은 경기 방식을 바꾸어 단판승부 대신 리그전으로 진행하기
로 했다.

Blown to Smithereens

blown to smithereens(파편으로 산산조각이 난)라는 표현은 아일랜드에서 유래했습니다. 이 표현에서 항상 복수형으로 사용되는 smithereens라는 단어는 '아주 작은 파편들'을 뜻하는 아일랜드의 게일어 단어 smidirin에서 유래했습니다. blown to smithereens라는 말은 19세기 초부터 흔히 쓰였고 최초의 기록은 1803년에 프랜시스 플라우덴(Francis Plowden)이 쓴 『아일랜드라는 국가에 대한 역사적 고찰(An Historical Review of the State of Ireland)』이라는 책입니다. 이 책에서 플라우덴은 이렇게 표현했습니다.

If you don't be off directly… we will break your carriage in smithereens, and hough your cattle and burn your house. » 당장 꺼지지 않으면… 우리는 너희들 마차를 산산조각 내고 소를 죽이고 집을 태워버릴 것이다.

의미 산산조각이 나다, 완전히 박살이 나다

예문 There were only three boats who attacked the fleet and they were *blown to smithereens* within ten minutes.
함대를 공격한 배는 세 척뿐이라 이들은 10분 이내에 완전히 박살이 났다.

Dressed to Kill

dressed to kill(죽이는 옷을 입은)이라는 표현은 영국의 낭만주의 시인 존 키츠가 1818년 자기 형제 조지와 토머스에게 보낸 편지에서 유래했습니다. 편지에는 이런 구절이 등장합니다.

One chap was dressed to kill for the King in Bombastes, and he stood at the edge of the scene in the very sweat of anxiety to show himself. » 어느 친구가 파티를 위해 옷을 죽이게 차려입고는 자기 모습을 과시하고자 하는 불안에 땀을 뻘뻘 흘리며 방구석에 서 있더라고.

이 표현은 미국의 주간지 《케임브리지 트리뷴(Cambridge Tribune)》의 1881년 인터뷰로 널리 알려졌습니다. 이 인터뷰에서 어느 육군 신병에게 새 군복이 어떠냐고 물었더니 그는 간단히 대꾸했답니다. "I am dressed to kill(저는 죽이는 옷을 입고 있습니다)."

의미 옷차림이 끝내주는, 비싸거나 세련된 옷을 입은

예문 When Bob came to pick up Sue for the dance, he was *dressed to kill.*

밥이 수를 댄스파티에 데려가려고 왔는데 옷을 끝내주게 차려입었더군.

Riding Shotgun

riding shotgun(엽총을 들고 타다)이라는
표현은 승합마차로 이동하던 시절에서 유
래했습니다. 19세기 미국에서는 속달 우편
을 담당하는 전령(postal express messenger)
을 가리켜 '엽총 전령(shotgun messenger)'이

라 불렀습니다. 이들이 승합마차 앞 좌석의 운전자 옆에 장전된 엽총
을 갖고 탔기 때문입니다. 엽총은 매복 상황에서 근거리에 쓰기 좋은
무기입니다. 다수의 납 탄환을 넓게 퍼뜨려 표적을 스치기라도 할 수
있었으니까요. 승합마차들은 무장 강도들이나 곰 같은 위험한 동물을
마주하는 일이 많았기 때문에 엽총을 소지한 사람이 보호를 위해 마
차에 함께 탔습니다. 이 표현은 20세기 초부터 흔히 쓰였지만 1950년
대 미국 개척 시대 서부 영화(wild west films)가 급증하면서 더욱 확산
되었습니다.

의미 자동차의 조수석에 타다

예문 It was going to be a long journey so I was glad to be *riding
shotgun*, as it was far more comfortable there than in the
back seat.

긴 여행이 될 터라 나는 조수석에 타서 기뻤다. 뒷좌석보다 조수석이 훨씬 더 편하
기 때문이다.

In a Jiffy

일부 사람들은 in a jiffy의 jiffy가 속어라고 생각하지만 jiffy는 사실은 과학적 시간 단위입니다. 최초로 이 단어를 전문적으로 사용한 인물은 미국 물리화학자 길버트 뉴턴 루이스(Gilbert Newton Lewis)였습니다. 그는 jiffy를 빛이 진공 속에서 1센티미터 가는 데 걸리는 시간으로 정의했습니다. 대략 33피코초(picoseconds)입니다. 그야말로 찰나지요. 그 후 jiffy는 연구 분야에 따라 상이한 측정 단위로 다시 정의되었지만, 어떤 경우건 아주 짧은 시간을 의미하게 되었습니다.

의미 즉시, 당장, 곧, 찰나에

예문 Don't go anywhere Joe, I'll be back *in a jiffy*.

조, 어디 가지 마. 나 곧 돌아올 테니까.

Mumbo Jumbo

mumbo jumbo라는 표현은 18세기
초창기 아프리카 탐험가들이 처음
으로 사용했습니다. 프랜시스 무어
(Francis Moore)는 아프리카 대륙 내
부까지 들어가본 최초의 영국인으로
1783년 『아프리카 내륙 탐험(Travels

into the Inland Parts of Africa)』이라는 책을 썼습니다. 이 책에서 그는
먼딩고족 남자들이 신을 동원해 여성을 복종시킨다는 내용을 기술합
니다.

The women are kept in the greatest subjection and the men,
to render their power as complete as possible, influence their
wives to give them an unlimited obedience, by all the force of
fear and terror. For this purpose the Mundingoes have a kind
of image eight or nine feet high, made of the bark of trees,
dressed in a long coat, and crowned with a wisp of straw. This
is called a Mumbo Jumbo; and whenever the men have any
dispute with the women, this is sent for to determine the con-
test, which is almost always done in favor of the men. » 이 부족
여성들은 늘 매우 심한 종속 상태에 놓여 있다. 남성들은 자기 힘을 최대한
완전히 휘두르기 위해 가진 힘을 모조리 동원해서 아내가 겁에 질려 끝없

이 복종하도록 만든다. 이러한 목적으로 먼딩고족은 나무 껍질로 2.5미터 정도 높이의 상을 만들었는데, 이 상은 긴 상의를 입고 짚으로 엮은 왕관을 쓰고 있다. 이를 '멈보점보'라 한다. 남성이 여성과 논쟁을 하면 멈보점보를 가져다가 논쟁을 종결짓는데, 항상 남성 편을 든다.

이 단락 때문에 mumbo jumbo가 대중에게 알려졌고, 1800년대 중반 무렵 이 구절은 다양한 맥락의 '허튼소리'를 가리키기에 이르렀습니다.

의미 허튼소리, 횡설수설, 말도 안 되는 소리, 도대체 무슨 뜻인지 알 수 없는 소리, 의미 없이 복잡한 말이나 글

예문 There was so much legal *mumbo jumbo* in the contract that I couldn't really understand it.

계약서에 뜻을 알 수 없는 법률 용어가 하도 많아서 도대체 알아먹을 수가 없었어.

Warm the Cockles of One's Heart

---

warm the cockles of one's heart(심장을 덥히다)라는 표현이 '심실 (ventricles of the heart)'을 뜻하는 라틴어 cochlae cordis에서 유래했 다고 말하는 사람들이 있습니다. cochleae라는 단어가 '조개'를 뜻하 는 cockle과 비슷하다는 것이지요. 그러나 더 신빙성 있는 이야기는 수백 년을 더 거슬러 올라갑니다. 심장은 오랫동안 몸에서 생각과 감 정의 중추로 여겨졌습니다. 종종 심장이 파닥거리는 것이 느껴지기 때문이지요. 고대 그리스의 철학자 아리스토텔레스가 이런 견해를 피 력한 최초의 인물입니다. 사람이 흥분해서 심장이 빨리 뛰면 혈액의 급속한 움직임이 몸과 심장을 따뜻하게 덥혀준다는 데서 이 말도 오 늘날의 뜻을 얻습니다. 그러다가 17세기 해부학자들이 심실 모양을 해양 연체동물인 조개(ccockle)에 비유한 결과 cockles of your heart 라는 표현이 완성된 것입니다.

의미 마음을 훈훈하게 해주다, 애정과 만족감이나 즐거움을 주다

예문 Looking at her baby boy for the first time warmed the *cockles of* her *heart*.

그녀는 자신의 아들을 처음 보자 훈훈한 애정이 차오르는 것을 느꼈다.

Butter Someone Up

butter someone up(…에게 버터를 바르다)이 라는 표현의 기원은 고대 인도까지 거슬러 올라 갑니다. 힌두교 신자의 소망은 신을 기쁘게 하  고 신도 자신을 보살피고 보호해주는 것입니다. 기(ghee)는 수백 년 동안 인도에서 사용해온 일종의 버터인데 오늘날에도 수많은 요리에 녹여서 쓰는 재료입니다. 힌두교도들은 기를 신상에 던지곤 했습니다. 말 그대로 신들에게 버터를 바른(butter gods up) 것이지요. 신을 만족시키기 위해, 그리고 특별히 원하는 것이 있을 때 신의 환심 을 사려는 목적에서 말입니다.

의미 아첨하여 환심을 사다

예문 I didn't really like the coach, but I had to *butter* him *up* because I was desperate to play on Saturday.

나는 코치가 정말 싫었지만, 토요일 경기에 출전하고 싶은 마음에 코치에게 아첨 하여 환심을 샀다.

Without Batting an Eyelid

항상 부정문으로 쓰이는 without batting an eyelid(눈 한 번 깜빡 안 하고)라는 표현은 영어 밖에서 유래한 말입니다. bat이라는 단어는 지금은 쓰지 않는 영어 단어 bate에서 유래했고 bate는 또 고대 프랑스어 batre에서 유래했습니다. batre는 '날갯짓하거나 푸드덕거리다'라는 뜻을 지닌 단어입니다. 뭔가 중요하거나 흥미로운 일이 벌어져도 전혀 놀라움이나 감정의 동요를 보이지 않는 사람, 심지어 눈 한 번 깜빡이거나 떨지 않을 정도로 태연한 상태를 가리켜 do not bat an eyelid라고 표현합니다.

의미 눈 하나 깜짝하지 않고, 태연하게

예문 Margaret *didn't even bat an eyelid* when I told her I was moving out.

마거릿은 내가 이사를 나가겠다고 말했는데도 눈 하나 깜짝하지 않고 태연했다.

An Ax to Grind

an ax to grind(갈아야 할 도끼)라는 표현은 미국 건국의 아버지(Founding Fathers of America) 중 한 사람인 벤저민 프랭클린이 자서전에 쓴 일화에서 유래했습니다. 도끼를 갈고 싶은 남자가 있었습니다. 대장장이는 도끼를 갈아주는 데 동의했지만 남자가 숫돌을 직접 돌려주어야 한다는 조건을 달았지요. 남자는 숫돌을 직접 돌렸지만 곧 피곤한 척하며 일을 포기했고 결국 속아 넘어간 대장장이가 혼자 숫돌을 돌리면서 도끼를 갈았지요. 프랭클린의 이야기에 이 구절이 직접 언급되어 있지는 않지만, 1810년 미국의 국회의원 찰스 마이너(Charles Miner)는 「누가 숫돌을 돌릴 것인가(Who'll Turn Grindstone)?」라는 글을 발표했습니다. 이 글에는 프랭클린의 이야기에 기반을 둔 것이 분명한 이야기가 자세히 담겨 있으며 an ax to grind라는 표현도 나옵니다.

의미   딴 속셈, 숨은 의도나 목적

예문   Harry claimed to be disinterested in the outcome, but I knew he had *an ax to grind*.

해리는 결과에 관심이 없다고 우겼지만 나는 그에게 딴 속셈이 있다는 사실을 알았다.

Read between the Lines

read between the lines(행간을 읽다)라는 말은 19세기 초창기 암호 해독 혹은 암호작성법에서 유래한 표현입니다. 암호작성법은 전달할 메시지를 겉으로 보기에는 무관한 텍스트로 암호화하는 작업입니다. 암호를 전달할 때 사용한 초창기 방법 중 하나는 원래 메시지의 행을 하나씩 걸러 쓴 다음 무관한 메시지를 전체 행에 쓰는 것입니다. 메시지 전체를 그냥 읽으면 단순하고 의미도 통하는 이야기여서 암호가 드러나지 않습니다. 그러나 줄 사이사이를 읽으면 암호 내용이 나타났지요. 그래서 이 표현을 '숨은 뜻을 읽다'라는 뜻으로 쓰게 된 것이고요.

의미 행간을 읽다, 숨겨진 뜻을 알아내다, 명시되지 않은 의미를 읽어내다

예문 Finn's girlfriend canceled their date three times, so he *read between the lines* and realized it was probably over.

핀의 여자 친구가 데이트를 세 번이나 취소했기 때문에 핀은 행간을 읽고 관계가 끝나가고 있다는 사실을 알게 되었지.

To Egg On

egg on이라는 표현의 기원도 외국어입니다. 원래 edge on이라고 썼던 이 말은 '밀다' 혹은 '선동하다, 자극하다'라는 의미를 지닌 고대 스칸디나비아어 eggja에서 유래했습니다. to eggjan 혹은 to edge라는 말은 누군가를 독려한다는 뜻이었지요. 이 표현은 1500년대에 들어 egg on으로 바뀌어, 그 무렵 벌써 오늘날 사용되는 '부추기다'라는 의미를 내포하게 되었습니다.

의미 독려하다, 부추기다, 대개 바보 같은 짓을 하도록 꼬드기다

예문 My brother always *eggs* me *on* to drive faster.

우리 형은 늘 나한테 과속하라고 부추긴다니까.

Cloud Nine

대개 on cloud nine으로 쓰는 cloud nine(9번형 구름, 제일 높이 떠 있는 구름)이라는 표현은 1930년대에 등장했습니다. 1930년대부터 1950년대에 미 기상국은 구름을 높이에 따라 아홉 등급으로 분류했습니다. 가장 높은 구름인 9번형 구름(cloud nine)은 적란운이었습니다. 이 구름은 하얗고 솜털처럼 폭신한 모양이며 최대 4만 피트(약 12킬로미터) 높이에 떠 있습니다. 높이와 매력적인 외양 때문에 9번형 구름 위에 있다는 것(on cloud nine)은 근심 걱정이 없는 상태에 있음을 상징하기에 이르렀습니다. 이 표현은 〈조니 달러(Johnny Dollar)〉라는 미국의 인기 있는 라디오 모험 연속극 덕분에 널리 퍼졌습니다. 1949년부터 1962년까지 방영된 이 프로그램에서 주인공이 의식을 잃을 때마다 cloud nine으로 운반되어 거기서 다시 살아났거든요.

의미 행복의 절정, 극도로 행복하고 만족스러운 상태

예문 Ever since Josh bought his new house he's been on *cloud nine*. I've never seen him so happy.

조시는 새집을 구한 후 행복의 절정을 맞이하고 있어. 조시가 그렇게 흡족해하는 걸 본 적이 없어.

Spitting Image

이 표현에서 spit이 spirit에서 변형된 단어라는 견해도 있지만, 사실 spitting image(누군가가 뱉어 놓은 것)는 spit and image를 줄인 표현입니다. 이 말은 누군가를 다른 사람이 뱉어 놓은 침으로 만들었다는 생각에서 시작되었습니다. 둘 사이의 유사성이 크다는 말이지요. 마치 한 사람이 다른 사람의 입에서 뱉어낸 것과 같다는 생각입니다. 이 말을 쓴 최초의 기록은 영국의 극작가 조지 파쿼(George Farquhar)의 1689년 희곡 〈사랑과 병(Love and a Bottle)〉입니다. 거기에 이런 대사가 나옵니다.

> Poor child! He's as like his own dadda as if he were spit out of his mouth. » 불쌍한 것! 아빠가 뱉어 놓은 침처럼 아빠랑 판박이구나.

spit and image는 20세기 초 무렵에 spitting image로 바뀌었습니다.

의미 빼닮은 것, 아주 똑같은 것, 판박이

예문 Gloria is the *spitting image* of her mother.
글로리아는 엄마랑 아주 판박이야.

Warts and All

warts and all(사마귀까지 빠짐없이 모두)이라는 말은 올리버 크롬웰에게서 유래했습니다. 크롬웰은 1650년대에 영국 혁명정권의 최고행정관 호국경(Lord Protector)을 지낸 정치가입니다. 그는 왕실 화가인 피터 렐리 경(Sir Peter Lely)에게 초상화를 의뢰했습니다. 당시 화가들의 관행은 초상화 모델에게 아첨하는 것, 다시 말해 얼굴의 잡티를 모조리 없애 최상의 상태로 그려주는 것이었습니다. 그러나 크롬웰은 이러한 허영을 혐오하기로 유명한 인물이었습니다. 그는 렐리에게 지시사항을 전달했습니다.

I desire you would use all your skill to paint my picture truly like I am and not flatter me at all. Remark all these roughness, pimples, warts, and everything as you see me, otherwise I will never pay you a farthing for it. » 당신이 모든 기술과 역량을 이용해 내 모습을 있는 그대로 그리되 절대 아첨하지 않기를 바란다. 나의 지친 얼굴, 뾰루지, 사마귀 등 당신이 보는 모습 전부를 그려야 한다. 그렇지 않으면 1파딩도 지불하지 않을 것이다.

렐리는 크롬웰의 말대로 그림을 그렸고, 이렇게 제작된 크롬웰의 초상화에는 눈 위쪽 점과 입술 아래쪽의 큰 사마귀까지 그대로 묘사되어 있습니다.

의미	있는 그대로의 전체, 불쾌한 세부도 숨기지 않는 것, 미화하지 않은

예문	I knew the news wasn't going to be good, but I told him to give it to me *warts and all*.

그 소식이 좋지 않으리라 짐작하면서도 그에게 빼놓지 말고 다 이야기해달라고 말했다.

On the Grapevine

on the grapevine(포도 넝쿨처럼 얽힌 상태로)이라는 말의 기원은 미국의 전신 기술 초창기에 있습니다. 새뮤얼 모스는 전신을 발명해 1843년 처음 실용화했지요. 이 발명품은 신속하고 유용한 소통 수단으로 널리 인정받았고 미국 전역의 많은 기업이 앞다투어 전신선을 설치했습니다. 일부 기업들은 너무 서두른 나머지 원칙을 무시한 채 돈을 아끼려고 고정된 전신주 대신 나무를 사용했습니다. 그 결과 나무가 자라면서 전선들이 얽히곤 했습니다. 이런 대표적인 사례가 벌어진 캘리포니아에서는 사람들이 이리저리 얽힌 전신선을 그 지역에 많던 포도덩굴(grapevine)에 비유했습니다. 1860년대 미국 남북전쟁을 거치면서 이 표현은 '믿지 못할 풍문이나 소문'이라는 오늘날의 의미를 갖게 되었습니다. 전신을 통해 전달된 메시지가 믿지 못할 정보일 때가 심심치 않게 있었던 시절이기 때문입니다.

의미 소문으로, 풍문으로

예문 I heard *on the grapevine* that Patricia and Ernest are about to break up.

패트리샤와 어니스트가 헤어질 거라는 소문을 들었어.

From the Wrong Side of the Tracks

from the wrong side of the tracks(철로의 잘못된 쪽)라는 말은 19세기에 유래를 둔 미국식 표현입니다. 당시 여러 대도시와 소도시가 새로 지은 철도를 따라 발전했습니다. 철도는 대개 두 도시를 갈라놓았지요. 부유할수록 철도역에서 먼, 철도 반대 방향에 살았습니다. 기차에서 뿜어져 나오는 매연과 커다란 굉음을 피하기 위해서였지요. 반면 가난한 주민들은 철도역과 가까이 마주한 집에 살았습니다. 공장지대도 철도역에 가깝게 위치해 이 지역의 오염을 가중시켰습니다. 상류층 사람들은 도시 반대편에 사는 가난한 사람들을 가리켜 from the wrong side of the tracks(철로 맞은편 열악한 쪽에 사는 사람들)라고 부르게 되었습니다.

의미 빈곤 계층이 사는 지역의, 덜 바람직한 구역에 있는

예문 The gang *from the wrong side of the tracks* was accused of the robbery.

빈민가에서 온 갱이 강도 건으로 기소당했다.

On the Wagon

많은 이들이 on the wagon(급수차를 타고 물을 마시는)이라는 말은 죄수들이 마지막 술을 마시고 런던 중앙형사법원(Old Bailey in London)에서 마차를 타고 교수대까지 옮겨지던 시절에서 유래했다고 생각해 왔습니다. 심지어 범죄자들이 교수형을 당하기 전에 '마지막 술 한 잔(one for the road)'을 주었다는 이야기까지 있습니다. 그러나 이러한 설명이 허구라는 것도 이제 널리 알려졌습니다. 20세기 초 미국에서는 먼지가 심한 거리에 물을 공급하려 급수차(water wagon)를 썼습니다. 술 소비량이 높았던 이 당시에 술을 끊겠다고 맹세한 사람들은 갈증을 삭이기 위해 급수차가 도착하기를 기다리느라 운집해 있었지요. 심지어 어떤 사람들은 아예 급수차를 탄 채 도시를 돌아다니기도 했답니다.

의미 금주 중인, 술을 마시지 않는

예문 Don't offer Kate any wine, she's *on the wagon.*

케이트에게 와인 권하지 마. 금주 중이거든.

Whole Kit and Kaboodle

때로 kaboodle의 철자를 caboodle이라고도 쓰는 whole kit and kaboodle(장비 일체)이라는 표현은 19세기 말부터 존재했습니다. 처음에는 kit and boodle이라는 서로 유사한 의미의 두 단어로 시작되었습니다. kit란 '장비 가방(kit-bag)에 넣어 다니는 도구나 장비 일체'를 뜻했습니다. boodle은 사람들의 '집합이나 모음'을 의미하는 네덜란드어 boedel에서 유래했습니다. 이 구절이 '네가 가진 모든 것'을 뜻하는 whole kit and kaboodle로 발전했습니다. 1884년에 뉴욕의 신문《시러큐스 선데이 스탠더드(Syracuse Sunday Standard)》에 처음 실린 것을 비롯해 현재의 표현이 가장 먼저 쓰인 용례는 죄다 미국에서 찾을 수 있습니다.

의미 전체, 전부, 싹 다

예문 My new car has all the latest technology—satellite navigation, digital radio, auto-sensors—the *whole kit and kaboodle*.

새로 산 차는 최신 기술이 죄다 장착되어 있어. 위성 내비게이션, 디지털 라디오, 자동 센서까지 싹 다 갖추었다니까.

Close, but No Cigar

close, but no cigar(시가를 받을 정도에는 못 미친
다)라는 표현은 미국에 기원이 있습니다. 19세기
내내 미국에서는 박람회와 서커스가 인기를 누렸
습니다. 오늘날처럼 박람회에서는 망치로 패드를
쳐서 종을 울리거나, 사격 연습장에서 사격을 하거나, 움직이는 핀을
쓰러뜨리는 게임이 벌어졌습니다. 우승 상품은 대개 커다란 아바나산
시가였지요. 아바나산 시가는 당시 인기가 많은 물건이었거든요. 경
연자 중 아슬아슬하게 이기지 못한 사람들은 close, but no cigar(아
쉽지만 시가는 못 받겠군요)라는 말을 들었습니다. 이 말은 1930년대부
터 '아슬아슬하게 실패한'이라는 뜻으로 미국의 일상회화에서 쓰이기
시작했습니다.

[의미] 아슬아슬하게 실패한, 성공에 조금 못 미치는

[예문] They needed three points to win the basketball game, but the
ball bounced off the frame and missed. It was *close, but no
cigar*.

농구 경기에서 이기려면 3점이 필요했는데 공이 골대만 맞고 튀어나오는 바람에
아슬아슬하게 실패했다.

Have a Hunch

have a hunch(곱사등이의 혹을 만지다)라는 말은 20세기 초 미국의 도박에서 기원을 찾을 수 있습니다. 곱사등이는 악마에게 사로잡혀 미래를 예언하는 힘을 받았다는, 등이 굽은 척추장애인에 대한 수백 년 된 미신이 있습니다. 도박꾼들은 미신을 믿기로 악명이 높아서 내기를 걸거나 카드 게임을 하기 전에 곱사등이의 혹에 손을 비비면 행운이 온다고 믿었습니다. 이 미신을 검증해본 적이 있는지는 알려지지 않았고 미신이 성공을 거두었는지도 모르지만, 결국 have a hunch라는 말은 오늘날 '짐작하다'라는 뜻으로 자리 잡게 되었습니다.

[의미] 대충 짐작하다, 직관이나 본능으로 알다

[예문] They didn't seem happy together and I *had a hunch* they would soon break up.

두 사람 함께 있을 때 행복해 보이지를 않았어. 그래서 둘이 곧 헤어질 거라 짐작했지.

To Be Blackballed

to be blackballed(검은 공을 받다)라는 표현은 18세기 런던 신사 클럽에서 유래했습니다. 새로 클럽 회원이 되고 싶은 지원자는 결정 위원회의 평가를 받은 다음 기존 회원들의 비밀투표를 거쳐야 했습니다. 투표는 통 속에 흰 공이나 검은 공 중 하나를 넣는 방식이었습니다. 흰 공은 찬성을 의미했고 검은 공은 반대를 의미했습니다. 검은 공이 하나만 나와도 탈락이었지요. 누가 왜 검은 공을 넣었는지는 아무도 알 수 없었습니다.

의미 (반대표 때문에) 거부당하다, 배척당하다

예문 Jack applied to be a member of the club but he *was blackballed* because of his bad reputation.

잭은 동아리에 지원했지만 평판이 나빠 거부당했다.

찾아보기

A

Above Board » 065

Achilles' Heel » 227

Across the Board » 096

Add Another String to Your Bow » 067

Add Insult to Injury » 280

Against the Grain » 115

Aid and Abet » 073

Air One's Dirty Laundry in Public » 273

All Hell Broke Loose » 286

Apple of One's Eye » 341

Artful Dodger » 281

As Bald as a Badger » 389

As Sure As Eggs » 297

As the Crow Flies » 023

At a Loose End » 059

At Bay » 239

At Full Blast » 153

At Sixes and Sevens » 110

At the Drop of a Hat » 100

An Ax to Grind » 435

B

Back to Square One » 201

Back to the Drawing Board » 155

Baker's Dozen » 367

Bandied About » 106

Bank on Someone » 133

Baptism of Fire » 328

Barge In » 142

Barking Mad » 275

Barking up the Wrong Tree » 400

Basket Case » 173

Batten Down the Hatches » 013

Battle Royal » 105

Beat a Hasty Retreat » 168

Beat around the Bush » 394

Bee's Knees » 403

Below the Belt » 074

Best Thing since Sliced Bread » 307

Between the Devil and the Deep Blue Sea » 025

Between You, Me, and the Lamppost » 293

Big Brother is Watching » 295

The Bigger They Are, the Harder They Fall » 101

Birds and the Bees » 396

Bite the Bullet » 182

Bite the Hand that Feeds You » 190

Bitter End » 031

Black Market » 150

Bless You » 339

Blind Leading the Blind » 346

Blonde Bombshell » 206

Blood, Sweat, and Tears » 188

Blowing Hot and Cold » 288

Blown to Smithereens » 426

Blue Blood » 260

Blue Ribbon Event » 099

Bob's Your Uncle » 191

Bold As Brass » 262

Booby Prize » 401

Bottle It » 103

Break a Leg » 210

Break the Ice » 138

Bring Home the Bacon » 319

Broach a Subject » 310

Burn the Candle at Both Ends » 152

Burn One's Bridges » 249

Bury the Hatchet » 170

Butter Someone Up » 433

Buying Time » 373

By and Large » 030

By Heart » 255

By Hook or By Crook » 354

By the Skin of One's Teeth » 335

C

Call a Spade a Spade » 228

Carry the Can » 129

Cat and Mouse » 370

Cat Got Your Tongue? » 036

A Cat Has Nine Lives » 393

Catch-22 » 298

Caught Red-Handed » 378

Chance One's Arm » 166

Chip on One's Shoulder » 102

Chop and Change » 423

Clapped Out » 097

Close, but No Cigar » 446

Cloud Nine » 438

Clutching at Straws » 283

Cock and Bull Story » 266

Cold Feet » 291

Come Up to Scratch » 094

Couldn't Swing a Cat » 091

Crew Cut » 088

Curry Favor » 301

Cut and Run » 014

Cut of One's Jib » 020

Cut to the Chase » 211

D

Dark Horse » 292

Dead as a Door Nail » 132

Dead End » 087

Dead in the Water » 033

Dead Ringer » 409

Devil's Advocate » 337

The Die is Cast » 244

Diehard Supporter » 175

Doesn't Cut the Mustard » 313

Dog Day Afternoon » 247

Don't Look a Gift Horse in the Mouth » 079

Don't Teach Your Grandmother to Suck Eggs » 318

Doubting Thomas » 327

Down a Peg or Two » 172

Down in the Dumps » 417

Down to the Wire » 081

Dressed to Kill » 427

Dressed to the Nines » 117

Drop in the Ocean » 340

Dropping like Flies » 299

E

Ears Are Burning » 232

Eat Humble Pie » 320

Eat One's Heart Out » 251

Eat Someone Out of House and Home » 296

Egg on Someone's Face » 216

The Eleventh Hour » 325

Enter the Lion's Den » 344

F

Face the Music » 160

Fair Game » 381

Fair to Middling » 120

Feather in Someone's Cap » 169

Fifteen Minutes of Fame » 268

Filthy Rich » 134

Final Straw » 402

First Rate » 015

Fit as a Fiddle » 207

Fits to a T » 252

Flash in the Pan » 174

Flavor of the Month » 323

Flog a Dead Horse » 044

Fly by the Seat of One's Pants » 126

Fly in the Ointment » 329

Fly off the Handle » 111

Foot the Bill » 124

Footloose and Fancy Free » 022

Freeze the Balls off a Brass Monkey » 038

From the Wrong Side of the Tracks » 443

Full Tilt » 086

G

Get Fired » 109

Get into a Scrape » 383

Get Off Scot-Free » 119

Get Someone's Back Up » 382

Get Someone's Goat » 080

Get the Sack » 149

Give a Cold Shoulder » 321

Give a Wide Berth » 042

Give Someone a Break » 366

Give the Thumbs Up » 243

Go Cold Turkey » 315

Go See a Man about a Dog » 303

Go the Whole Hog » 285

Go with the Flow » 229

Gone 'round the Bend » 415

Gone Haywire » 137

Gone to Pot » 317

Goody-Two-Shoes » 304

Great White Hope » 075

Green with Envy » 226

Grinning Like a Cheshire Cat » 300

Gung Ho » 156

H

Hair of the Dog » 312

Ham Something Up » 204

Hand over Fist » 039

Hang Fire » 161

Hanging by a Thread » 242

Hard and Fast » 026

Haul Someone over the Coals » 364

Have a Beef » 375

Have a Hunch » 447

Have Someone over a Barrel » 019

Have the Bit between Someone's Teeth » 072

Head over Heels » 410

Hear, Hear » 194

Hedge One's Bets » 147

Hell Bent for Leather » 069

High Jinks » 066

Hit the Ground Running » 162

Hold a Candle » 145

Hold the Fort » 179

Hung, Drawn, and Quartered » 353

Hunky Dory » 018

I

I'll Be a Monkey's Uncle » 398

Ignorance is Bliss » 302

In a Jiffy » 429

In a Nutshell » 419

In a Shambles » 151

In Cold Blood » 368

In Seventh Heaven » 349

In the Bag » 193

In the Doghouse » 287

In the Doldrums » 047

In the Groove » 218

In the Limelight » 208

In the Offing » 035

It's a Funny Old World » 213

It's All Greek to Someone » 234

Ivory Tower » 284

J

Jack the Lad » 272

John Hancock » 274

Just the Ticket » 121

K

Kangaroo Court » 372

Keep It Up » 082

Keeping Up with the Joneses » 202

Kick the Bucket » 405

Kiss of Death » 348

Knock Off Work » 114

Knock on Wood » 384

Knock the Spots Off » 063

Know the Ropes » 028

Knuckle Down » 061

L

Lame Duck » 128

Lap of the Gods » 256

Last-Ditch Attempt » 158

Laughing Stock » 357

Lead up the Garden Path » 413

Leap of Faith » 294

Leave High and Dry » 050

Left in the Lurch » 095

Let the Cat Out of the Bag » 136

Lick Something into Shape » 237

Life of Reilly » 219

Lily Livered » 248

The Lion's Share » 282

A Little Bird Told Me » 330

Long Shot » 027

Loose Cannon » 034

M

Mad as a Hatter » 130

Make a Beeline for » 391

Make Ends Meet » 146

Makes One's Hair Stand on End » 338

Mickey Finn » 277

Mind One's P's and Q's » 322

Molotov Cocktail » 184

Money for Old Rope » 052

More Bang for Your Buck » 183

Mountain Out of a Molehill » 254

Mumbo Jumbo » 430

N

Nail One's Colors to the Mast » 053

Nest Egg » 399

Nick of Time » 107

Nineteen to the Dozen » 148

No Dice » 098

No Stone Unturned » 245

No Such Things as a Free Lunch » 143

Nosy Parker » 276

Not Worth One's Salt » 246

Nothing is Certain Except for Death and
Taxes » 195

O

Off the Cuff » 197

Old Chestnut » 217

On a Wing and a Prayer » 171

On One's High Horse » 178

On Skid Row » 418

On the Bandwagon » 199

On the Breadline » 125

On the Fiddle » 055

On the Grapevine » 442

On the Level » 140

On the Right Track » 037

On the Wagon » 444

Once in a Blue Moon » 387

One Can Run, but One Can't Hide » 062

One's Ship Has Come In » 048

Our Work Cut Out for Us » 144

Out of the Blue » 225

Over the Top » 177

P

Paint the Town Red » 362

Palm Off » 092

Parting Shot » 180

Pass the Buck » 090

Pass with Flying Colors » 041

Pay Through the Nose » 361

Pecking Order » 386

Peeping Tom » 263

Peter Out » 141

Pidgin English » 416

Pie in the Sky » 198

Pillar to Post » 377

Pipe Dreams » 365

Piping Hot » 314

A Place in the Sun » 265

Play Hooky » 420

Play the Fool » 336

Pleased as Punch » 215

Point Blank » 093

The Powers that Be » 345

Propose a Toast » 316

Pull Out All the Stops » 212

Pull the Wool over Someone's Eyes » 358

Purple Patch » 231

Put a Sock in It » 214

Put One's Thinking Cap On » 376

Put the Dampers On » 221

Put Through the Mill » 309

Pyrrhic Victory » 176

R

Raining Cats and Dogs » 054

Read between the Lines » 436

Read the Riot Act » 360

The Real McCoy » 264

Red Herring » 395

Red Tape » 369

Red-Letter Day » 240

Rest on One's Laurels » 236

Ride Roughshod » 181

Riding Shotgun » 428

Right-Hand Man » 235

Rings True » 379

Rise and Shine » 164

Round Robin » 424

Rule of Thumb » 363

Run Amok » 270

Run of the Mill » 135

S

Saved by the Bell » 406

See How Something Pans Out » 118

Set Off on the Wrong Foot » 250

Shake a Leg » 056

Short Shrift » 351

Show One's True Colors » 032

Sixty-Four Dollar Question » 220

Skeleton in the Closet » 374

Sleep Tight » 412

Slush Fund » 057

Smart Alec » 269

Soap Opera » 205

Sold Down the River » 139

Someone's Name is Mud » 261

Son of a Gun » 051

Sour Grapes » 290

Spick and Span » 043

Spill the Beans » 230

Spin Doctor » 187

Spitting Image » 439

Spruce Up » 267

Square Meal » 016

Start from Scratch » 083

Steal Your Thunder » 209

Stone Broke » 131

Straight and Narrow » 343

Stumbling Block » 334

Swan Song » 388

T

Take a Rain Check » 077

Take for a Ride » 356

Take the Cake » 311

Take the Piss » 308

Take under One's Wing » 333

Taken Aback » 049

Taken with a Pinch of Salt » 241

Talking Turkey » 122

Tarred with the Same Brush » 116

There but for the Grace of God Go I » 359

The Third Degree » 422

Three Sheets to the Wind » 021

Throw Down the Gauntlet » 163

Throw One's Hat into the Ring » 104

Tide Someone Over » 024

Tie the Knot » 408

To Be Blackballed » 448

To be Screwed » 355

To Double Cross » 352

To Egg On » 437

To Fly in the Face » 390

To Have a Frog in One's Throat » 238

To Plug Something » 259

Toe the Line » 196

Touch and Go » 029

Turn a Blind Eye » 040

Turn the Corner » 046

Turn the Tables » 084

Two-faced » 223

U

Under the Weather » 045

Up the Ante » 076

Up to the Mark » 112

Upper Hand » 078

Upset the Apple Cart » 071

W

Wait for the Other Shoe to Drop » 421

Warm the Cockles of One's Heart » 432

Warts and All » 440

Wash One's Hands of It » 342

Wear One's Heart on One's Sleeve » 070

Well Heeled » 089

Wet behind the Ears » 392

When It Comes to the Crunch » 189

Whistle for It » 017

Whistle Stop Tour » 192

White Elephant » 385

Whole Kit and Kaboodle » 445

The Whole Nine Yards » 165

Wild Goose Chase » 068

Win Hands Down » 064

Without Batting an Eyelid » 434

Wolf in Sheep's Clothing » 326

World is Your Oyster » 279

Wreak Havoc » 157

The Writing is on the Wall » 332

The Wrong End of the Stick » 253

Wrong Side of the Bed » 224

Y

You Scratch My Back and I'll Scratch Yours » 058

지은이 앤드루 톰슨 Andrew Thompson

12년 동안 런던에서 변호사로 활동하다가 3년 동안 38개국으로 세계 여행을 떠났다. 남들이 당연하게 여기는 것들에 대해 호기심이 많아 살면서 책으로 쓸 수 있을 정도의 상식을 그러모았다. 『하늘은 파랗고 앵무새는 말하는 이유Why Skies are Blue and Parrots Talk』, 『두루마리 휴지 전에는 무엇을 썼을까?What did We Use Before Toilet Paper?』, 『롤러코스터를 타면 속이 울렁거리는 이유Why do Roller Coasters Make You Puke?』, 『방귀를 참으면 죽을까?Can Holding a Fart Kill You?』 등 여덟 권의 알아두면 쓸모 있는 상식 책들을 썼다. 소설 『헤밍웨이 해법The Hemingway Solution』, 여행 회고록 『긴 여름날Dog Days』을 집필했다.

옮긴이 오수원

서강대학교에서 영어영문학과를 졸업하고 같은 대학원에서 석사학위를 받았다. 동료 번역가들과 '번역인'이라는 공동체를 꾸려 전문 번역가로 활동하면서 과학, 철학, 역사, 문학 등 다양한 분야의 책을 우리말로 옮기고 있다. 『문장의 일』, 『조의 아이들』, 『데이비드 흄』, 『처음 읽는 바다 세계사』, 『현대 과학 종교 논쟁』, 『세상을 바꾼 위대한 과학실험 100』, 『비』, 『잘 쉬는 기술』, 『뷰티풀 큐어』, 『우리는 이렇게 나이 들어간다』, 『면역의 힘』 등을 번역했다.

걸어다니는 **표현 사전**

펴낸날 초판 1쇄 2021년 9월 27일
　　　　　초판 3쇄 2023년 12월 10일

지은이 앤드루 톰슨

옮긴이 오수원

펴낸이 이주애, 홍영완

편집2팀 오경은, 최혜리, 홍은비, 박효주

편집 양혜영, 유승재, 장종철, 문주영, 김애리, 홍상현

디자인 기조숙, 박아형, 김주연, 윤신혜

마케팅 김슬기, 김태윤, 박진희, 김미소

해외기획 정미현

경영지원 박소현

펴낸곳 (주)윌북　**출판등록** 제2006-000017호

주소 10881 경기도 파주시 광인사길 217

홈페이지 willbookspub.com

전화 031-955-3777　**팩스** 031-955-3778

블로그 blog.naver.com/willbooks　**포스트** post.naver.com/willbooks

트위터 @onwillbooks　**인스타그램** @willbooks_pub

ISBN 979-11-5581-404-8　03740